上海市教委市属高校第五批应用型本科专业（物流管理）试点建设计划项目

供应链管理理论与案例

何静　主编

SUPPLY CHAIN

化学工业出版社

·北京·

内容简介

本书系统阐述供应链管理理论与实践，结合供应链管理理论的发展现状，对每个章节的内容和案例都进行了精心设计和安排。全书共分为10章，首先介绍了供应链与供应链管理的基础知识，然后阐述了供应链的设计与构建、供应链采购与外包、供应链库存管理、供应链物流管理等内容，接着对供应链合作伙伴关系管理、供应链风险管理、供应链金融等进行了论述，最后对区块链技术在供应链管理中的应用以及供应链管理发展的新趋势进行了初步探讨。每部分内容前后都附有相关供应链管理案例供读者讨论分析，使读者能够在掌握供应链理论知识的同时，把理论和实践进行有机接合，培养综合应用能力。

本书可作为高等院校物流管理、供应链管理等专业及其他相关专业的本科生和研究生的教材和参考用书，也可供企业和政府机关等的供应链物流管理相关从业人员参考。

图书在版编目（CIP）数据

供应链管理理论与案例／何静主编． —北京：化学工业出版社，2021.3
上海市教委市属高校第五批应用型本科专业（物流管理）试点建设计划项目
ISBN 978-7-122-38275-7

Ⅰ．①供… Ⅱ．①何… Ⅲ．①供应链管理－高等学校－教材 Ⅳ．① F252.1

中国版本图书馆 CIP 数据核字（2020）第 265206 号

责任编辑：陈　蕾　　　　　　　　　　　装帧设计：尹琳琳
责任校对：宋　夏

出版发行：化学工业出版社（北京市东城区青年湖南街13号　邮政编码100011）
印　　装：三河市延风印装有限公司
710mm×1000mm　1/16　印张15　字数343千字　2021年2月北京第1版第1次印刷

购书咨询：010-64518888　　　　　　　　售后服务：010-64518899
网　　址：http://www.cip.com.cn
凡购买本书，如有缺损质量问题，本社销售中心负责调换。

定　　价：59.80元

前言

从20世纪90年代到现在的二十多年来，供应链管理一直备受理论研究者和企业管理者的关注，并逐渐由一种管理技术上升为新的管理模式。在经济全球化的大趋势下，国际国内市场竞争的环境发生巨大改变，基于价格和商品的传统竞争方式已经失去竞争力，仅仅在生产和销售做到最好是不够的。真正的竞争力是要做到以合适的成本生产合适的产品，并按照客户要求在正确的时间送到正确的地点。而要实现这样的目标，需要企业与企业之间，组织与组织之间的协同合作，通过积极参与全球供应链不断提升企业核心能力，更好适应日益激烈的竞争环境。作为一种管理思想和管理模式，随着互联网+、5G技术、区块链技术等的发展，随着人们对生态环境的日益关注，供应链管理的理论也在不断创新发展中。目前国内已经有很多高校设置了供应链管理专业，并将供应链管理课程作为经济管理类专业的必修课程，很多企业和机构也为管理者设置了供应链管理的专项培训课程，急需大量实践应用类的教材和工具书推进供应链管理人才的培养。

本书重点围绕供应链管理的理论体系并结合具体案例，详细阐述了供应链和供应链管理的基础知识、供应链的设计与构建、供应链采购与外包、库存管理、物流管理、合作伙伴关系管理、风险管理、供应链金融等内容，介绍了闭环供应链基本理论、区块链技术在供应链管理中的应用，对供应链管理思想的新趋势——多功能开放型企业供需网进行了展望。本书的特色在于与时俱进，更多关注供应链管理理论与实践的最新发展，如供需网理念、闭环供应链、区块链技术在供应链管理中的应用等，同时挑选了大量国内外经典的案例，并精心设计了启发式问题供读者思考和讨论，加深对基础理论的理解。

本书共10章，第1章对供应链以及供应链管理的基本概念以及国内外供应链发展现状进行了阐述；第2～5章详细阐述了供应链的设计与构建、采购与外包、采购管理、库存管理和物流管理；第6～8章介绍了供应链合作伙伴关系管理、风险管理和供应链金融，第9～10章系统阐述了供应链管理发展的最新动态，包括闭环供应链和逆向物流、区块链技术在供应链管理中的应用原理和应用场景以及多功能开放型企业供需网的理念、模型框架和基本特征。

在本书的编写过程中，上海海洋大学杨翼、刘位祥、郭江燕、苏文杰、古丽敏、胡鑫月、臧钰铭等参加了部分章节的资料收集和编撰工作。本书的编写得到了上海市教委第五批应用型本科建设项目以及上海市一流本科专业建设的支持。

本书还参考和引用了大量国内外有关研究成果和文献，在此对这些文献作者表示衷心感谢。本书已尽可能将所有引用的文献列在参考文献中，但如果仍有疏漏情况发生，敬请谅解并表示万分歉意。

本书的编写和出版得到了上海海洋大学经济管理学院和化学工业出版社的大力支持，在此一并表示感谢。

本书可以作为高等院校物流管理、供应链管理、工商管理及其他相关专业的教材和参考书，也可作为供应链物流管理相关从业人员的工具书。

由于笔者水平有限，书中难免会有一些不妥和疏漏之处，敬请读者批评指正。

编者

目 录

第一章
供应链管理概述

引导案例

福特公司的纵向一体化

1908年福特汽车公司（Ford Motor）生产出世界上第一辆属于普通百姓的汽车——T型车，世界汽车工业革命就此开始。1913年，福特汽车公司又开发出了世界上第一条流水线。1922年，福特公司开始缔造它的汽车王国。福特首先收购林肯（Lincoln）汽车公司，从此一发不可收拾，通过大量的并购交易，沿产品价值链向上下游不断纵向一体化，以追求生产的"规模经济"。福特公司努力使自己成为一个汽车工业主要的制造商，而不是一个简单的组装商。垂直一体化组织应运而生，福特实现了从原材料到生产和销售整个物流的一体化，即供应、生产和分销一体化的集中生产，有效地把以前外购工作内部化，从而急剧地降低了这些零部件的成本。同时，把外部市场订单转变成一系列内部市场订单，形成以订单为驱动力，上下工序和岗位之间相互咬合，自行调节运行的业务链，这既降低了交易成本，也提高了福特在生产价值链上的控制力。

20世纪20年代，福特通过大规模生产方式大量压缩成本，T型车价格直线下降。1920年，每辆福特T型车的售价为440美元，1924年已降到290美元；同时，生产效率迅速提高，福特生产第一个100万辆花了7年时间，其后达到200万辆产量仅仅花了18个月；1920年，福特年产量达到了800万辆，1925年更是达到了1200万辆。20世纪20年代期间，福特汽车公司的汽车产量占全美汽车产量的60%，几乎占全世界汽车产量的50%。

20世纪30年代后，福特公司的大规模纵向一体化生产模式已成为全球工业瞩目并纷纷效仿的榜样。福特的经营范围仍在不断扩张，价值链延伸到基础原材料工业，比如在匹茨堡都有福特公司的铁矿，在五大湖的冶炼厂把铁炼成钢，再运往自己的汽车生产线制造出汽车，福特甚至还拥有自己的牧羊场，出产的羊毛专用于生产本公司的汽车坐垫。

20世纪50年代，福特一下子引进了100多个学习企业管理的人才，这些人把财务制度、流程、人事、制造、成本的管理所有应该有的环节做出一个雏形，并在这个雏形上精致化，使福特汽车能够以集权的方式管理庞大的组织，直接控制下属许多不同的功能和业务，包括研究开发、生产制造、市场营销和其他活动。20世纪60年代，以福特汽车为首，美国汽车工业进入黄金时期，市场占有率高达90%，几乎独霸全球市场份额。

即使在20世纪70年代初，由于迈斯基法案（美国一项限制汽车废气污染的法案）和石油危机给美国汽车工业以沉重的打击，日本丰田汽车公司（Toyota Motor）通过开发一种新的CVCC引擎以低废气、低油耗的优势成功打入美国市场，并到20世纪80年代已经抢占了24%的市场份额，也没能阻止福特继续做大内部规模的游戏。

直到20世纪90年代末，伴随着股市持续下滑、普遍的通货紧缩和两位数的医疗保健费用增长率，福特才骤然醒悟过来，大肆宣传的规模经济并没有达当初认为可以达到的效果，累赘不堪的产业链和复杂的内部业务流程如果不能得以彻底地简化，福特汽车将继续在一个无法成长的市场上承受沉重的债务负担。

在截至2000年之前的全球调研中，福特公司发现了公司内部的一个重大隐患——"烟囱"太多。福特公司把内部的那些不与外界联系、不与别人来往的，好像把自己关在工厂内部的高高在上的机构比喻为"烟囱"，烟囱通常都自以为最伟大，越高越了不得。于是在20世纪末，福特汽车进行了大规模的改造，重新调整了福特公司的组织机构。

20世纪90年代末，在首席执行官雅克·纳赛尔的领导下，福特公司开始将附属于它的零部件供应商分离出去，成为独立的分部。这些行动表明福特决心更好地利用汽车行业的价值链。2001年10月1日，小威廉·克莱·福特接任成为福特董事长兼首席执行官，更是在其"五年复兴计划"中强调：福特必须要变成一个轻快的、有弹性的企业。而对纵向一体化模式的破除使得这个变化得以实现。

分析与思考

以福特公司为代表的纵向一体化的经营管理模式的特征是什么？为什么无法适应激烈竞争的市场环境？

第一节　供应链管理思想产生的背景

一、企业竞争环境的变化

进入20世纪90年代以来，由于科学技术的不断进步和经济的不断发展、全球化信息网络和全球化市场形成及技术变革的加速，围绕新产品的市场竞争也日趋激烈。这使得原来各个分散的企业逐渐意识到，要在竞争激烈的市场中生存下来，必须与其他企业建立一种战略上的伙伴关系，实行优势互补，发挥各企业的核心能力，并且在一种跨企业的集成管理模式下，使各个企业能够统一协调起来，这样才能够适应新的环境变化。供应链管理思想就是在这样的背景下产生的。总的来说，现代企业面临的市场环境有以下几个特征。

1.信息高速化的压力

互联网使得信息的采集、传播和规模达到空前的水平，实现了全球的信息共享与交互。现代通信和传播技术，大大提高了信息传播的速度和广度。大量信息的产生，使得企业每天都要面临着数量巨大的信息库，这就迫使企业把工作重心从如何迅速获得信息转到如何准确地过滤信息和有效地利用各种信息进行决策上来。

2.一体化经济的形成

全球经济一体化是指世界经济活动超出了国界，使世界各国和地区之间的经济活动相互依存、相互关联，形成世界范围内的有机整体。现在世界500强大公司几乎找不出一家企业是完全在国内生产、在国内销售的，几乎都是拥有遍及全球网点的超级企业。这些大公司为谋求自身的发展正在进一步调整自己的经营方向和组织结构，希望把自己建设成为一个在组织内部进行国际化分工的公司。信息技术的发展和其在经济领域的广泛应用，为世界经济一体化提供了物质技术基础。

3.高新技术的应用

20世纪后，柔性制造供应链管理系统、自动存储和拣出系统、自动条码识别系统等，在世界各国尤其是工业发达国家的生产和服务中得到广泛应用。虽然高技术应用的初始投资很高，但它会带来许多竞争上的优势。高技术的应用不仅仅在于节省人力，降低劳动成本（自动存储和拣出系统），更重要的是提高了产品和服务质量，缩短了对用户需求的响应时间。

4.产品研制开发的难度越来越大

越来越多的企业认识到新产品开发对企业创造收益的重要性，因此许多企业不惜工本予以投入，但是资金利用率和投入产出比却往往不尽如人意。原因之一是，产品研制开发的难度越来越大，特别是那些大型、结构复杂、技术含量高的产品在研制中一般都需要各种先进的设计技术、制造技术、质量保证技术等，不仅涉及的学科多，而且大都是多学科交叉的产物，因此如何能成功地解决产品开发问题是摆在企业面前的头等大事。因为产品研制开发的难度越来越大，本来的竞争对手变成了合作伙伴，例如在汽车制造业，美国的福特与日本的马自达联手，美国的通用汽车公司与日本的丰田汽车公司联合，美国的克莱斯勒与德国的戴姆勒-奔驰公司结盟。哪一家企业不寻求建立或加入供应链，仍然单枪匹马闯天下，将会失去竞争优势。

5.可持续发展的要求

一个又一个的环境保护问题摆在人们面前，如臭氧层、热带雨林、全球变暖、酸雨、核废料、能源储备、可耕地减少，人类在许多资源方面的消耗都在迅速接近地球的极限。原材料、技术工人、能源、淡水资源、资金及其他资源越来越少，各种资源的短缺对企业的生产形成很大的制约，而且这种影响在将来会越加严重。在市场需求变化莫测，制造资源日益短缺的情况下，企业如何取得长久的经济效益，是企业制定战略时必须考虑的问题。

6.用户的需求层次越来越高

消费者的需求向高层次发展。具体表现如下。

（1）对产品的品种规格、花色品种、需求数量呈现多样化、个性化要求，而且这种多样化要求具有很高的不确定性。

（2）对产品的功能、质量和可靠性的要求日益提高，而且这种要求提高的标准又是以不同用户的满意程度为尺度的，产生了判别标准的不确定性。

（3）要求在满足个性化需求的同时，产品的价格要向大批量生产的那样低廉。

综上所述，制造商将发现，好的产品不是他们为用户设计的，而是他们和用户一起设计的。全球供应链采用"由外及里"的观点，关注客户的需求。可以把用户结合进来，使得生产的产品真正满足用户的需求。

二、企业面临的挑战

随着经济的发展，影响企业在市场上获取竞争优势的主要因素也发生着变化。认清主要竞争因素的影响力，对于企业管理者把握资源应用、获取最大竞争优势具有非常重要的意义。与20世纪市场竞争的特点相比，21世纪的竞争又有了新的特点。

1.产品生命周期越来越短

随着消费者需求的多样化发展，企业的产品开发能力也在不断提高。为了满足消费者的需求，企业不断加快产品开发的速度。特别是进入20世纪80年代以后，国外新产品的研制周期大大缩短。例如，AT&T公司新电话的开发时间从过去的2年缩短为1年，惠普公司新打印机的开发时间从过去的4.5年缩短到22个月，而手机的开发周期甚至只有短短的几个月。产品的生命周期缩短、更新换代速度加快、产品在市场上的存留时间大大缩短，留给企业在产品开发和上市时间上的活动余地越来越小，给企业造成了巨大压力。很多产品几乎刚上市就已经过时，就连消费者都有些应接不暇。很多过去属于日常生活用品的产品现在都成为时尚产品，使得产品生命周期越来越短。

2.产品品种数飞速增加

因消费者需求的多样化越来越突出，厂家为了更好地满足需求便不断推出新品种，引起了一轮又一轮的产品开发竞争，结果是产品的品种数成倍增长。以日用百货为例，有关资料统计，仅1975～1991年间，产品的品种数就已从2000种左右增加到20000种左右。尽管产品品种已非常丰富，但消费者在购买商品时，仍然感到难以买到称心如意的东西。为了留住顾客，厂家绞尽脑汁，不断增加花色品种。但是，如果按照传统的思路，每种产品都生产一批以备用户选择，那么制造商和销售商就要背上沉重的库存负担，库存占用了大量的资金，严重影响了企业的资金周转速度，进而影响了企业的竞争力。

3.越来越短的交货期

随着社会的发展和市场竞争的加剧，经济活动的节奏越来越快，每个企业都感到用户对时间方面的要求越来越高。用户不但要求厂家按期交货，而且要求交货期越来越短。企业要有很强的产品开发能力，不仅指产品品种，更重要的是指产品上市时间，即尽可能提高对客户需求的响应速度。例如，在20世纪90年代初期，日本汽车制造商平均2年可向市场推出一款新车型，而同期的美国汽车制造商推出相同档次的车型却需要5～7年。可以想象，美国的汽车制造商在市场竞争中该有多么被动。对于现在的厂家来说，市场机会几乎是稍纵即逝，留给企业思考和决策的时间极为短暂。如果一个企业对用户要求的反应稍微慢一点，很快就会被竞争对手抢占先机。因此，缩短产品开发、生产周期，在尽可能短的时间内满足用户要求，已成为当今所有管理者最为关注的问题之一。

4.顾客对产品和服务的个性化需求

进入20世纪90年代以后，用户对产品质量和服务质量的要求越来越高。用户已不满足于从市场上买到标准化生产的产品，他们希望得到按照自身要求定制的产品或服务。这些变化导致产品生产方式发生革命性的变化。传统的标准化生产方式是"一对多"的关系，即企业开发出一种产品，然后组织规模化大批量生产，用一种标准化的产品满足不同消费者的需求。然而，这种模式已不再能使企业继续获得效益。现在的企业必须具有根据每一个顾客的特别要求定制产品或服务的能力，即所谓的"一对一"的定制化服务，企业为了能在新的环境下继续发展，纷纷转变生产管理模式采取措施从大批量生产转向大批量订制生产。

例如，以生产芭比娃娃著称的美泰公司从1998年10月起，可以让女孩子登录到网站（barbie.com）上设计自己的芭比朋友。她们可以选择娃娃的皮肤弹性、眼睛颜色、发型和颜色、附件和名字。当娃娃邮寄到她们手上时，她们可以在上面找到娃娃的名字。这是美泰公司第一次大量制造"一个一样"的产品。又如，位于美国代顿的一家化学公司有1700多种工业肥皂配方，用于汽车、工厂铁路和矿山的清洗工作。公司先分析客户要清洗的东西，或者访问客户所在也，然后配制一批清洁剂提供给客户使用。大多数客户都觉得没有必要对另一家公司描述其清洁方面的要求，所以，该化学公司95%的客户都不会流失。再如，海尔是一个全球著名的家电制造企业，每年的产品产量非常大，一般人看来应属于备货型生产类型，但是，2001年以后，海尔却采取了一套按订单生产的战略来组织生产，不仅满足了客户的个性化需求，同时也把库存降到了最低限度，拉近了与用户的距离，实现了向三个"零"（零距离、零缺陷、零营运资本）目标的迈进。不过，应该看到，虽然个性化定制生产能高质量、低成本地快速响应客户需求，但是对企业的运作模式也提出了更高的要求。

由此可见，企业面临外部环境变化带来的不确定性，包括市场因素（顾客对产品、产量、质量、交货期的需求和供应方面）和企业经营目标（新产品开发、市场扩展等）的变化。这些变化增加了企业管理的复杂性。企业要想在这种严峻的竞争环境下生存，必须具有强有力的处理环境变化和由环境引起的不确定性的能力。

三、供应链管理思想的产生与发展

（一）传统纵向一体化管理模式的发展及弊端

1.传统纵向一体化管理模式的发展

纵向一体化是指与企业产品的用户或原料的供应单位联合或自行向这些经营领域扩展，就是指企业在现有业务的基础上，向现有业务的上游或下游发展，形成供产、产销或供产销一体化，以扩大现有业务范围的企业经营行为。在产品或服务的生产或分销过程中，企业要的相继阶段的经营，才可称为纵向一体化经营。早期纵向一体化生产模式的典型代表是亨利·福特，他为了建立完全自给自足的汽车工业企业，投资于煤矿、橡胶园、玻璃厂、铁矿、铁路和船舶。至今，纵向一体化仍然方兴未艾，大型并购个案此起彼伏，国内很多企业也通过资本市场、产权市场或政府行为，实施纵向一体化战略。

到了20世纪90年代，一些公司决定只从事自己擅长的生产经营活动，而将其他生产经营活动交给外部专业机构来处理，这些网络化组织有时又称集成式公司，这种集成式公司在一些快速发展的行业，如服装业或电子行业特别兴盛，惠普、戴尔、沃尔玛、麦当劳、福特等国际知名企业也纷纷运用这一供应链管理模式。1997年PRTM公司在165个企业进行了调查，发现供应链管理效益很大：总供应链成本可下降10%以上，中型企业准时交货率提高了25%，订单完成时间缩短了25%～35%，经济效益提高了15%～20%。20世纪80年代后期，工业发达国家有近80%的企业放弃了纵向一体化模式，取而代之的供应链管理模式。供应链管理模式已经成为当代最有影响力的一种企业运作模式。

传统的供应链局限在企业的内部操作层面上，注重企业自身的资源利用；而现代的供应链要求企业充分利用外部资源以快速响应市场需求，本企业只掌握最核心的东西，如产品方向和市场。这种意义上的供应链是围绕核心企业，通过对资金流、物流、信息流的控制，从采购原材料、制成中间产品以及最终产品到由销售网络把产品送到消费者手中，将供应商、制造商、分销商、零售商乃至最终用户连成一个整体的功能网链结构；供应链节点上的企业结成具有共同利益的战略联盟，通过电子数据交换（EDI）实现信息共享，产供销通过协调实现无缝连接，科学设计资金流、物流、信息流的业务流程，各节点企业发挥优势并在供应链中集成化，满足市场对高质量、高柔性、低成本的要求。

2.传统纵向一体化管理模式的弊端

（1）丧失选择高效率合作伙伴的机会。当今国际市场中企业要求自身在所有的活动中都实现最高效率，这是不可能的。他们只有努力寻找可靠而优秀的合作伙伴，才能弥补自己在某些活动上的缺陷，这比企业全面提高自身业务素质容易。但在实行纵向一体化以后，企业不会在自己已有的业务上向外部寻求合作，从而丧失了选择高效率合作伙伴的机会。

（2）增加进入壁垒的同时也加高自己的退出壁垒。企业实施纵向一体化以后，其投资规模、生产销售的连续性、对某些专业资源和环节的垄断、谈判时间与费用的节约都将加高行业的进入壁垒，这在传统管理模式中是压制竞争对手的好办法。然而，今天的纵向一体化却碰到了尴尬的问题，产品与技术频繁创新、需求批量变小且变化快，对某一行业的过深介入反而使行业的退出壁垒加高，企业柔性降低，应变能力差，行业环境恶化。

（3）丧失专业化优势，面临链上不同业务企业的专业化竞争。纵向一体化的结果使企业"小而全""大而全"，企业业务涉及各种职能与各阶段，无法集中资源形成专业化优势；而实行供应链管理的企业则不是以自己的业务单元与具有专业化优势的企业对抗，而是积极主动地将所有的专业化企业联合起来，既实现业务单元的最优，又实现整个网络系统的最优，这是纵向一体化无法比拟的。

（4）企业负担加重。无论是投资新建还是并购原有企业，实行纵向一体化的企业必须筹集大量资金，进行长时间的基础建设，如此，企业背负沉重的财务负担，面对快速变化的市场需求时，无法做出快速响应；而供应链管理方式则是积极利用企业外部现有资源，成本低、速度快。如果企业以纵向一体化方式积极响应短暂的需求变化，情况会更加危险，因为投资尚未完成时，需求已成过去。

（5）增加企业行业风险。当整个行业不景气时，采用纵向一体化的企业所有已经内部化了的业务单元必将同时受到冲击，企业抵御行业风险的能力降低。

（6）纵向一体化的整合成本与失败。并购上下游企业以后，原先各企业的文化、成员的既得利益、组织的惯性等如果不能整合，则企业内部的管理费用就会大幅度上升，而整合的成本是很高的，任何组织都有对外来"异体"的"免疫"能力，因而整合时间长且效果一般不显著，纵向一体化因整合失败的案例很多。

（二）供应链管理思想产生的理论基础——价值链理论

1.价值链的概念

企业的利润或者价值创造的过程是由一系列的经营管理活动构成的。这些活动可以分为基本活动和辅助活动两大类：基本活动是指与企业生产经营直接相关的活动，具体包括企业生产作业、进料后勤、发货后勤、市场和销售、售后服务等；而辅助活动则是指与企业生产经营活动不直接相关，但能够对企业直接生产经营活动起到辅助和支持作用的活动，具体包括研究与开发、人力资源管理、财务、计划和企业基础设施等。这些互不相同但又相互关联的生产经营活动，共同构成了一个企业创造价值的动态过程，即价值链，如图1-1所示。

在现实的市场竞争中，每一个企业的价值创造活动都是不一样的，而且往往也并不是企业的每一个生产经营环节都能创造价值的。因此，价值链分析通过对企业每一个生

图 1-1　迈克尔·波特的企业价值链

产经营环节的价值分析，可以对许多其他经济理论无法解释的经济现象进行合理地解释和分析。比如，为什么在一个相同的行业里面，有的企业盈利水平很高，而有些企业经营状况却很差，通过价值链分析，可以找出经营状况较差的企业到底是在哪些生产经营活动的环节出现了问题。价值链理论的核心其实就是认为企业是由一系列互相不同但又相互关联的价值创造活动组成的，而不是将企业视为一整个"黑匣子"。如果我们通过价值链分析，将企业这个"黑匣子"打开，分析企业每一项经济业务活动的价值创造能力以及经济业务活动之间的内在联系和逻辑，则对内可以优化和协调企业内部生产经营活动，优化业务组织流程，提高生产经营效率，帮助企业形成具有自身特色的价值链和竞争优势，对外则可以分析行业上游、下游以及竞争对手企业竞争优势的关键价值活动等，帮助企业了解纵向和横向的行业市场情况，因此价值链理论被广泛地应用于现代企业的核心竞争力分析、成本管理、行业市场分析、企业经营战略管理等方面。

2.价值链与企业的竞争力

价值链的概念最早由波特于1985年在其所著的《竞争优势》一书中提出。在近几十年中，价值链理论获得了很大的发展，在管理会计、市场营销及其他企业管理领域得到广泛的应用，并逐渐上升为一种管理方法体系。

企业的各项价值活动不是一些孤立的活动，它们相互依存，形成一个系统，形成一条价值链，各环节之间相互关联，相互影响，例如，采购预先剪裁好的钢板可以简化生产工序并减少浪费；良好的技术开发有利于增加产品的销售；有序的仓储、车辆调度等入库后勤活动有利于生产作业；等等。

一件产品的价值是由整条价值链所创造的，因此产品的竞争力实质上体现了整条价值链上各个环节的整体竞争力，也就是企业的竞争力。通过对企业活动的价值链分析可以看出，企业的价值活动中，并不是每一环节都创造价值，实际上，只有某些特定的价值活动才创造价值，这些真正创造价值的活动就是价值链上的战略环节，即形成企业竞争优势的环节。故企业要保持竞争优势，就是要保持价值链上这些特定战略环节上的优势。企业对战略环节的控制可以采取许多形式，既可以是控制关键原材料、控制关键人才，也可以是控制关键的销售渠道、关键的市场等。例如，在很多靠特殊技能竞争的行业，如表演业、体育业等，竞争优势通常来自对若干关键人才的控制；在很多靠产品特色竞争的行业，竞争优势往往来自对关键技术或原料配方的垄断；而在高科技产品行业，竞争优势则来自对若干关键生产技术的控制。

（三）供应链管理思想的产生和发展

由于纵向一体化管理模式在新的市场环境下暴露出了种种弊端，从20世纪80年代后期开始，首先是美国的一些企业，其后是国际上很多企业逐渐放弃了这种经营模式，取而代之的是"横向一体化"思想的兴起：它提倡利用企业外部资源达到快速响应市场的要求，本企业只抓自己具有核心竞争力的业务，而将非核心业务委托或外包给合作伙伴企业。这样一来，很多企业逐渐将有限的资源集中于核心业务，而将本企业不具有优势的业务外包给更具优势的企业，形成了较为广泛的、不同地域的企业与企业的合作。例如，福特汽车公司的Festiva车就是由美国人设计，在日本的马自达生产发动机，由韩国的制造厂生产其他零件和装配，最后在美国市场上销售。制造商把零部件生产和整车装配都放在了企业外部，这样做的目的是利用其他企业的资源促使产品快速上市，避免自己投资带来的基建周期长等问题，赢得产品在低成本、高质量、早上市等诸方面的竞争优势。横向一体化形成了一条从供应商到制造商再到分销商、零售商的贯穿所有企业的链。由于相邻节点企业表现出一种需求与供给的关系，当把所有相邻企业依次连接起来，便形成了供应链（Supply Chain）。这条链上的节点企业必须达到同步、协调运行，才有可能使链上的所有企业都受益。于是便产生了供应链管理这一新的经营与运作模式。

根据美国科尔尼咨询公司的研究，企业应该将供应职能提升到战略层次的高度来认识，才有助于降低成本、提高投资回报。创造供应优势取决于建立采购的战略地位，企业和供应商伙伴形成一个共同的产品开发小组。伙伴成员从共享信息上升到共享思想，决定如何和在哪里生产零部件或产品，或者如何重新定义使双方获益的服务。所有企业一起研究和确定哪些活动能给用户带来最大价值，而不是像过去那样由一个企业设计和制造一个产品的绝大部分零件。比较研究发现，美国厂商普遍采用纵向一体化模式进行管理，而日本厂商更多采用横向一体化。美日两国企业管理模式的选择，与它们的生产结构有着密切联系。美国企业生产一辆汽车，购价的45%由企业内部生产制造，55%由外部企业生产制造。然而，日本厂商生产一辆汽车，只有25%的构件由企业内部生产制造，外包的比例很大。这也许能在某种程度上说明美国汽车缺乏竞争力的原因。

由此可见，供应链管理的概念是把企业资源的范畴从过去单个企业扩大到整个社会，使企业之间为了共同的市场利益而结成战略联盟，因为这个联盟要解决的往往是具体顾客的特殊需要（至少有别于其他顾客）。例如，供应商就需要与客户共同研究如何满足该企业的需要，还可能要对原设计进行重新思考、重新设计，这样就在供应商和客户之间建立了一种长期联系的依存关系。供应商以满足客户、为客户服务为目标，客户当然也愿意依靠这个供应商，当原来的产品用完或报废需要更新时，还会找同一个供应商。这样一来，借助敏捷制造战略的实施，供应链管理也越来越受重视，成为当代国际上最有影响力的一种企业运作模式。供应链管理利用现代信息技术，通过改造和集成业务流程，与供应商以及客户建立协同的业务伙伴联盟，实施电子商务，从而大大提高了企业的竞争力，使企业在复杂的市场环境中立于不败之地。有关资料统计，供应链管理的实施可以使企业总成本下降10%；供应链上的节点企业按时交货率提高15%以上；订货-生产的周期时间缩短25%～35%；供应链上的节点企业增值生产率提高10%以上，等等。这些数据说明，供应链企业在不同程度上都取得了发展，其中以订货-生产的周期时间缩短最为显著。之所以能取得这样的成果，完全得益于供应链企业的相互合作、相互利用对方资源的经营策略。采用供应链管理模式，可以使企业在最短时间里找到最好的合作伙伴，用最低的成本、最快的速度、最好的质量赢得市场，而且受益的不止一家企业，而是一个企业群体。因此，供应链管理模式吸引了越来越多的企业。

有人说，21世纪的竞争不是企业和企业之间的竞争，而是供应链与供应链之间的竞争。那些在零部件制造方面具有独特优势的中小型供应商企业，将成为大型装配主导型企业追逐的对象。日本一位学者将其比喻为足球比赛中的中场争夺战，他认为谁能拥有这些具有独特优势的供应商，谁就能得竞争优势，显然，这种竞争优势不是哪一个企业所具有的，而是整个供应链的综合能力。

第二节　供应链的概念和内涵

一、供应链的概念

"供应链"一词，目前尚未形成统一的定义，许多学者从不同的角度给出了不同的定义。虽说各自的表述不完全一致，但它们的共同之处是，认为供应链是一个系统，是人类生产活动和社会经济活动中客观存在的事物。人类生产和生活的必需品都要经历从最初的原材料生产、零部件加工、产品装配、分销、零售到最终消费这一过程，并且近年来废弃物回收和退货（简称"逆向物流"）也被包括进来了。这里既有物质材料的生产和消费，也有非物质形态（如服务）产品的生产（提供服务）和消费（享受服务），在各个生产、流通、交易、消费环节形成完整的供应链系统。

早期的观点认为，供应链是制造企业中的一个内部过程，它是将从企业外部采购的原材料和零部件，通过生产转换和销售等活动，再传递到零售商和用户的一个过程。传统的供应链概念局限于企业的内部操作层面，注重企业自身的资源利用目标。

有些学者把供应链的概念与采购、供应管理相关联，用来表示与供应商之间的关系，这种观点受到了那些研究合作关系、JIT生产方式、精细化供应、供应商行为评估等问题的学者的重视。但这种理解仅仅局限于制造商和供应商之间的关系，而且供应链中的各企业独立运作，忽略了与外部供应链成员企业的联系，往往造成企业间的目标冲突。

其后发展起来的供应链管理概念关注与其他企业的联系，注意供应链企业的外部环境，认为它应是一个"通过链中不同企业的制造、组装、分销、零售等过程将原材料转换成产品，再到最终用户的转换过程"，这是更大范围、更为系统的概念。例如，美国的史蒂文斯（Stevens）认为："通过增值过程和分销渠道控制从供应商的供应商到用户的用户的流就是供应链，它开始于供应的源点，结束于消费的终点。"伊文斯（Evens）认为："供应链管理是通过前馈的信息流和反馈的物料流及信息流，将供应商、制造商、分销商、零售商，直至最终用户连成一个整体的模式。"可见，供应链的完整性、供应链中所有成员操作的一致性都为这些定义所关注。

而到了最近，供应链的概念更加注重围绕核心企业的战略联盟关系，如核心企业（盟主）与供应商、供应商的供应商乃至一切前向的关系，核心企业与用户、用户的用户及一切后向的关系。此时对供应链的认识形成了一个网链的概念，如丰田、耐克、日产、麦当劳和苹果等公司的供应链管理都从网链的角度来理解和实施。哈里森（Harrison）进而将供应链定义为："供应链是执行采购原材料，将它们转换为中间产品和成品，并且将成品销售到用户的功能网链。"这些概念同时强调供应链的战略伙伴关系问题。菲利普（Phillip）和温德尔（Wendell）认为，供应链中战略伙伴关系是很重要的，通过建立战略伙伴关系，可以与重要的供应商和用户更有效地开展工作。

本书给出的定义是：供应链是围绕核心企业，通过对工作流、信息流、物料流、资金流的协调与控制，从采购原材料开始，制成中间半产品以及最终产品，最后由销售网络把产品送到消费者手中的，将供应商、制造商、分销商、零售商，直至最终用户连成一个整体的功能网链结构。它是一个扩展了的企业模式，包含所有加盟的节点企业，从原材料的供应开始，经过链中不同企业的零件制造、部件组装、产品装配、产品分销等过程，直至交付给最终用户。它不仅是一条连接供应商到用户的物流链、信息链、资金链，而且是一条增值链，物料在供应链上经过加工、包装、运输等过程而实现其价值增值，给相关企业及整个社会都带来效益。

二、供应链的结构模型

供应链是一个非常复杂的网链模式，涵盖了从原材料供应商、零部件供应商、产品制造商、分销商、零售商直至最终用户的整个过程。

根据供应链的实际运行情况，在一个供应链系统中，有一个企业处于核心地位。该企业起着对供应链上的信息流、资金流和物流的调度和协调的作用。从这个角度出发，供应链系统的结构可以具体地表示为如图1-2所示的形状。

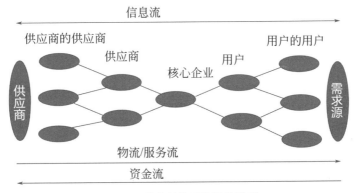

图1-2　供应链的网状结构模型

从图1-2中可以看出，供应链由所有加盟的节点企业组成，其中有一个核心企业（可以是制造型企业如汽车制造商，也可以是零售型企业如美国的沃尔玛），其他节点企业在核心企业需求信息的驱动下，通过供应链的职能分工与合作（生产、分销、零售等），以资金流、物流或/和服务流为媒介实现整个供应链的不断增值。

通过上述介绍可以看出，供应链是人类生产活动的一种客观存在。但是，过去这种客观存在的供应链系统一直处于一种自发松散的运动状态，供应链上的各个企业各自为政，缺乏共同的目标。不过，由于过去的市场竞争远没有今天企业所面临的这么激烈，因此，这种自发运行的供应链系统并没有表现出不适应性。然而，进入21世纪后，经济全球化、市场竞争全球化浪潮一浪高过一浪，消费者的个性化需求越来越突出，市场响应时间越来越短，这种自发供应链所存在的种种弊端开始显现，企业必须寻找更有效的方法，才能在这种形势下生存和发展。因此，人们发现，必须对供应链这一复杂系统进行有效的协调和管理，才能取得更好的绩效，才能从整体上降低产品（服务）成本。供应链管理思想就是在这种环境下产生和发展起来的。

三、供应链的特征

从供应链结构模型可以看出，供应链是一个网链结构，由围绕核心企业的供应商、供应商的供应商和用户、用户的用户组成，是一个典型的复杂系统。每一个企业都是供应链上的一个节点，节点企业之间是一种需求与供应关系。一般来说，供应链系统主要具有以下特征。

（1）系统性。供应链是由不同相关企业和组织组成的有机体，具有共同的目标。供应链是一个大的系统，其内又有若干子系统或子链。

（2）复杂性。因为供应链节点企业组成的跨度（层次）问题，供应链往往由多个、多类型甚至多国企业构成，所以供应链结构模式比一般单个企业的结构模式更为复杂。

（3）动态性。供应链管理因企业战略和适应市场需求变化的需要，其中的节点企业需要动态更新，这就使得供应链具有明显的动态性。

（4）用户需求响应性。供应链的形成、存在、重构都是基于一定的市场需求而发生的，并且在供应链的运作过程中，用户的需求拉动是供应链中信息流产品/服务流、资金流运作的驱动源。

（5）交叉性。节点企业可以是这个供应链的成员，同时又是另一个供应链的成员，众多的供应链形成交叉结构，增加了协调管理的难度。

由此可见，供应链是一个复杂的大系统。面对如此复杂的系统，必须认清不同情况下供应链系统的特征，这样才能有目的地选择适合本企业的运作模式。同时，必须分清不同的类型，才能有针对性地选择最适宜的管理模式。

四、供应链的类型

根据不同的划分方式，供应链可以被划分成成各种不同的类型。

1.根据制造企业供应链的发展过程划分

根据制造企业供应链的发展过程不同，可将供应链分为内部供应链和外部供应链。内部供应链是将采购的原材料和零部件，通过生产转换和销售等传递给用户的过程，可看作制造企业中的一个内部过程。外部供应链注重利用外部资源，以及与其他企业的联系，它偏向于供应链中不同企业的制造、组装、销售、零售等过程。

2.根据供应链的涉及范围划分

根据供应链的涉及范围不同，可将供应链分为单元供应链、产业供应链和全球供应链。单元供应链由一家企业与该企业的直接供货商和直接客户组成，包括从需到供的循环，它是供应链的最基本模式。产业供应链由单元供应链组成，是企业联合其上下游企业，通过联盟和外包等各种作方式建立一条经济利益相关、业务关系紧密、优势互补的产业供需关系网链，企业充分利用产业供应链上的资源来适应新的竞争环境，实现合作优化，共同增强竞争力。全球供应链是企业根据需要在世界各地选取最有竞争力的合作伙伴，结成全球供应网络，以实现供应链的最优化。

3.根据供应链存在的稳定性划分

根据供应链存在的稳定性不同，可将供应链分为稳定的供应链和动态的供应链。复杂的需求而组成的供应链动态性较高。基于相对稳定、单一的市场需求而组成的供应链稳定性较强，而基于相对频繁变化、复杂的需求而组成的供应链动态性较高。在实际管理运作中，需要根据不断变化的市场需求，调整、优化甚至重构供应链。

4.根据供应链容量与用户需求的关系划分

根据供应链容量与用户需求的关系，可将供应链分为平衡的供应链和倾斜的供应链，如图1-3所示。供应链具有相对稳定的设备容量和生产能力，但用户需求处于不断变化中，当供应链的容量能够满足用户需求时，供应链处于平衡状态；而当市场变化加剧，造成供应链成本、库存、浪费增加等现象时，企业不是在最优状态下运作，供应链则处于倾斜状态。平衡的供应链可以实现低采购成本、生产规模效益、低分销成本、市场产品多样化和财务资金快速运转之间的均衡。供应链管理的一个重要职能就是不断调整供应链平衡，使之适应市场的变化。

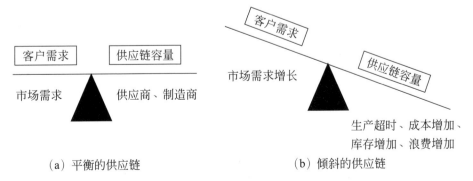

（a）平衡的供应链　　　　　　　　　（b）倾斜的供应链

图1-3　平衡的供应链和倾斜的供应链

5.根据供应链的功能模式划分

根据供应链功能模式的不同，可将供应链分为有效性供应链和反应性供应链。

有效性供应链主要体现供应链的物理功能，即以最低的成本将原材料转化成零部件、半成品、产品；反应性供应链主要体现供应链的市场中介功能，即把产品分配到满足用户需求的市场，对不确定性需求做出快速反应等。

6.根据产品类型划分

根据产品类型的不同，可将供应链分为功能型供应链和创新型供应链。

功能型产品用户的基本需求，生命周期较长，需求比较稳定，一般情况下市场可预测，但边际利润较低，如日用百货、主副食品等；创新型产品生命周期较短，一般情况下市场更新快，需求不稳定，市场不易准确预测，边际利润较高，如时尚服饰、IT产品等。

功能型供应链是指以经营功能型产品为主的供应链，其运作成功的关键是充分利用信息沟通来协调供应链成员企业间的活动，以使整个供应链成本最低，效率最高。创新型供应链是指以经营创新型产品为主的供应链，其运作成功的关键是充分做好市场调查与预测，同时增强供应链的柔性、敏捷度与响应速度，对成本的关注倒在其次。

7.根据供应链的结构特征划分

根据供应链的结构特征不同，可将供应链分为A型供应链、V型供应链和T型供应链。

A型供应链，又称为汇聚型供应链，其输入原材料范围及数量众多，成品种类有限，呈汇合型，典型的如航空、汽车等装配型行业，这种供应链运作由订单和客户驱动，装配过程重视物流同步，一般都采用MRP（物料需求计划）安排生产。

V型供应链，又称发散型供应链，其输入原材料范围有限，成品变化范围广，总体形式呈分叉型，如石油、化工、造纸和纺织企业，这种供应链的制造过程和分销渠道更为复杂。

T型供应链介于上述两种模式之间，通常根据订单的规律来确定通用件的库存，通过优化通用件的制造标准来降低生产与流通的复杂程度，如电子产品、汽车备件行业等。

8.根据核心企业的不同划分

根据核心企业的不同，可将供应链分为供应商驱动供应链、制造商驱动供应链和销售商驱动供应链。供应商驱动供应链多出现在自然资源具有垄断性优势的行业里，如石油、煤炭行业。制造商驱动供应链主要存在于生产技术过程较为复杂的行业中，其技术与管理优势难以模仿和超越。对于大多数市场竞争激烈，技术含量不高，容易被模仿和替代的产品，多处于销售商驱动供应链中，其销售终端的即时消费信息采集非常重要。

第三节　供应链管理的基本概念和内涵

一、供应链管理的概念

对于供应链管理，国外在早期也有许多不同的定义和名称，如有效用户反应、快速反应、虚拟物流或连续补充等。这些名称因考虑的层次、角度不同而不同，但都是通过计划和控制实现企业内部和外部之间的合作，实质上它们在一定程度上都反映了对供应链各种活动进行人为干预和管理的特点，使过去那种自发的供应链成为自觉的供应链系统，有目的地为企业服务。

本教材对供应链管理的定义是：供应链管理（Supply Chain Management，SCM）是指对整个供应链系统进行计划、协调、执行、控制和优化的各种活动和过程，通过改善上下游供应链关系，整合和优化供应链中的信息流、物流、资金流，以获得企业的竞争优势。其目标是将客户所需的正确的产品（Right Product）能够在正确的时间（Right Time），以正确的数量（Right Quantity）、正确的质量（Right Quality）、正确的状态（Right Status）和正确的价格（Right Price）送到正确的地点（Right Place），实现总成本最小。

从这个定义不难看出，供应链管理就是要对传统的、自发运作的供应链进行人为干预，使其能够按照企业（核心企业）的意愿，对相关合作伙伴的工作流程进行整合和协调运行，从而达到供应链整体运作绩效最佳的效果。但是，供应链管理不像单个企业的管理，不能通过行政手段调整企业之间的关系，只能通过共担风险、共享收益来提高供应链的竞争力，因此，供应链管理所反映的是一种集成的、协调管理的思想和方法，即通过所有成员企业的合作共同成长，获得收益。

关于供应链管理的定义，还有许多其他的说法。例如，伊文斯认为："供应链管理是通过前馈的信息流和反馈的物料流及信息流，将供应商、制造商、分销商、零售商，直至最终用户连成一个整体的管理模式。"菲利普则认为，供应链不是供应商管理的别称，而是一种新的管理策略，它把不同企业集成起来以增进整个供应链的效率，注重企业之间的合作。最早人们把供应链管理的重点放在库存管理上，作为平衡有限的生产能力和适应用户需求变化的缓冲手段，它通过各种协调手段，寻求把产品迅速、可靠地送到用户手中所需要的费用与生产、库存管理费用之间的平衡，从而确定最佳的库存水平。因此，其主要的工作任务是库存控制和运输。现在的供应链管理则把供应链上的各个企业作为一个不可分割的整体，使供应链上各企业分担的采购、生产、分销和销售的职能成为一个协调发展的有机体。

关于供应链管理的各种比较典型的定义如下。

（1）供应链管理是设施内部和设施之间，例如供应商、制造与装配商和配送中心，物料和信息的管理。

（2）集成供应链管理是关于从外部顾客角度出发，管理所有的需要提供顾客价值的各种横向过程。

（3）供应链管理是指从最终用户到提供产品、服务和信息以及增加客户和其他利害关系者价值的原始供应商关键经营过程的集成。

（4）供应链管理是应用系统的方法来管理从原材料供应商通过制造商和仓库再到最终顾客的整个信息流、物流和服务流的过程。

（5）供应链管理涉及从原材料开始到将产品递送给顾客的所有活动，包括获取原材料和部件，制造和装配，仓储和库存追踪观察，订单进入和订单管理，穿过所有渠道的配送，递送到顾客手中，以及必需的监控所有这些活动的信息系统。供应链管理协调和集成所有这些活动。

（6）供应链管理是为改进各个公司和整个供应链的长期绩效，传统业务功能方面系统的、战略的以及某一特定公司内部整合这些业务功能和供应链内部整合这些业务的策略。

（7）供应链管理是指对从供应商开始，经制造和配送，到达最终顾客的跨过整个供应链的物流、信息流和资金流的管理。它还包括售后服务和反向流动，如处理顾客退货和重复利用包装物和废弃产品。与协调单一公司多个场所库存的多级库存管理相对应的供应链管理，包括多个公司之间有关信息流、物流和资金流的协调。

上述所列举的 SCM 定义虽然表述不尽一致，而且有一些还有局限性和局部性，但都突出了集成的管理思想和方法，都要进行供应链中从供应商到最终顾客的物流等的管理。

二、供应链管理的目标

施行供应链管理的宏观总目标是通过有效的供应链管理来提高客户服务水平和降低总的交易成本。总目标也可以细分为如下的具体的目标。

（1）总成本最低化。总成本最低化目标并不是指运输费用或库存成本，或其他任何供应链物流运作与管理活动的成本小，而是整个供应链运作与管理的所有成本的总和最低化。即所说的单个企业的最优，并不能代表整个供应链的最优。

（2）总库存成本最小化。同样，是指整个供应链的库存控制在最低的程度，而不只是单个成员企业库存水平的最低。

（3）总周期时间最短化。供应链之间的竞争实质上是时间竞争，即必须实现快速有效客户反应，所谓总周期时间最短化是指大限度地缩短从客户发出订单到获取满意交货的整个供应链的总时间周期。这包括客户发出的订单沿着零售商、分销商迅速、准确地传送到核心的制造商，制造商按照订单向上游供应商发出采购单，供应商通过物流网络及时送货，制造商及时生产产品，之后通过销售网络送给客户。因此，总周期时间短，就要求供应链中上述所有的节点企业所费的时间短。

（4）质量最优化。企业产品或服务的好坏直接关系到企业的成败。要实现质量最优化，就必须从原材料、零部件供应的零缺陷开始，直至供应链管理全过程、全方位质量的最优化。

（5）客户服务最优化。供应链管理的实施目标之一，就是通过上下游企业协调一致的运作，保证达到客户满意的服务水平，吸引并保留客户，最终实现企业的价值大化。

三、供应链管理的模式

有两种不同的供应链运作方式：一种称为推动式；一种称为拉动式，如图1-4所示。

推动式供应链：集成度低、适合需求变化不大市场、缓冲库存量高

拉动式供应链：集成度高、数据变换迅速、缓冲库存量低、快速反应

图1-4 推动式和拉动式供应链

（一）推动式供应链

推动式供应链是以制造商为核心，产品生产建立在需求预测的基础上，并在客户订货前进行生产，产品生产出来后从分销商逐级推向顾客。顾客处于被动接受的末端。一般来说，制造商利用从零售商仓库接到的订单来预测顾客需求。推动式供应链的不确定性很低，各个企业之间的集成度较低，通常采取提高安全库存量的办法应付需求变动，但提前期较长，按库存生产是主要的生产方式。因此，整个供应链上的库存量较高，对需求变动的响应能力较差。

（二）拉动式供应链

拉动式供应链是整个供应链的驱动力产生于最终的顾客，产品生产是受需求驱动的。生产是根据实际顾客需求而不是预测需求进行协调的。在拉动式供应链模式中，需求不确定性很高，周期较短，主要的生产战略是按订单生产，按订单组装和按订单配置。整个供应链要求集成度较高，信息交换迅速，可以根据最终用户的需求实现定制化服务。

（三）推拉结合式供应链

现实生活中完全采取推动战略或者完全采取拉动战略的并不多见。这是因为单纯的推动或拉动战略虽然各有优点，但也存在缺陷，推动式和拉动式供应链的优缺点比较见表1-1。

表 1-1 推动式供应链和拉动式供应链优劣势比较

供应链两种基本运作模式	优势	劣势
推动式供应链	实现生产和物流的规模经济 利用库存来平衡供需之间的不平衡现象 增加了系统产出,提高了设备利用率 供应链的实施比较容易	不能快速响应市场 由于牛鞭效应导致了库存量较大,当某些产品需求消失时,产品容易过时 更大和更容易变动的生产批量 企业间信息沟通少,协调差,服务水平较低
拉动式供应链	更好地满足客户个性化的需求 有效地缩短提前期 随着提前期缩短,零售商库存减少 制造商的库存降低 系统成本降低	对各节点及供应链技术基础的要求较高 拉动式供应链的实施有一定的难度 难以实现制造和运输的规模经济 设备利用率不高,管理复杂

在推拉组合中,供应链的某些层次,如最初的几层以推动的形式经营,其余的层次采用拉动式战略。推动式与拉动式的接口处被称为推拉边界。虽然一个产品(如计算机)需求具有较高的不确定性,规模效益也不十分突出,理论上应当采取拉动战略,但实际上计算机厂商并不完全采取拉动战略。以戴尔为例,如图1-5所示,戴尔计算机的组装,完全是根据最终顾客订单进行的,此时它执行的是典型的拉动战略。但戴尔计算机的零部件是按预测进行生产和分销决策的,此时它执行的却是推动战略。也就是说,供应链的推动部分是在装配之前,而供应链的拉动部分则从装配之后开始,并按实际的顾客需求进行,是种前推后拉的混合供应链战略,推拉边界就是装配的起始点。推拉组合的另一种形式是采取前拉后推的供应链组合战略。对那些需求不确定性高,但生产和运输过程中规模效益十分明显的产品和行业有效。家具行业是这种情况的最典型例子。事实上,一般家具生产商提供的产品在材料上差不多,但在家具外形、颜色、构造等方面的差异却很大,因此它的需求不确定性相当高。此时就有必要对生产、分销策略进行区分。从生产角度看,由于需求不确定性高,企业不可能根据长期的需求预测进行

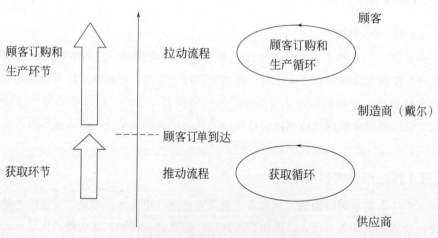

图 1-5 戴尔推拉结合式供应链

生产计划，所以生产要采用拉动式战略。另一方面，这类产品体积大，运输成本高，所以，分销策略又必须充分考虑规模经济的特性，通过大规模运输来降低运输成本。事实上许多家具厂商都是采取这种战略。就是说家具制造商是在接到顾客订单后才开始生产，当产品生产完成后，将此类产品与其他所有需要运输到本地区的产品一起送到零售商的商店里，进而送到顾客手中。因此，家具厂商的供应链战略是这样的：采用拉动式战略按照实际需求进行生产，采用推动式战略根据固定的时间表进行运输，是一种前拉后推的组合供应链战略。

作为供应链管理战略的内容之一，就是要选择适合自己实际情况的运作方式。拉动式供应链虽然整体绩效表现出色，但对供应链上企业的要求较高，对供应链运作的技术基础要求也较高。而推动式供应链方式相对较容易实施。企业采取什么样的供应链运行方式，与企业系统的基础管理水平有很大关系，切不可盲目照搬其他企业的成功做法，因为不同企业有不同的管理文化，盲目跟从反而会得不偿失。

四、供应链管理战略

供应链管理战略就是要从企业发展战略的高度考虑供应链管理的事关全局的核心问题，例如实施战略的制定问题、运作方式的选择问题、信息支持系统的建立问题等。

1.企业内外加强集成与合作

从企业内部来说，主要是发扬团队的合作精神。要鼓励员工协同工作来解决问题，要把合作看作一种义务，而不是互相推诿责任。这样，企业就会以一种类似医院急救室的工作方式运转，去完成新的订单带来的任务，获取新的市场机遇。另一方面，企业也要有明确的智力资源权利条例和企业内部明确的道德准则，规范人们的行为和保护员工发明创造的权利。整个企业，从员工个人到组织机构，都能最有效地适应市场的变化，做出敏捷的响应。

从企业外部来说，合作概念已进展到了以前竞争对手之间的合作。20世纪70年代，美国三大汽车巨头——通用、福特、克莱斯勒，都投资几亿美元开发汽车排气管上控制空气污染的装置。当时，它们绝不愿意联合起来开发。实际上它们最终开发出了类似的产品，白花了很多钱。现在，它们都参加了一个多功能的集团USCAR，共同开发各种技术、材料和部件，从结构塑料到电池再到电机车控制系统等。日立（Hitachi）与IBM在计算机主机市场上一直是两大竞争对手，但现在成了合作伙伴。日立买进IBM的主机CMOS处理机芯片，并制造IBM结构主机（IBM给予其许可证），打上日立的牌子销售。当然要解决利益分配的问题，使供应商、合作伙伴以及顾客都能共享信息，互相受惠，进而为创建或加入虚拟企业制定明确的标准。

2.充分发挥信息流管理的作用

因为市场的急剧变化，最主要的是要掌握用户需求的变化和在竞争中知己知彼。如果对本企业内部的信息不能透彻了解，那么如何能要求员工从全局出发做到集成呢？如果竞争对手采取了一些新的措施，采用了一些新技术，而本企业却迟迟不了解，又如何能及时采取改进竞争手段的对策呢？"敏捷"的基本思想是既快又灵，所以一定要把信息的价值提到足够的高度来认识。

3.实施供应链企业的敏捷制造

从竞争走向合作，从互相保密走向信息交流，实际上会给企业带来更大利益。如果市场上出现一个新的机遇，譬如看准了半年后推出某种新型计算机必能畅销，于是几家本来是竞争对手的大计算机公司，可能立即组成一种合作关系。A公司开发的主机性能好，B公司的软件开发能力强，C公司的外围设备有特色和很好的声誉，各家公司都发挥自己的优势共同开发，就能迅速占领市场。完成这次合作以后，还是各自独立的公司，这种方式就是"敏捷制造"。实施敏捷制造的基础是全国乃至全球的通信网络，在网上了解到有专长的合作伙伴，在网络通信中确定合作关系，又通过网络用并行工程的做法实现最快速和高质量的新产品开发。

4.广泛应用计算机技术和人工智能技术

未来制造业中强调人的作用，丝毫没有贬低技术所起的作用。计算机辅助设计、辅助制造，计算机仿真与建模分析技术，都应在敏捷企业中加以应用。另外，"群件"（Groupware）是近来研究比较多的一种计算机支持协同工作（Computer Supported Cooperative Work，CSCW）的软件，是强调作为分布式群决策的软件系统，它可以支持两个以上用户以紧密方式共同完成项目任务，例如有同样想法而又同时工作的人所用的文章大纲编辑器。人工智能在生产和经营过程中的应用，是另一个重要的先进技术的标志。从底层原始数据检测和收集的传感器，到过程控制的机理乃至辅助决策的知识库，都需要应用人工智能技术。

5.从战略高度制定绩效测量与评价方法

传统的企业评价总是着眼于可计量的经济效益，而对生产和经营活动的评价则依据具体的技术指标。这种方法基本上属于短期行为，侧重于操作层。对于供应链管理、系统集成所提出的战略考虑，如缩短提前期对竞争能力有多少好处？如何度量企业柔性？企业对产品变异的适应能力会导致怎样的经济效益？如何检测雇员和工作小组的技能？技能标准对企业柔性又会有什么影响？这一系列问题都是在新形势、新环境下提出来需要解决的。又如会计核算方法，传统的会计核算主要适合静态产品和大批量生产过程，用核算结果来控制成本，是一种消极防御式的核算方法。这些都是不适应供应链企业需要的，当前要采用一种支持这些变化的核算方法。如ABC法（Activity Based Cost Method）把成本计算与各种形式的经营活动相关联，是未来企业中很有希望的一种核算方法。合作伙伴资格预评是另一个评价问题，因为供应链企业的成功必须要合作伙伴确有所长，而且应有很好的合作信誉。由此可见，供应链管理环境下的绩效测量与评价是一个关系到企业全局的大问题，应该从战略的高度去制定相关的绩效测量与评价指标，制定绩效测量与评价的程序和方法。

五、供应链管理要素及结构体系框架

（一）供应链管理体系组成要素

供应链管理应涉及六大领域（见图1-6）：需求管理（Demand Management）、订单交付（Fulfillment）、物流管理（Logistics）、计划（Planning）、采购供应（Sourcing）、逆向物流（Reverse Logistics）。

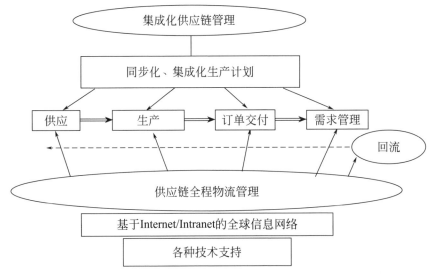

图 1-6　供应链管理涉及的领域

供应链管理注重总成本与客户服务水平之间的关系，为此要把供应链各项职能活动有机地结合在一起，从而最大限度地发挥出供应链的整体力量，达到供应链企业群体获益的目的。

美国俄亥俄州立大学兰伯特教授及其研究小组提出供应链管理的三个基本组成部分：供应链网络结构、供应链业务流程、供应链管理要素。

供应链网络结构：主要包括工厂选址与优化，物流中心选址与优化，供应链网络结构设计与优化。

供应链业务流程：主要包括客户关系管理（CRM），客户服务管理，需求管理，订单配送管理，制造流程管理，供应商关系管理（SRM），产品开发与商业化，回收物流管理。供应链的业务流程如图 1-7 所示。

供应链管理要素：主要包括运作计划与控制，工作结构设计（指企业如何完成工作任务），组织结构，产品流的形成结构（基于供应链的采购、制造、配送的整体流程结构），信息流及其平台结构，权利和领导结构，供应链的风险分担和利益共享，文化与态度。

（二）供应链管理的运营机制

1.合作机制

供应链合作机制体现了战略伙伴关系和企业内外资源的集成与优化，利用基于这种企业环境的产品制造过程，从产品的研发到投放市场，周期大大缩短而且顾客导向化程度更高，模块化、简单化产品以及标准化组件使企业在多变的市场中柔性和敏捷性显著增强，虚拟制造与动态联盟提高了业务外包策略的利用程度。企业集成的范围扩大了，

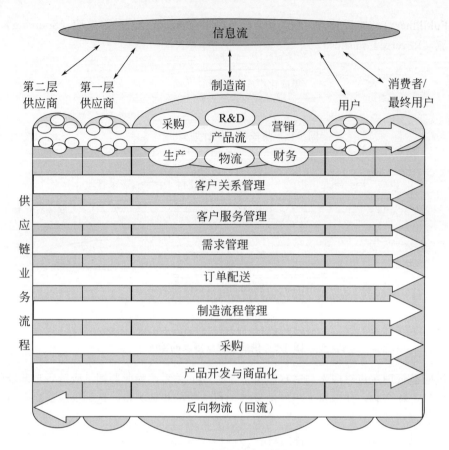

图 1-7 供应链流程结构

从原来的中低层次的内部业务流程重组上升到企业间的协作，这是一种更高级别的企业集成模式。在这种企业关系中，市场竞争策略最明显的变化就是基于时间的竞争和价值链及价值让渡系统管理或基于价值的供应链管理。

2.决策机制

由于供应链企业的决策信息来源不再局限于企业内部，而是处于开放的信息网络环境下，需要不断进行信息交换和共享，达到供应链企业同步化、集成化计划与控制的目的，而且随着互联网发展成为新的企业决策支持信息基础平台，企业的决策模式将会发生很大的变化，因此，处于供应链中的任何企业决策模式都应该是基互联网的开放性信息环境下的群体决策模式。

3.激励机制

归根到底，供应链管理和其他任何管理思想一样，都是要使企业在面向21世纪的竞争中在TQCSF上有上佳表现（TQCSF中，T为时间，指反应快，如提前期短、交货迅速等；Q为质量，意指产品、工作及服务质量高；C为成本，即企业要以更低的成本获取更大的收益；S为服务，指企业要不断提高用户服务水平，提高用户满意度；F为柔性，指企业要有较好的应变能力）。缺乏均衡一致的供应链管理业绩评价指标和评价方法是目前供应链管理的不足和导致供应链管理实践效果不好的一个主要问题。为了掌握供应链管理的技术，必须建立、健全业绩评价和激励机制，使我们知道供应链管理思想在哪些方面、多大程度上促使企业改进和提高，以推动企业管理工作不断完善和提高，也使得供应链管理能够朝着正确的轨道与方向发展，真正成为企业管理者乐于接受和实践的新的管理模式。

4.自律机制

自律机制要求供应链企业向行业的领头企业或最具竞争力的竞争对手看齐，不断对产品、服务和供应链业绩进行评价，并不断加以改进，以使企业能保持自己的竞争力和持续发展。自律机制主要包括企业内部的自律、对比竞争对手的自律、对比同行企业的自律和对比领头企业的自律。企业通过推行自律机制，可以降低成本，增加利润和销售量，更好地了解竞争对手，减少用户的抱怨，从而提高客户满意度，增加信誉；同时，企业内部门之间的业绩差距也得以缩小，企业的整体竞争力得以提高。

5.风险机制

供应链企业之间的合作会因为信息不对称，信息扭曲，市场不确定性，政治、经济、法律等因素的存在而产生各种风险，因此必须采取必要的措施规避风险，如信息共享、合同优化、监督控制机制等，尤其是必须在企业合作的各个阶段建立激励机制，采用各种激励手段实施激励，以使供应链企业之间的合作更加有效。针对供应链企业合作存在的各种风险及其特征，应该采取不同的防范对策。对风险的防范，可以从战略层和战术层分别加以考虑。主要措施如下。

（1）建立战略合作伙伴关系。供应链企业要实现预期的战略目标，客观上要求供应链企业进行合作，形成利润共享、风险共担的双赢局面。因此，与供应链中的其他成员建立紧密的合作伙伴关系，成为供应链成功运作和风险防范的一个非常重要的先决条件。建立长期的战略合作伙伴关系，首先，要求供应链的成员加强信任；其次，应该加强成员间信息的交流与共享；最后，建立正式的合作机制，在供应链成员间实现利益共享和风险共担。

（2）加强信息交流与共享，优化决策制定。供应链企业之间应该通过相互之间的信息交流和沟通来消除信息扭曲，从而降低不确定性和风险。

（3）加强激励机制的应用。道德风险的防范主要是通过对信息不对称和委托代理问题的研究，采用一定的激励手段和机制，来消除代理人的道德风险。

（4）柔性设计。供应链合作中存在需求和供应两方面的不确定性。供应链企业合作时，通过在合同设计中互相提供柔性，可以部分消除外界环境不确定性的影响，传递供给和需求的信息。柔性设计是消除由外界环境不确定性引起的变动因素的一种重要手段。

（5）风险的日常管理。竞争中的企业时刻面临着风险，因此，对于风险的管理必须持之以恒，建立有效的风险防范体系。风险的日常管理包括：风险预测与分析、风险跟踪和监控、风险预警、危机处理等。另外，建立持久有效的风险管理制度和安排专门的管理人员也是一项重要的工作。

6.信任机制

信任机制是供应链管理中企业之间合作的基础和关键。信任在供应链管理中具有重要作用。供应链管理的目的就在于加强节点企业的核心竞争能力，快速响应市场需求，最终提高整个供应链的市场竞争能力。要达到这一目的，加强供应链节点企业之间的合作是供应链管理的核心，而在供应链企业的相互合作中，信任是基础和核心。没有了企业间的起码信任，任何合作、伙伴关系、利益共享等都只能成为一种良好的愿望，因此，建立供应链企业间的信任机制是至关重要的。

 案例

惠普公司的供应链管理模式

惠普（HP）是世界最大的信息科技（IT）公司之一，成立于1939年，总部位于美国加利福尼亚州帕洛阿尔托市。惠普下设三大业务集团：信息产品集团、打印及成像系统集团和企业计算机专业服务集团。

中国惠普有限公司总部位于北京，在上海、广州、沈阳、南京、西安、武汉、成都、深圳等都设有分公司。中国惠普在大连设有惠普全球呼叫中心，在重庆设有生产工厂，在天津设有数据中心。

2018年7月19日，《财富》世界500强排行榜发布，惠普公司位列190位。

惠普最初的商业模式是以高技术支撑的新产品，来开拓一个独特的细分市场。在没有明显竞争对手的情况下，惠普迅速壮大并打响了自身品牌。

但到20世纪90年代，惠普已在个人计算机、激光打印机、图像处理和大中型计算机等领域处于世界领先地位。这时传统的单一经营模式已难以立足，供应链的多样性及复杂性是惠普面临的新挑战之一。特别是从2001年开始，惠普展开一轮收购：2001年兼并打印机制造商Indigo，2002年兼并康柏电脑，2008年收购EDS。这更增加了供应链的复杂性。与此同时，惠普的销售和客服模式，也悄悄地从"生产导向型"转到"客户导向型"，从"生产库存化"转到"用户定制化"。

这些因素，促使惠普推出并逐步完善了"复合供应链模式"。所谓"供应链模式"，是指某种特定的"供应链因子"的配置，研究这些因子是如何相互牵制和互动的。这些因子包括供应商、分销商、仓储、流程、关系、渠道、物流配送、客户和投资商等，它们其实也就是商业模式在供应链层面的"利益相关者"。

先看惠普的四大"垂直供应链"，它们是指惠普的四个"事业部"。各事业部按产品划分，每个事业部都是几十亿美元的商业实体，规模等同于一个财富500强企业。

（1）企业系统事业部（ESG）。它为企业客户提供关键系统软件的技术支撑，并驱动着整体信息基础设施的适应性提升和转型。它包括企业服务、储存及管理软件。

（2）图形及打印事业部（IPG）。维护惠普在商用和家用图形打印及数码图像和数码出版方面的领先地位。

（3）惠普服务事业部（HPS）。为客户提供定制信息系统及维护服务。包括为客户提供咨询、设计、培训、调试、升级、维修等一整套高端服务。这些服务有赖于高效率、低成本的全球配件供应链的支撑。

（4）个人系统事业部（PSG）。主要是开发制造低成本、可靠耐用的个人计算机设备，如桌面个人计算机、笔记本、小型掌上用机等。该事业部中的制造部分已被高度外包，导致对供应链协调合作的要求大幅提高。

这四大事业部，在运作、利润目标、成本结构、制造流程和供应链特性等方面都截然不同，但客户却存在重叠的状况。因此惠普按客户需求，又划分出四种模式。

（1）不接触式（直销模式）：客户在指定网站订购惠普产品，从工厂直接发送给用户。这种模式谋求的是标准产品的低成本直销，核心竞争力是廉价和规模经济。2010年惠普已在我国设立定制工厂，在我国启动直销模式。

（2）接触式（解决方案模式）：通过提供整体方案来增值。比如：根据客户的具体订单，专门制造一台或多台电脑。客户可自己决定用多大的硬盘、哪种处理器。这样就能强化产品的当地化，有针对性地渗透市场。其核心竞争力来自细分市场及产品当地化。

（3）客户定制式（合同制造模式）：产品组合完全根据客户需求而定。惠普在已有的模块式零部件基础上，为客户重新配置。虽然每个客户定制的量可能不大，但客户所获价值却大大提高。核心竞争力是产品用户化。

（4）超值式（纵向整合高速供应链模式）：主要针对独家高端产品，从设计、制造到销售全由惠普完成。比如惠普为证券交易所提供大型高端计算机，竞争对手不生产，是惠普的独家产品。这类客户多为技术导向型企业。惠普的核心竞争力是差异化及领先技术。

惠普的创新，在于把这四种模式横向复制到四个垂直供应链上，这一整合体就是惠普的"复合供应链模式"。

与传统的单一模式相比，"复合供应链模式"能使每一个"垂直供应链（事业部）"应对不同的市场需求。也就是说，每一个"垂直供应链"都能横向再生出四种供应链运作和管理流程，而且它们之间不是孤立的。同样的运作模式可以在不同的"垂直供应链"之间互联、协调，实现资源共享。

比如，"图形及打印事业部"要为某企业设计制造小批量的专业打印系统，同时另一些客户需要标准化的批量小型打印机。一种供应链模式，无法同时应付这两种情况。而惠普对于标准要求的客户用"直销模式"，对于定制化要求，就并行采用"超值式"和"不接触式直销"。

重要的是，横向的四种供应链模式在运作过程中，可以实现各种资源的跨事业部共享。客户市场的数据、企业内部的技术和产品数据等可以共享。人力资源也可以在事业部内甚至跨事业部灵活共享。信息和设备也具有高度的通用性。这都大大降低了成本，提高了服务效率。

至于每种模式在运作中所占份额，以"企业系统事业部"为例，不接触式占销售额的25%，接触式占33%，客户定制式占29%，超值式占13%。

常规的供应链模式是以"垂直整合"为核心，对"横向整合"的考虑较少，因而不适合过于复杂的供应链，但其有效性已被确认无疑。惠普开创的"复合模式"并不能取代它，而是一个重要的补充。

复合模式的适用性也是有条件的。从惠普来看，实现这一模式的大前提是企业的规模，其次是成熟的基本功能构架（四大事业部），这样才能为多重供应链的"横向复合模式"奠定基础。

第二章
供应链的设计与构建

引导案例

香港利丰集团的供应链设计

利丰于1906年在广州成立，是当时我国首家从事对外贸易的华资公司。到1937年，利丰有限公司在香港成立。经过多年的发展，利丰集团已经发展成为业务网络遍布全球40多个国家和地区，聘用员工超过13000名，年营业额超过50亿美元，经营出口贸易、经销批发和零售三大核心业务的大型跨国商贸集团。

1992年，利丰集团旗下经营出口贸易业务的利丰有限公司在香港交易所上市，现为恒生指数及摩根士坦利香港指数成分股。利丰集团属下经营OK便利店的控股公司利亚零售有限公司亦在香港创业板上市。图2-1显示的是利丰集团的三大核心业务。

利丰集团的发展过程大致经历了四个阶段，分别是采购公司、无疆界生产、虚拟生产和整体供应链管理。

第一阶段：在采购公司阶段，利丰拓展业务的方式是在中国、韩国、新加坡等地开设办事处。公司的主要目标是建立其厂家及买家的长期伙伴关系，达到双赢局面。公司为客户提供的服务有：提供市场最新信息给买家；评估各厂家，向买家提供适合的厂家及供货商；代表买家采购所需产品；协助工厂生产并监控工厂，保证生产过程符合标准。

第二阶段：在无疆界生产阶段，客户将初步的产品概念给利丰，利丰进行详细的市场调查，为客户制订完整的生产计划，在各地采购，将附加值较低的业务分配到最合适的地方，在我国香港从事高附加值业务，使整个生产程序及流程实现全球化。

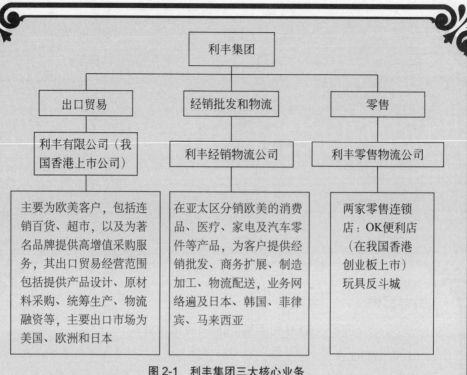

图 2-1 利丰集团三大核心业务

第三阶段：在虚拟生产阶段，利丰直接成为客户的供应商，直接和海外买家签订合同。利丰从事产品设计、采购、生产管理与控制，以及航运等其他支持性工作，将生产外包给有实力工厂，统筹安排并密切参与整个生产流程。

第四阶段：在整体供应链管理阶段，利丰为客户提供更全面的供应链服务。包括以产品为中心的活动，如市场调查、产品设计与开发、生产监控、原材料采购等；进出口清关手续和当地物流安排；挑选有潜质的原材料供货商、工厂、批发商、零售商等；将信息技术应用到产品开发和寻找新供货商的环节中，尽量满足客户的个性化需求。利丰集团的供应链构成如图 2-2 所示。

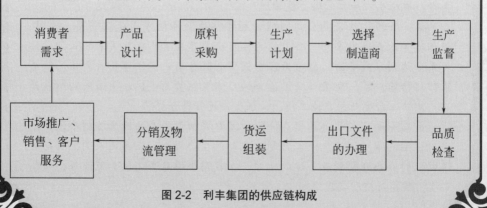

图 2-2　利丰集团的供应链构成

在供应链上游，主要的工作流程是分析顾客（消费者/客户）需求，设计和开发产品，选择生产商和供货商，制订生产计划，采购原料，监控生产和保证品质。利丰贸易的主要出口业务是从我国内地和其他亚洲发展中国家的生产基地采购货品，卖给欧美的零售商客户。这些商品的特色在于市场需求变动快，产品样式和规格多变，需要较大的人力资源投入。利丰以客户为中心，加强企业间的紧密合作，采用延迟生产等手段，为客户提供一站式的专业服务。

在供应链中游，主要的工作流程是委托生产、顾客（消费者/客户）需求、市场营销和销售渠道（批发）管理。作为一个区域性的经销商，利丰经销是品牌厂家与零售商中间的桥梁。与利丰贸易代替外国客户采购不同，利丰经销推销生产商或品牌持有商（供货商）的产品。其产品主要是食品、家居用品及医疗药品。市场主要是亚太地区。利丰经销的供应链也为适应客户的要求而向上延伸，代客户生产或加工产品，令生产更贴近市场。利丰经销利用信息系统收集、处理和利用市场信息，与供货商紧密合作，代表供应商接触并组织当地的零售商和批发商，为产品打通销售渠道，服务包括市场推广、品牌建立、品类管理、销售渠道管理和拓展等。

在供应链下游，主要的工作流程是零售商的市场策划、顾客（消费者）服务以及顾客（消费者）需求分析；实物流程是零售商与供货商之间的直接配送及中央仓配送。利丰零售就处在供应链下游，包括产品和零售服务两部分，是产品交送到顾客的最终过程。利丰零售以顾客为中心，通过分析顾客相关数据，总结出满足顾客的销售与服务的策略，同时与供应商紧密合作，各个流程相互配合，优化效率并降低成本。在实物流程方面，利丰经销下的英和物流为经营外包物流服务的第三方物流公司，提供制成品出厂直至经销商和零售商的供应链物流服务，包括进出口服务、货品储存服务、运输服务、货品增值服务，并可协助客户执行货品分销计划。英和物流拥有丰富的亚太地区业务经验，与很多客户保持着长期的合作伙伴关系，拥有先进的物流仓储设备与信息技术，并利用一套关键绩效指标来评估日常业务，根据对指标表现的分析来持续改进业务。

另外，英和物流作为利丰经销旗下的第四方物流公司，通过利丰多年供应链管理实践经验，发展出一套有效的供应链管理模式，结合自身与第三方物流供应商和科技公司的能力，整合及管理客户的资源、能力，为其客户及不同行业的企业提供服务，优化企业间的业务流程，提供高增值的供应链管理方案。

分析与思考

（1）利丰的虚拟生产是如何实现的？

（2）利丰的供应链流程设计包括哪些内容？

（3）利丰的供应链成功经验给我们带来了什么启示？

第一节　供应链设计的内容和原则

对每一个企业而言，设计和运行有效的供应链都是非常重要的，通过确定好的设计和构建策略，企业可以降低库存成本，增强柔性，提高客户服务水平，达到成本与服务之间的有效平衡，从而提高企业的竞争力；而不合适的供应链组织设计策略则会浪费企业有限的资源。

一、供应链设计的内容

战略层面的供应链设计的主要内容包括供应链的成员及合作伙伴选择、设计网络结构、设计供应链运行基本原则等。

（1）供应链成员及合作伙伴选择。一个供应链是由多个供应链成员组成的。供应链成员包括为了满足客户需求，从原产地到消费地，供应商或客户直接或间接的相互作用的所有公司和组织。这样的供应链是非常复杂的。因此，关于供应链成员及合作伙伴的选择是供应链管理的研究重点。

（2）网络结构。供应链网络结构主要由供应链成员、网络结构变量和供应链间工序连接方式三方面组成。为了使非常复杂的网络更易于设计和合理分配资源，有必要从整体出发进行网络结构设计。

（3）供应链运行基本原则。供应链上节点企业之间的合作是以信任为基础的。信任关系的建立和维系除了各个节点企业的真诚和行为之外，必须有一个共同平台，即供应链运行的基本规则，其主要包括协调机制、信息开放与交互方式、生产物流的计划与控制体系、库存的总体布局、资金结算方式、争议解决机制等。

二、供应链设计的原则

在供应链的设计过程中应遵循一些基本的原则，以保证供应链的设计和重建能满足供应链管理思想得以实施和贯彻的要求。

（1）自顶向下和自底向上相结合的设计原则。在系统建模设计方法中，存在两种设计方法，即自顶向下和自底向上的方法。自顶向下的方法是从全局走向局部的方法，自底向上的方法是从局部走向全局的方法；自上而下是系统分解的过程，而自下而上则是一种集成的过程。在设计一个供应链系统时，往往是先由主管高层做出战略规划与决策，规划与决策的依据来自市场需求和企业发展规划，然后由下层部门实施决策，因此供应链的设计是自顶向下和自底向上的综合。

（2）简洁性原则。简洁性是供应链的一个重要原则。为了能使供应链具有灵活快速响应市场的能力，供应链的每个节点都应是精简的、具有活力的、能实现业务流程的快速组合。比如供应商的选择就应以少而精的原则，通过和少数的供应商建立战略伙伴关系，有利于减少采购成本，推动实施JIT采购法和准时生产。生产系统的设计更是应以精细思想（Lean Thinking）为指导，努力实现从精细的制造模式到精细的供应链这一目标。

（3）集优原则（互补性原则）。供应链的各个节点的选择应遵循强-强联合的原则，达到实现资源外用的目的。每个企业只集中精力于各自核心的业务过程，就像一个独立的制造单元（独立制造岛），这些所谓单元化企业具有自我组织、自我优化、面向目标、动态运行和充满活力的特点，能够实现供应链业务的快速重组。

（4）协调性原则。供应链业绩好坏取决于供应链合作伙伴关系是否和谐，因此建立战略伙伴关系的合作企业关系模型是实现供应链最佳效能的保证。席西民教授认为和谐是描述系统是否形成了充分发挥系统成员和子系统的能动性、创造性及系统与环境的总体协调性。只有和谐而协调的系统才能发挥最佳的效能。

（5）动态性（不确定性）原则。不确定性在供应链中随处可见，许多学者在研究供应链运作效率时都提到不确定性问题。由于不确定性的存在，导致需求信息的扭曲。因此要预见各种不确定因素对供应链运作的影响，减少信息传递过程中的信息延迟和失真。降低安全库存总是和服务水平的提高相矛盾。增加透明性，减少不必要的中间环节，提高预测的精度和时效性对降低不确定性的影响都是极为重要的。

（6）创新性原则。创新设计是系统设计的重要原则，没有创新性思维，就不可能有创新的管理模式，因此在供应链的设计过程中，创新性是很重要的一个原则。要产生一个创新的系统，就要敢于打破各种陈旧的思维框框，用新的角度、新的视野审视原有的管理模式和体系，进行大胆创新设计。进行创新设计，要注意几点：一是创新必须在企业总体目标和战略的指导下进行，并与战略目标保持一致；二是要从市场需求的角度出发，综合运用企业的能力和优势；三是发挥企业各类人员的创造性，集思广益，并与其他企业共同协作，发挥供应链整体优势；四是建立科学的供应链和项目评价体系及组织管理系统，进行技术经济分析和可行性论证。

（7）战略性原则。供应链的建模应有战略性观点，通过战略的观点考虑减少不确定影响。从供应链的战略管理的角度考虑，我们认为供应链建模的战略性原则还体现在供应链发展的长远规划和预见性，供应链的系统结构发展应和企业的战略规划保持一致，并在企业战略指导下进行。

三、供应链设计的影响因素

（一）需求性质对供应链设计的影响

根据需求是否稳定，我们可以将需求分为稳定需求和不稳定需求，当然，这种"稳定"只是一个相对的概念。事实上，能够容易预测的产品是极少的（这种容易预测的条件通常是一个产品的趋势是完全确定的，并且市场中不存在竞争关系或竞争关系确定不变）。对于稳定需求的预测通常比较可靠，因此企业可以保持较高的客户服务水平，而不会因为缺货造成客户不满，丧失销售良机，所以供应链组织设计的重点应放在降低成本上；而对于不稳定需求的预测常常会有失误，导致企业不得不将不合时宜的产品降价处理或由于缺货而失去销售机会成本和缺货成本。所以企业供应链组织设计的重点应放在提高响应速度上，以削减降价。

（二）产品生命周期对供应链设计的影响

把一种典型产品的销售历史描绘成一条S形曲线（见图2-3），这条曲线可划分为四个阶段，即引入阶段、成长阶段、成熟阶段和衰退阶段。对应各个不同的阶段，就企业战略和利润潜量而言，都有不同的机会和问题。同样，存货的可得性以及企业服务方案中的响应时间都会随着市场机会及其面临的竞争形式而变化。因此，在产品生命周期的不同阶段，物流的需求也是不断在变化的。

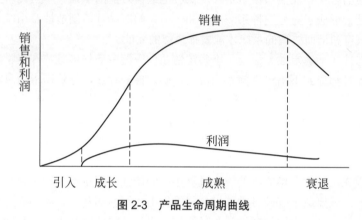

图 2-3　产品生命周期曲线

（1）引入阶段对供应链设计的影响。引入阶段是产品引入市场时销售缓慢增长的时期。在新产品引入阶段，需要有高度的产品可得性和物流灵活性。因为引入阶段的利润很低，最初目标是要在市场获得立足之处，所以，能否满足客户随时可以获得存货就显得至关重要，企业就必须迅速而又可靠地提供产品。然而，由于新产品缺乏可靠的历史资料，因此企业的计划都是建立在未雨绸缪的基础之上，时刻面临着不确定性的挑战。如果存货短缺或递送不稳定，就会引起客户的不满，这使得企业不得不在物流活动上进行大量的投资，以保证存货的可得性。此时，供应链的设计必须适应产品种类和有关库存单位（SKU）的变化。具体的运输、仓储等需求将会随着产品种类的扩大而扩大，因而要求供应链系统具有更大的灵活性。同时，产品种类的扩大将会需要特殊的生产设备和运输设备，如冷藏货车等，又增加了供应链系统的复杂性。

（2）成长阶段对供应链设计的影响。成长阶段是产品被市场迅速接受和利润大量增加的时期。在寿命周期的成长阶段，产品取得了一定程度的市场认可，并且销售量也变得清晰。此时，物流活动的重点也从集中人力、物力和财力以提供客户所需的服务，转变成为更趋于平衡的服务和成本绩效。企业的关键就是要尽可能实现收支平衡的销售量，然后提高市场份额。处于这种成长期的企业具有最大的机会去设计供应链以获取利润。如果企业想提高对客户需求的反应能力，就必须付出一定的代价，使企业面临较高的物流成本。

（3）成熟阶段对供应链设计的影响。成熟阶段是因为产品已被大多数的潜在购买者所接受而造成的销售减慢的时期。在产品生命周期的成熟阶段，市场竞争趋于激烈化的状态，由于某种产品的成功往往会引来各种替代品的竞争或竞争对手的仿效，作为响应，企业就会调整价格和服务，使得竞争对手之间会调整各自的基本服务，以提供独特的增值服务，努力在主要客户中创造一种忠诚的气氛。因此，企业相应地会在供应链的各项活动上投资更多的费用，以确保向关键客户提供特殊的服务。

在这一阶段，传统的分销渠道会变得模糊而复杂，使得各种业务关系不得不重新定位。成品可以通过批发商、经销商、零售商等多重安排，甚至可以从制造商处直接运往零售商处。而在有些情况下，产品则可以完全绕过传统的零售商，直接运往客户处。这类处在变化中的活动需要供应链支持系统进行大量的调整。

为了能在产品生命周期的成熟阶段调整多重分销渠道，许多企业建立了配送仓库。他们建立仓库网络的目的，就是要有能力满足来自不同渠道的各种服务要求。在成熟阶段中成品直接递送到多个客户目的地的任务，通常都是由各种配送方案来完成的。在多渠道的条件下，递送到每个目的地的产品流量一般都比较小，并且需要为特殊的客户提供特殊的服务。由此可见，成熟阶段的竞争状况增加了供应链的复杂性，提高了作业要求的灵活。

（4）衰退阶段对供应链设计的影响。衰退阶段是产品销售下降的趋势增强和利润不断下降的时期。当一种产品进入完全衰退阶段时，成长阶段和成熟阶段的盛景就结束了。当一种产品即将消亡的时候，企业所面临的抉择是放弃该产品还是继续持续有限的配送。因此，企业一方面要继续相应的递送业务；另一方面，当产品被市场抛弃时又不至于冒太大的风险。此时，作为企业的目标，如何最大限度地降低风险比最大限度地降低成本显得更为重要。

当然，产品生命周期的理论将产品的整个生命周期人为地划分为四个阶段多多少少有些抽象和简单，但是，它毕竟为供应链该如何设计提供了根据客户需求（服务需求）进行调整的大致范围。一般来说，新产品的引入需要高水准的活动和灵活性，以适应计划量的迅速变化；在生命周期的成长阶段和成熟阶段中，重点将转移到服务与成本的合理化上；而在衰退阶段，企业要对作业活动（尤其是物流活动）进行重新定位，使风险处于最低限度。此外，供应链必须维持灵活性，能在特定的时间段进行调整，以对抗竞争性的活动。这就要求企业有清晰的思路，也就是要了解市场上的客户究竟需要什么，以及该如何满足客户的这种需求。

从上述分析中可以看出，产品生命周期对供应链的活动有着非常重要的影响，其中最关键的就是产品生命周期的长短。产品生命周期越短，说明产品的成长期和成熟期较为短暂，产品很快就会进入完全衰退期，这就意味着客户对产品的需求变化速度快。因此，供应链的灵活性和反应速度就成为企业的主要目标；而产品生命周期越长，说明产品进入完全衰退期的速度比较慢，这就意味着客户对产品的需求比较稳定，变化不是很大，此时，尽量降低供应链的成本就成为企业的主要目标。

（三）不同产品类型对供应链设计的影响

以不同的特征为基础，可以将产品分成不同的类型。如根据产品的耐用性和有形性可以将产品分为非耐用品、耐用品和服务等种类；也可根据消费者的购买习惯将产品分为方便品、选购品、特殊品和非渴求品四大类。我们可以根据需求的稳定性、产品生命周期、产品的多样性、边际贡献率、订货生产的提前期、平均缺货率等因素将产品分为两种类型：功能性产品和革新性产品。功能性产品一般是指能满足客户的基本需求，变化较少，因而需求稳定，产品生命周期较长的产品，如香皂、牙膏、洗发水之类日常消费品都属于功能性产品。但功能性产品需求的稳定性通常会吸引竞争者不断加入，从而导致边际利润较低。为了提高边际利润，许多企业会寻求产品式样或技术上的革新来刺激消费者的购买，以便获得一定时期的竞争优势。革新性产品的变化很大，边际利润较高，如时装。但无论企业是进行技术还是式样上的革新，竞争者都会很快纷纷模仿，令率先革新的企业的竞争优势越来越微弱，这种仿效迫使企业不断面临着革新的压力，因而产品生命周期短，再加上产品的多样性高，更进一步导致了产品的需求难以预测。

正因为有不同的产品类型，才需要有不同类型的供应链去满足不同的管理需要。所以，需求稳定、边际贡献率低的功能性产品的供应链设计就不同于需求不稳定、边际贡献率高的革新性产品。

第二节　供应链网络设计模型

一、供应链拓扑结构模型

为了有效指导供应链架构过程，了解和掌握供应链结构模型是十分必要的，本节着重从企业与企业之间关系的角度考察了几种供应链的拓扑结构模型。

1.供应链模型Ⅰ：静态链状模型

结合供应链的定义和结构模型，可以得出一个简单的供应链模型（图2-4），称其为模型Ⅰ。模型Ⅰ清楚地表明产品的最初来源是自然界，如矿山、油田、橡胶园等，最终去向是用户。产品因用户需求而生产，最终被用户所消费。产品从自然界到用户经历了供应商、制造商和分销商三级传递，并在传递过程中完成产品加工、产品装配形成等转换过程。被用户消费掉的最终产品回到自然界，完成物质循环（图2-4中的虚线）。

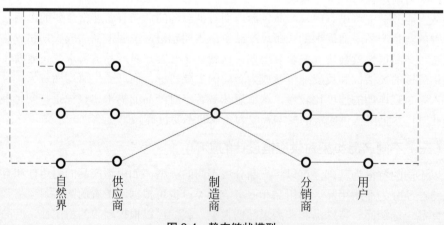

自然界　　供应商　　制造商　　分销商　　用户

图 2-4　静态链状模型

2.供应链模型Ⅱ：动态链状模型

模型Ⅰ只是一个静态模型，表明供应链的基本组成和轮廓概貌。进一步地，我们可以提出供应链的模型Ⅱ（图2-5）。模型Ⅱ是对模型Ⅰ的进一步抽象，它把商家都抽象成一个个的点，称为节点，并用字母或数字表示。节点以一定的方式和顺序联结成一串，构成一条高度抽象的供应链。在模型Ⅱ中，若假定C为制造商，则B为供应商，D为分销商；同样，若假定B为制造商，则A为供应商，C为分销商。在模型Ⅱ中，产品的最初来源（自然界）、最终去向（用户）以及产品的物质循环过程都被隐含抽象掉了。从供应链研究便利的角度来讲，把自然界和用户放在模型中没有太大的作用。模型Ⅱ着力于供应链中间过程的动态研究，它是一个动态的链状模型。

图2-5　动态链状模型

3.供应链模型Ⅲ

事实上，在模型Ⅱ中，供应链可能不止一家，而是有B_1，B_2，……，B_2，B_n等n家，分销商也可能有D_1，D_2，……，D_m等m家。动态地考虑，C也可能有C_1，C_2，……，C_k等k家，这样模型Ⅱ就转变为一个网状模型，即供应链的模型Ⅲ（图2-6）。网状模型更能说明现实世界中产品的复杂供应关系。在理论上，网状模型可以涵盖世界上所有厂家，把所有厂家都看作其上面的一个节点，并认为这些节点存在着联系。当然，这些联系有强有弱，而且在不断地变化着。通常，一个厂家仅与有限个厂家相联系，但这不影响我们对供应链模型的理论设定。网状模型对供应关系的描述性很强，适合于对供应关系的宏观把握。

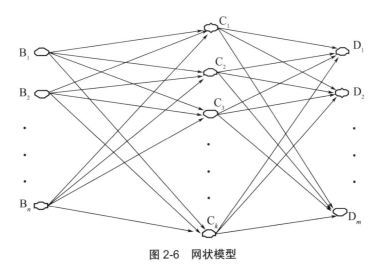

图2-6　网状模型

（1）入点和出点。在网状模型中，物流做有向流动，从一个节点流向另一个节点。这些物流从某些节点补充流入，从某些节点分流流出。我们把这些物流进入的节点称为入点，把物流流出的节点称为出点。入点相当于矿山、油田、橡胶园等原始材料提供商，出点相当于用户。图2-7中A节点为入点，F节点为出点。对于有的厂家既为入点又为出点的情况，出于对网表达的简化，将代表这个厂家的节点一分为二，变成两个节点：一个为入点，一个为出点，并用实线将其框起来。如图2-8所示，A_1点为入点，A_2为出点。同样，对于有的厂家对另一厂家既为供应商又为分销商的情况，也可将这个厂家一分为二，甚至一分为三或更多，变成两个节点：一个节点表示供应商，一个节点表示分销商，也用实线将其框起来。如图2-9所示，B_1是C的供应商，B_2是C的分销商。

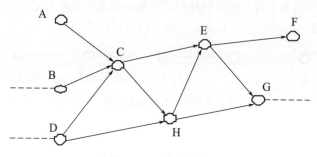

图 2-7　入点和出点

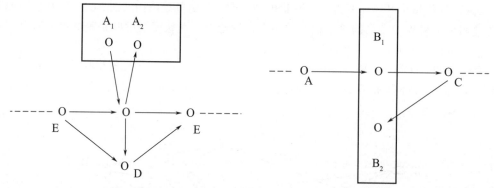

图 2-8　包含入点和出点的厂家　　　　图 2-9　包含供应商和分销商的厂家

（2）子网。有些厂家规模非常大，内部结构也非常复杂，与其他厂家相联系的只是其中一个部门，而且内部也存在着产品供应关系，用一个节点来表示这些复杂关系显然不行，这就需要将表示这个厂家的节点分解成很多相互联系的小节点，这些小节点构成一个网，称为子网（图2-10）。在引入子网概念后，研究图2-10中C与D的联系时，只需考虑C_2与D的联系，而不需要考虑C_3与D的联系，这就简化了无谓的研究。子网模型对企业集团是很好的描述。

（3）虚拟企业。借助以上对子网模型过程的描述，我们可以把供应链网上为完成共同目标、通力合作并实现各自利益的这样一些厂家形象地看成是一个厂家，这就是虚拟企业（图2-11）。虚拟企业是在经济交往中，一些独立企业为了共同的利益和目标在一定时间内结成的相互协作的利益共同体。虚拟企业组建和存在的目的就是为了获取相互协作而产生的效益，一旦这个目的已达到或利益不存在，虚拟企业即不复存在。

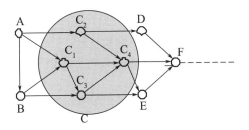

图 2-10 子网模型

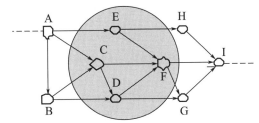

图 2-11 虚拟企业的网状模型

二、供应链网模型

在供应链网状模型中，我们可以看到，在产品生命周期不断缩短、企业之间的合作日益复杂以及顾客的要求更加严格的今天，原料或零部件供应商、产品制造商和分销商被组织起来，形成了供应-生产-销售的供应链。实际上，供应链中的供应商常常为多家，分销商也有多个。供应商、制造商和分销商在战略、任务、资源和能力方面相互依赖，构成了较复杂的供应-生产-销售网，这就是供应链网。我们说的供应链实质上应该是一个网链结构。供应链网是由一系列自主程度不同的业务实体所构成的网络，这些实体之间互为上下游企业。而且，我们可以专门对供应链网进行分类，研究在供应链网中对订货完成过程的管理。

（一）供应链网的结构特性

（1）供应链网的结构具有层次性特征。从组织边界的角度看，虽然每个业务实体都是供应链网的成员，但它们可以通过不同的组织边界体现出来。

（2）供应链网的结构表现为双向性。从横向看，使用某一共同资源（如原材料、半成品或产品）的实体之间既相互竞争又相互合作。从纵向看，供应链网的结构就是供应链结构，反映从原材料供应商到制造商、分销商及顾客的物流、信息流和资金流的过程。

（3）供应链网的结构呈多级性。随着供应、生产和销售关系的复杂化，供应链网的成员越来越多。如果把供应链网中相邻两个业务实体的关系看作供应-购买关系，那么这种关系是多级的，而且涉及的供应商和购买商也有多个。供应链网的多级结构增加了供应链管理的困难，同时又有利于供应链的优化与组合。

（4）供应链网的结构是动态的。供应链网的成员通过物流和信息流而联结起来，它们之间的关系是不确定的，其中某一成员在业务方面的稍微调整都会引起供应链网结构的变动。而且，供应链成员之间、供应链之间的关系也由于顾客需求的变化而经常做出适应性的调整。

（5）供应链网具有跨地区的特性。供应链网中的业务实体超越了空间的限制，在业务上紧密合作，共同加速物流和信息流，创造了更多的供应链效益。最终，世界各地的供应商、制造商和分销商被联结成一体，形成全球供应链网（Global Supply Chain Network，GSCN）。

（二）供应链网结构分析的现实意义

（1）明确了供应链网的概念，有助于人们加深理解供应链的内涵和外延。供应链网强调的是供应链的网状结构，使人们能够从宏观和微观两方面正确认识供应链和供应链管理的本质。

（2）对供应链网结构特征的分析有助于企业制定恰当的供应链构建策略。例如，企业可以对供应链网进行层次区分，确定主干供应链和分支供应链，建立起最具竞争力的供应链网。另外，从供应链网的多级性特征来看，企业又可以对供应链进行等级排列，对供应商进一步细分，进而制定出具体的营销组合策略。世界著名的耐克公司之所以取得全球化经营的成功，关键在于它准确地分析了公司供应链网的多级结构，有效地运用了供应商多级细分策略。实践表明，对供应链网的分层和分级是十分重要的。同时，供应链网结构的动态性特点指导企业建立供应链适时修正战略，跨地区性特点提醒企业密切注意国际惯例和各国文化、法律的差异。

（3）供应链网结构研究能够区分不同行业的供应链网，为企业建立合适的供应链网提供了参考。企业应该根据自身的行业特点、业务规模和业务流程来选择最佳的供应链网。

（4）供应链网结构研究分析了不同行业供应链网管理的主要问题，有利于改进供应链管理。更重要的是，供应链网结构研究强调供应链网成员的共同目标和改进重点，为企业提高管理水平指明了方向。

第三节　供应链网络设计与构建的步骤

一、供应链网络设计方法的选择

（一）网络图形法

供应链设计问题有几种考虑方式：一是单纯从物流通道建设的角度设计供应链；二是从供应链选址（Supply Chain Location）的角度选择在哪个地方的供应商，在哪个地方建设一个加工厂，在哪个地方要有一个分销点等。设计所采用的工具主要是图形法（如用网络图表示），直观地反映供应链的结构特征。在具体的设计中，可以借助计算机辅助设计等手段进行网络图的绘制。

（二）数学模型法

数学模型法是研究经济问题普遍采用的方法。把供应链作为一个经济系统问题来描述，我们可以通过建立其数学模型来描述其经济数量特征。最常用的数学模型是系统动力学模型和经济控制论模型，特别是系统动力学模型更适合供应链问题的描述。系统动力学最初的应用也是从工业企业管理问题开始的，它是基于系统理论、控制理论、组织理论、信息论和计算机仿真技术的系统分析与模拟方法。系统动力学模型能很好地反映供应链的经济特征。

（三）计算机仿真分析法

利用计算机仿真技术，将实际供应链构建问题根据不同的仿真软件要求，先进行模型化，再按照仿真软件的要求进行仿真运行，最后对结果进行分析。计算机仿真技术已经非常成熟，这里就不多做介绍。

（四）CIMS-OSA框架法

CIMS-OSA的建模框架是基于一个继承模型的四个建模视图：功能视图、信息视图、资源视图和组织视图。CIMS-OSA标准委员会建立了关于企业业务过程的框架，这个框架将企业的业务过程划分为三个方面：管理过程、生产过程和支持过程。我们可以利用这个框架建立基于供应链管理的企业参考模型，特别是组织视图和信息视图，对供应链的设计和优化都很有帮助。

二、供应链网络设计与构建的步骤

不同行业、不同产品的供应链具有各自特征，但在供应链网络设计与构建过程中都有诸多相同之处。根据系统生命周期法的一般原理，供应链的设计与构建过程一般要经过：市场调查分析、分析企业现状、供应链的战略设计、供应链系统分析、供应链设计的可行性分析、供应链的详细设计、供应链的配置和实施、供应链性能评价及再设计等八个步骤。这里以基于产品的供应链设计为例（图2-12），简要论述供应链构建的一般步骤。

第一步：市场调查分析。目的在于找到针对哪些产品市场开发供应链才有效，为此，必须知道现在的产品需求是什么，产品的类型和特征是什么。分析市场特征的过程要向卖主、用户和竞争者进行调查，提出诸

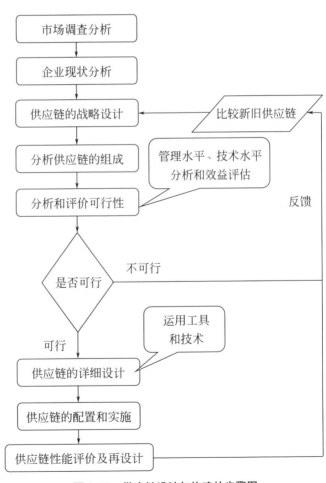

图2-12 供应链设计与构建的步骤图

如"用户想要什么？""他们在市场中的分量有多大？"之类的问题，以确认用户的需求和因卖主、用户、竞争者产生的压力。同时对于市场的不确定性要进行分析和评价。

第二步：分析企业现状。主要分析企业供需管理的现状（如果企业已经有供应链管理，则分析供应链的现状），这一个步骤的目的不在于评价供应链设计策略的重要性和合适性，而是着重于研究供应链开发的方向，分析、找到、总结企业存在的问题及影响供应链设计的阻力等因素。

第三步：供应链的战略设计。从战略上定义供应链的作业范围和内容，确定供应链的任务、功能、目标。主要目标在于获得高用户服务水平和低库存投资、低单位成本两个目标之间的平衡（这两个目标往往有冲突），同时还应包括以下目标：① 进入新市场；② 开发新产品；③ 开发新分销渠道；④ 改善售后服务水平；⑤ 提高用户满意程度；⑥ 降低成本；⑦ 通过降低库存提高工作效率等。此外，供应链的战略设计还应包括确定供应链的核心竞争力，找出供应链的设计有哪些竞争优势。

第四步：供应链的系统分析。主要分析供应链的组成，提出组成供应链的基本框架。供应链中的成员组成分析主要包括制造工厂、设备、工艺和供应商、制造商、分销商、零售商及用户的选择及其定位，以及确定选择与评价的标准。

第五步：供应链设计的可行性分析。这里可行性分析包括管理水平分析、技术水平分析和效益评估三个方面。管理水平分析主要分析企业现有的管理水平能否实现供应链的设计要求。效益评估主要分析供应链的设计能否实现上述第三步所确定的目标。技术水平分析不仅仅是某种策略或改善技术的推荐清单，而且也是开发和实现供应链管理的第一步，它在必要性分析的基础上，结合本企业的实际情况为开发供应链提出技术选择建议和支持。这也是一个决策的过程，如果认为方案可行，就可进行下面的设计；如果不可行，就要重新进行设计。

第六步：供应链的详细设计。根据总体规划要求，企业要决定如何构造供应链，决定供应链的配置，详细设计每一个功能单元，要考虑到每一个具体细节，以及供应链的每个环节（组织）执行什么样的流程。主要解决以下问题。

（1）供应链的成员组成（供应商、设备、工厂、分销中心的选择与定位、计划与控制）。

（2）原材料的来源问题（包括供应商、流量、价格、运输等问题）。

（3）生产设计（需求预测、生产什么产品、生产能力、供应给哪些分销中心、价格、生产计划、生产作业计划和跟踪控制、库存管理等问题）。

（4）分销任务与能力设计（产品服务于哪些市场、运输、价格等问题）。

（5）信息管理系统设计。

（6）物流管理系统设计等。

在供应链设计中，要广泛地应用到许多工具和技术，包括归纳法、集体解决问题、流程图、模拟和设计软件等。

第七步：供应链的配置和实施。规划和设计的最终目标是付诸实施。实施阶段要进行供应链的软、硬件系统实施配置，包括办公环境、资金、人员、技术、信息系统的配置等，并实际运行供应链。

第八步：供应链性能评价及再设计。在实际运行过程中，要观察和通过一定的方法、技术进行测试检验供应链的性能，如不行，返回第三步重新进行设计，使供应链能不断地适应经常变化的业务环境；如果没有什么问题，就可实施供应链管理了。

三、供应链网络的重构与优化

为了提高现有供应链运行的绩效，适应市场的变化，增加市场的竞争力，需要对企业的供应链进行优化与重构。通过供应链的重构获得更加精益的、敏捷的、柔性的企业竞争优势。HauLee等诸多学者和企业家对供应链的重构偏重于销售链（下游供应链）的重构研究，提出了一些重构的策略，如供应商管理库存（VMI）、延迟制造（Postponement）等；Towill也对供应链的重构进行了研究，提出了关于供应链重构的方法模型。我们这里提出如图2-13所示的供应链重构优化模型。

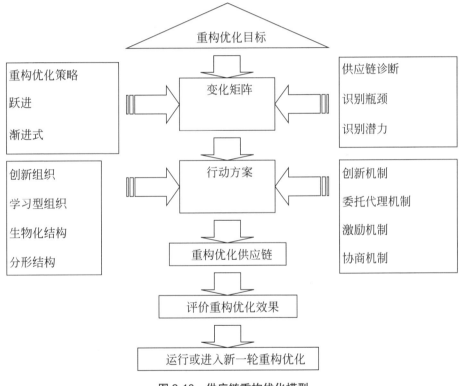

图2-13　供应链重构优化模型

供应链的重构优化，首先应明确重构优化的目标，如缩短订货周期、提高服务水平、降低运费、降低库存水平、增加生产透明性等。明确了重构的目标后进行企业的诊断和重构策略的研究，需要强调的是重构策略的选择。必须根据企业诊断的结果来选择重构策略，是激进的还是渐进的。但无论如何，重构的结果都应使价值增值和用户满意度得到显著提高，这是我们实施供应链管理始终坚持的一条原则和主题约束条件。

第四节　供应链设计与构建的策略

一、基于产品的供应链设计策略

如果从投资的角度考虑供应链的设计问题，美国的费舍尔（L.Fisher）教授提出了供应链的设计要以产品为中心的观点。供应链的设计首先要明白用户对企业产品的需求是什么，因为产品生命周期、需求预测、产品多样性、提前期和服务的市场标准等都是影响供应链设计的重要问题。供应链的构建必须与产品特性一致，这就是所谓的基于产品的供应链设计策略（Product-based Supply Chain Design，PBSCD）。在费舍尔教授研究的基础上，国内外许多学者进行了进一步的研究。例如，功能型产品采用新的设计理念和技术可以转化为创新型产品，以获得更高的销售额以及利润；而创新型产品则可以通过标准化生产转变为功能型产品，降低了生产和库存成本，减少了需求不确定带来的损失。而在这个过程中间化的产品逐渐出现，所以在原有基础上进行拓展式再分类，把产品分为了标准化、混合化以及时尚化，供应链分为精益型、敏捷型以及混合型，其中混合型供应链介于精益型和敏捷型之间，与混合化产品相匹配，能更好地体现当前市场需求下的产品和供应链特性。供应链与产品匹配矩阵如图2-14所示。

供应链与产品匹配矩阵		
	功能型产品	创新型产品
敏捷型供应链	匹配	不匹配
反应型供应链	不匹配	匹配

图 2-14　供应链与产品匹配矩阵

（一）产品类型

不同的产品类型对供应链的设计有着不同的要求。如前所述，人们将产品分为边际利润高、需求不稳定的创新型产品和边际利润低、需求稳定的功能型产品，供应链构建时就应该考虑这方面的问题。

从前面的介绍可以看出，功能型产品一般用于满足用户的基本需求，变化很少，具有稳定的、可预测的需求和较长的生命周期，但它们的边际利润较低。为了获得比较高的边际利润，许多企业在产品式样或技术上进行革新以刺激消费者购买，从而使产品成为创新型，这种创新型产品的需求一般不可预测，生命周期也较短。正因为这两种产品的不同，才需要有不同类型的供应链去满足不同的管理需要。

（二）基于产品的供应链设计步骤

基于产品的供应链设计步骤可以归纳为如图2-15所示。

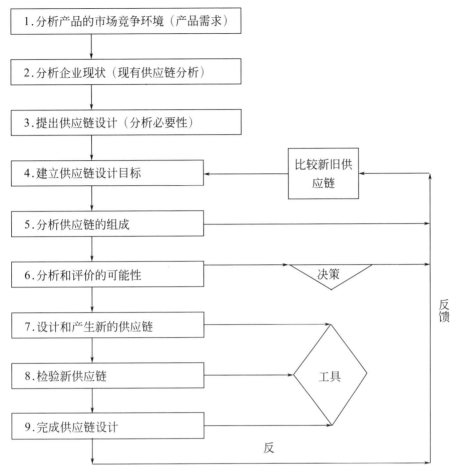

图 2-15　基于产品的供应链设计步骤

第一步，分析市场竞争环境。目的在于找到针对哪些产品市场开发供应链才有效，为此，必须知道现在的产品需求是什么，产品的类型和特征是什么。分析市场特征的过程要对卖主、用户和竞争者进行调查，提出诸如"用户想要什么""他们在市场中的分量有多大"之类的问题，以确认用户的需求和因卖主、用户、竞争者产生的压力。这一步骤的输出是每一产品按重要性排列的市场特征。同时，对市场的不确定性要有分析和评价。

第二步，总结、分析企业现状。主要分析企业供需管理的现状（如果企业已经有供应链管理，则分析供应链的现状），这一步骤的目的不在于评价供应链设计策略的重要性和合适性，而是着重于研究供应链开发的方向，找到、分析、总结企业存在的问题及影响供应链设计的阻力等因素。

第三步，针对存在的问题提出供应链设计，分析其必要性。

第四步，根据基于产品的供应链设计策略提出供应链设计目标。主要目标在于获得高用户服务水平和低库存投资、低单位成本两个目标之间的平衡（这两个目标往往有冲突），同时还应包括以下目标：进入新市场、开发新产品、开发新分销渠道、改善售后服务水平、提高用户满意程度、降低成本、通过降低库存提高工作效率等。

第五步，分析供应链的组成，提出供应链组成的基本框架。供应链中的成员组成分析主要包括制造工厂、设备、工艺和供应商、制造商、分销商、零售商及用户的选择及其定位，以及确定选择与评价的标准。

第六步，分析和评价供应链设计的可能性。这不仅仅是某种策略或改善技术，更是开发和实现供应链管理的第一步。它在可行性分析的基础上，结合本企业的实际情况为开发供应链提出技术选择建议和支持。这也是一个决策的过程，如果认为方案可行，就可进行下面的设计；如果不可行，就要进行重新设计。

第七步，设计和产生新的供应链，主要解决以下问题：供应链的成员组成（供应商、设备、工厂、分销中心的选择与定位）、原材料的来源问题（包括供应商、流量、价格、运输等问题）、生产过程设计（需求预测、生产什么产品、生产能力、供应给哪些分销中心、价格、生产计划、生产作业计划和跟踪控制、库存管理等问题）、信息管理系统设计、物流管理系统设计等。在供应链设计中，要广泛用到许多工具和技术，如归纳法、动态规划、流程图、模拟和设计软件等。

第八步，检验新供应链。供应链设计完成以后，应通过一定的方法、技术进行测试检验或试运行。如有不行，返回第四步进行重新设计；如果可行，可进入日常运行阶段。

二、基于契约和关系治理的供应链质量控制机制设计

随着市场竞争的日益激烈，企业与企业之间的竞争逐渐转变为供应链与供应链之间的竞争，在这一背景下，产品质量问题却频频爆发，日益成为人们关注的焦点。产品质量管理的系统研究始于20世纪初，并产生了一系列的质量管理理论与方法，包括六西格玛法、全面质量管理理论等。然而这些传统的理论与方法大部分都是着眼于单个企业内部的质量改进，很少考虑到上下游企业协作进行质量控制。随着供应链管理时代的到来，传统的质量管理模式必须尽快向供应链质量管理转化，质量控制不能单单通过一家企业来解决，而是应该将供应链中的上下游都纳入进来，进行联合的质量控制。

然而在实际运作中，由于供应链是由多个具有独立决策能力的企业（组织）构成，链内成员在追求共同质量目标的同时，仍然存在局部的利益冲突。因此，作为供应链的核心企业，通过有效的机制设计与选择，协调与供应商的关系，对减少有限理性下的机会主义行为，提高质量水平，实现双赢具有重要的意义。

三、基于区块链技术的供应链上游采购流程的设计

如今各个企业开始重视供应链的发展，探索新的模式，供应链各个参与主体如何降低运作成本，提高运作水平以及进一步提高供应链竞争力也变得越来越重要。鉴于区块链技术能够凭借分布式存储架构、区块链式连接、"瀑布效应"，利用密码学、共识算法、智能合约等技术，在信息收集、流转、共享等过程中解决供应链发展过程中信息不对称难题，弥补产品防伪漏洞，防止信息篡改。

（一）设计构想和目标

目前在我国有很多企业将采购部门与供应链部门合二为一，很多大型企业在供应链这块有自己的系统，在系统里建立订单、生成订单、发出商品配送邀请等。这样一来，企业用自己的系统，能够有效防止信息被窃取，并且保证了信息在企业内部的流动性。然而企业内部系统自身系统也有不足之处，因为一个企业虽有自己的系统，但是下订单这一流程仍然是人工完成，需要人工录入数据，人工检验对错，人工配货等，这样一来在每一个环节都有出错的可能性，出现信息不对称，订单金额出错等问题，这些问题也许到最后收货环节才能发现，但是这样一来，时间成本和物质成本都大大增加，效率也极大程度地被降低。基于区块链下的上游产品订单环节的设计，主要从供应链的上游出发，企业从最开始采购原材料，生成产品信息和订单信息。此设计的功能是从一开始保证数据的唯一性，这样一来往后的环节，信息不能被篡改，流程才顺利进行。

（二）具体设计流程

第一步，企业在它和供应商之间建立一个区块链信息共享平台，这个平台具有加密性，各个供应商相互不能够查看对方的产品资料、库存等，各个供应商与企业之间的信息是共享的。当企业需要向供应商购买原料产品时，会在系统里向供应商发出一个计划购买信息，由供应商根据库存来确认购买信息，经确认后录入区块链，并生成智能合约。

第二步，企业根据计划购买信息来执行智能合约，也就是正式下订单环节。当录入信息与初始信息一致，则进行下一步；如果不一致，则返回上级重来。信息录入以后，系统会向企业发出支付请求，在一定时间内企业需把采购原料产品的金额打入平台下的支付系统中，系统收到后会自动生成订单和采购合同，并发给供应商，在此会生成第二个智能合约，当最终收货与配送信息一致时，支付系统中的金额会自动进入供应商账户中。

第三步，供应商在收到订单和合同之后，需要将合同盖章回传给企业，表示合同生效。同时供应商开始配货并安排发货，在此之前供应商已经将每个产品贴上二维码并将二维码信息录入区块链，在此过程中企业将利用物联网传感器等设备对产品的仓储条件和运输过程进行实时监控，从而及时了解产品物流信息。

第四步，原料产品送达之后，由企业扫描二维码验证，并将信息录入区块链，信息一致，则合约自动执行，金额自动汇入供应商账户；如果信息不一致，金额依旧在支付系统中。

 案例

ZARA的全球极速供应链构建

《2015年全球品牌榜》：ZARA品牌价值在服装类排名第四。高效供应链让众多服装品牌叹为观止，新品从设计到生产能在一周以内完成，供应链中的设计、制造、物流和分销都由自己掌控。

ZARA的供应链流程：门店每天向总部汇报数据→西班牙总部设计团队进行数据分析与设计→总部200专业设计师敲定设计方案→向全球代工厂下单生产→设计传送到工厂后，做出模型，计算出最节省布料的裁剪方案→布料物流送往缝纫工→缝纫完毕后送回工厂钉扣、熨烫、检验等→贴上不同国家的商标→快速物流到西班牙总部→快速分拣装车→多式联运到全球订货门店。

ZARA有出色的全程供应链管理：设计、采购、生产、配送和终端销售。从设计到生产，再到把新款衣服送到全球各地的专卖店，只需短短的15天时间。ZARA不借助外部合作伙伴进行设计、仓储、分销和物流，而是自己全包全揽，保持整个供应链在完全掌控中。ZARA的供应链管理能够快速地把信息从购物者那里传递给设计师和生产管理人员。供应链管理还能对原材料和产品在流动过程中的每一个环节进行实时的追踪。最终目的就是在最终客户与设计、采购、生产和分销等上游运行环节之间实现尽可能快速和直接的沟通。

ZARA对供应链的控制使它能够设定产品和信息的流动速度，从而使整个供应链都能够以一个既快速又可以预测的节奏运行。ZARA的灵敏供应链系统，大大提高了ZARA的前导时间。前导时间是从设计到把成衣摆在柜台上出售的时间。我国服装业一般为6～9个月，国际名牌一般可到120天，而ZARA最厉害时最短只有7天，一般为12天。这是具有决定意义的12天。ZARA知道，如果供应链环节很多，则不可避免导致反应时间长，因此要求产品从门店直接发出，由店长负责订货，配送也是从配送中心直接配送到门店。

1. 产品组织与设计

ZARA每年设计将近40000款的新产品，公司从中选择12000～20000款投放市场。ZARA的产品开发模式不是原创性设计或开发，而是紧随引领时尚的大牌。ZARA拥有400多人的专业设计团队，该团队从米兰、巴黎等地收集时尚资讯，汲取灵感，捕捉新一轮流行的款式动向。

ZARA推崇民主与创新的设计氛围，不设首席设计师，所有设计师的平均年龄为26岁，同时鼓励全球各个连锁店在设计过程中提出意见。

ZARA的"市场专家"负责管理部分连锁店，他们要与一线连锁店店长频繁沟通，聊销售、聊产品、聊订单、聊顾客……公司给所有店长配备了特殊的数码专线通话装置，保证他们能够迅速传递市场最新动态的数据。

ZARA在全球各地都有极富时尚嗅觉的买手，他们购买当地各高档品牌或主要竞争对手的当季流行产品，并把样品迅速集中返回总部做相应改动或用替代的面料来制作出新款。

ZARA的"采购专员"负责规划订单的整个完成过程。首先考虑是要外购原材料还是自己生产，其次要监控仓库的库存量，要把生产任务派到各个工厂或者外包给第三方，还要监视产品在市场上是供大于求还是供不应求。

ZARA全球各专卖店通过信息系统返回销售和库存信息，供总部分析畅销/滞销产品的款式、花色、尺码等特征，以便在企划和设计新款服装时参考。收集到所有这些流行信息后，由设计师/时装专家和买手（负责采购样品、面料、外协和生产计划等）组成的设计团队会共同定出可行的设计方案。

2.采购与生产

为减少流通时间，ZARA的产品有80%在欧洲地区生产，只有20%的产品安排在亚洲生产。ZARA有自己的工厂，也有长期合作的外协缝制工厂。在衡量款式、生产成本和自有工厂实际情况后，ZARA才决定是否在自有工厂加工。

如果发到外协工厂加工，ZARA也全程控制与时尚相关的环节（如打版/裁剪/整理），只是把缝制工作通过传送带运送到外协工厂缝制，而且在外包缝制的工厂中也有专人控制产品的质量。

对于一些基本的款式，会考虑把生产外包到亚洲等低成本国家，以减少生产的成本，当然缺点也是显而易见的——生产周期会加长。

3.产品配送

产品生产完成后，通过地下传送带产品被传送到物流中心，再从物流中心直配到店铺。为确保每笔订单准时准确到达目的地，ZARA采取激光条形码读取工具，每小时能挑选并分拣超过80000件衣服。

每个专卖店的订单都会独立放在各自的箱子里，采用直配的模式。为加速物流周转，ZARA总部还设有双车道高速公路直通配送中心。通常订单收到后8小时以内货物就可以被运走，每周给各专卖店配货2次。

物流中心的卡车都按固定的发车时刻表不断开往各地，直接运送到欧洲的各个专卖店，利用附近的两个空运基地运送到美国和亚洲，再用第三方物流的卡车送往各专卖店。

4.终端销售和信息反馈

ZARA的选址和店面陈列颇为讲究，橱窗设计、家具等由总部专业团队统一规划以保证统一品牌形象。有人评价ZARA是一流的形象、二流的产品、三流的价格。

经过大量培训的门店营业员经常对店内商品进行重新组合陈列，让店内每天都有一种新鲜感；上衣、裤子、皮包、配饰等搭配放在一起。

每个ZARA的店铺都有传送售卖情况信息的系统，每天专卖店通过该系统传送总部相关信息，供设计团队参考，还可以通过该系统下订单。

为了使设计和开发高效率地运行，ZARA在信息收集方面做了大量的工作，包括专门派人在大学校园、迪斯科舞厅和其他集会场所观察记录年轻时尚群体的穿着打扮，从专业机构、行业协会、时装发布会和其他专业媒体中广泛收集各种关于时尚的信息，将其分散于世界各地的商店与总部相连。

第三章

供应链采购与外包

耐克的生产外包

当耐克将自己全部的生产任务外包时，日本曾经警告过美国：长此以往，美国的制造能力会被极度削弱，美国会失去其强国的根本。但事实是，美国依旧凭借其技术创新能力位居强国之首，而耐克也凭借其研发与营销能力，在运动服领域是名副其实的"老大"。本案例将分析耐克的生产外包策略，其强大的研发与营销能力是其实施生产外包的强大后盾。

背景介绍

如今，提起运动鞋就势必会提到耐克（NIKE），多年来，耐克鞋在全球范围内畅销不衰。然而，耐克公司从一家小作坊成长为国际性的大企业却经历了很多的磨难。耐克的创始人菲尔·奈特是一位并不出众的赛跑运动员，比尔·鲍尔曼是俄勒冈大学的体育教师，对运动鞋的共同兴趣使他们成为好朋友。1960年，奈特获得斯坦福大学工商管理硕士学位后就前往日本，到奥尼楚卡公司申请在美国销售泰格尔跑鞋的资格。回到美国时，他把该公司的鞋的样品带给了鲍尔曼。

1964年奈特和鲍尔曼合伙，各拿出500美元开办了蓝带体育用品公司，为泰格尔跑鞋生产鞋底。为了节约租房的开支，他们没有租店面，而是沿街叫卖，一年便销售了8000美元的进口鞋，他们的鞋大多数卖给了中学的体育队。

1966年，鲍尔曼首次将自己设计的新式跑鞋寄给日本公司，由日本公司制造，这种后来被称为"科泰兹"（Cortez）的鞋在美国西北各州的田径赛圈中引起了空前的轰动，成为当时最畅销的产品，为公司的发展打下了财务基础。

1971年，蓝带体育用品公司开始有了自己的运动鞋生产线。6年内，公司资产增加了数倍，员工数发展到了45人，而第一家蓝带体育用品公司的零售店也在加利福尼亚的Santa Monica开业。

1972年，奈特和鲍尔曼给自己生产的鞋取名为"耐克"（NIKE），这正是希腊"胜利女神"的名字，意为"取胜"。同时他们还发明出一种独特标志Swoosh，意为"嗖的一声"，简单的标识像是一个精彩的对勾，极为醒目、独特，每件耐克公司的产品上都有这个标识。这个在现在的年轻人中间认同度极高的对勾是耐克公司当初仅仅花了三十多美元获得的。

从20世纪70年代中期开始，公司的收益就以接近300%的速度猛增。到1980年，这个拥有2700名员工的公司成了上市公司，其收益已经达到2.3亿美元。1981年，耐克公司在美国运动鞋市场占有率达到33%，首次超过劲敌阿迪达斯，成为美国运动鞋市场的新霸主。1994年，耐克公司的全球销售额达到48亿美元，市场占有率独占鳌头。耐克公司一路高歌猛进，1998年，凭借914亿美元的销售额迈入世界500强，至此，耐克公司成为一家傲视群雄的世界级企业。

随着耐克在全球的知名度提高，有一句话也变得非常有名："耐克公司从来不生产一双耐克鞋"。也有一则家喻户晓的耐克神话：在美国俄勒冈州的比弗顿市，四层楼高的耐克总部里看不见一双鞋。那么全球畅销的耐克鞋是怎样生产出来的呢？答案就在生产外包。

耐克公司生产外包的历史及概况

耐克公司最初和其他制鞋企业一样，有厂房，有工人，生产的鞋也主要是供给国内的消费者。但是美国国内市场的需求毕竟有限，而且在阿迪达斯和彪马两大巨头的打压下，耐克能拥有的市场份额就更加有限了。要改变这种状况，除了要在国内和两大著名厂商竞争外，更重要的是开拓海外市场，这部分市场的潜力要比美国本土大得多。谁拥有了世界市场，谁就能够成为霸主。耐克公司非常重视海外这部分市场，奈特更是冥思苦想，希望能够找到一条打通贸易壁垒，进入世界市场的新方法。

一次偶然的机会，奈特路过一家养鸡场，看到鸡棚里活蹦乱跳的母鸡，他突然联想到了他的业务。"借鸡生蛋"的想法也就产生了。奈特想，如果在世界上每个国家都设立一个工厂，公司只出资金和技术力量，而工厂的主管、工人都由当地人组成，这样不就可以既避免关税，又减少总公司的负担了吗？他回到公司后，立即召集各级主管和全体职员开会，把自己的想法告诉大家，并分析了这种做法的可行性和好处。这一想法得到了大家的赞同。

　　奈特决定立即实行这一想法，最先的目标是欧洲和日本。日本市场在众多企业眼中是一个非常排外的市场，其门户关闭之紧，令很多企业大为头疼。但是日本的体育潮流却紧随美国，这就为美国的体育用品商提供了机会。奈特抓住这一点，几次飞往日本，和日本厂商洽谈合作事项。日本的很多企业都想和耐克公司合作，而奈特对每个潜在的对象都进行了详尽的考察。几经筛选，奈特看中了日本的岩井公司。岩井公司是日本第六大公司，拥有非凡的人力、财力、物力，各种条件都非常的优越。经过洽谈，岩井决定和耐克公司合作，奈特对此非常高兴。

　　1981年10月，耐克和岩井的联营公司——耐克日本公司正式成立，奈特亲自到日本参加了开业典礼。耐克日本公司成立以后，耐克公司控制了这家公司50%的股权，并把日本橡胶公司原有的耐克公司产品配销权转移到新公司名下。同时，耐克公司与日本橡胶公司签约，让其负责耐克鞋的生产工作，而成品则交给耐克日本公司销售。

　　用这种"借鸡下蛋"的方法，耐克避免了高关税，打开了贸易壁垒，轻松进入了一向封闭的日本市场。用同样的方法，耐克公司通过在爱尔兰设厂也成功地避开了高关税进入欧洲市场。

　　随着各地区生产成本的变化，耐克公司的合作对象不断变化：先是日本、西欧，其后是韩国、我国、印度，到20世纪90年代，耐克开始看好越南等劳动力更为廉价的东南亚国家。

　　我国是一个人口大国，是一个非常巨大的市场。随着生活水平的提高，人们开始注重体育锻炼，尤其是青少年，几乎都是体育迷。耐克公司看中的不仅仅是这个巨大的市场，还看中了我国廉价的劳动力与原材料。早在1979年，奈特就计划投资我国，但由于多种原因，他未能拿到入境签证，该计划也就因此而搁浅。但是奈特不仅具有很强的经济预见性和经济头脑，还具有极强的耐心，他深知等待与忍耐的价值，并没因为一次未成行就灰心。1987年，奈特再次向我国政府申请入境并获得批准，他的中国之行终于梦想成真。在我国考察期间，他对各种情况进行了仔细的研究与分析，考虑到了政治、经济等多方面的影响。经过谈判，耐克与我国有关方面签订了制造运动鞋的合同，分别在天津、上海、广东和福建四地生产耐克鞋，并返销美国市场。从此，耐克鞋在我国就成了知名的高档品牌，成为年轻人追逐的焦点。其销量随着我国改革开放的日益深入、我国人生活水平的提高而不断增加。

　　耐克公司自己不设厂，不仅所有的产品都是外包给其他生产厂家制造，甚至连公司设计的样品都是由我国试制的。耐克向外部借力，通过整合外部资源，为其所用，从而扩展自己的疆域；利用外部的能力和优势来弥补自身的不足。这样一来，耐克公司节省了大量的生产基建资产、设备购置费用以及人工费用，利用全球最廉价的劳动力为其制造产品。这是耐克之所以能够以较低的成本和其他品牌竞争的重要原因，也为其全球化战略起到了积极的作用。

耐克的经理人经常在全球物色优秀的接包商，往往是一个合作协议刚刚签订，其经理人员又夹着皮包赶往另一个国家或地区寻找成本更低、质量更可靠、交货更及时的接包商。在过去的十多年里，耐克至少中断了与20多个厂商的合作关系，新开辟了30多家合作伙伴，目前全世界约有45家各国厂商定点生产耐克产品。

耐克公司虽然没有工人没有厂房，但是为公司制造产品的工人和厂房却遍及全球。耐克公司的高级职员只需要坐飞机来往于世界各地，把公司设计好的样品与图纸送到已经与公司签订合约的厂家，最后验收产品，贴上"耐克"的标签就可以了。

从20世纪70年代开始，耐克便把制造环节外包给很多亚洲国家。外包使耐克获得了廉价的劳动力，并从供应商那里拿到了大量的折扣。此外，外包能够使顾客更快地从市场获得最新的产品，减少资本投入的风险。另一方面，在销售上，这种"期货"下单计划允许和零售商提前5～6个月预先订下运输保证书，保证90%的订货会以确定的价格在确定的时间运到。

针对接包商的不同情况，耐克公司采取不同的态度：

1.对于一些发达的企业，耐克公司让其生产最新的和最贵的"代言产品"。这种接包商数量较少，能够承担较高的生产成本，它们通常与耐克公司共同开发新产品，并在新技术方面与耐克公司共同投资。

2.对大规模的接包方来说，它们一般只生产某一种类型的鞋，如篮球鞋，并且是纵向联合的。耐克公司没有与其联合开发产品，因为每个厂家可能要为七八个其他发包方生产以保证其规模。

3.对于发展中国家的接包方，耐克公司认为其是最有吸引力的。因为它们的劳动成本低，地点分布广泛。这些公司都是专门承接耐克公司的发包业务的，耐克公司用一个个有效的指导计划把它们发展成更高级的供应商。为了帮助发展中的资源和发达的伙伴，耐克公司努力把双方连接起来，发达的伙伴通过提供培训，协助融资以及把自己的一些劳动密集型生产活动转给这些单位来帮助发展中的资源。

过去，身在我国香港的耐克员工只能通过两种方法得到最新的鞋类产品设计图样；或者每隔三四周乘飞机经过15小时的旅程到公司的总部，或者等待从总部那边飞来的人将图纸带过来，其间的等待是很漫长的。从耐克公司总部的鞋类产品设计，到材料研究、选型，再到生产，最后到商店上架，整个周期一般需要18个月的时间。在这段时间里，因为地理位置的限制，信息的流动是间断的。

现在，耐克公司的全球产品信息网络能使身处世界各地的员工得到各种各样的关于耐克公司鞋类产品的信息。无论是最老式的设计图样还是最新的销售情况都可以在这个庞大的全球网络中找到，它实现了从设计到销售之间信息无缝、持续的流动。同时，互动地交流将全球协作提升到一个新的高度。就像耐克人说得那样：耐克是一个全球性的公司，而不是一个总部设在美国的跨国公司。

耐克公司从1999年开始使用电子数据交换（EDI）方式与其供应商联系，直接将成衣的款式颜色和数量等条件以EDI方式下单，并将交货期缩短3～4个月。它同时要求供应布料的织布厂先到美国总部上报新开发的布样，由设计师选择合适的布料设计为成衣款式后，再下单给成衣制造商，而且成衣制造商生产的布料也必须是耐克认可的布料商生产的。这样一来，织布厂必须提早规划新产品供耐克公司选购。由于布料是发包方指定，接包商订布的时间就会缩短，成衣商的交货期也就越来越短，从以往的180天缩短为90天。显然，耐克公司的库存压力就减轻了。

此外，耐克公司还投资5亿美元构建起一个具有快速反应能力的供应链系统。在耐克全球600家以上的接包方的库房里，都安装有耐克的信息控制系统，各家接包厂商的品种和存货，耐克总部同步获悉，没有时间差，没有中间信息传递过程的失真和消耗。快速反应系统创造了超越其他企业的附加价值，供应链在日积月累的系统构建和不断增值中逐步转化为价值链。

耐克生产外包战略分析：

著名战略学家迈克尔·波特教授在他的价值链分析模型中强调指出产业链的不同阶段增值空间存在很大差异，维持上下游竞争优势对构建企业核心竞争能力意义重大。宏碁集团董事长施振荣先生结合自己多年从业经验、耐克现象和波特教授的价值链分析模型指出：在PC产业链乃至整个制造业，上游的研究开发与下游的销售服务工序附加值较高，而中间的组装工序属于劳动密集型工序，由于标准化作业的采用和竞争的加剧，利润空间最小，因而整个PC产业制造工序流程的附加值线条就形成一个两头高、中间低的U型曲线，看上去就像微笑的嘴唇，施先生称之为"微笑曲线"。

耐克公司之所以能够以生产外包的方式取得巨大成功就是因为其牢牢把握住了这条"微笑曲线"的两个价值制高点：上游的研发设计与下游的营销。

在研发方面，耐克公司通过持续大规模的投入和研发流程的精细化，保持着在运动服装领域世界领先的地位。耐克1980年就建立了运动研究实验室（Sport Research Lab），1984年设立先进产品工程部门（Advance Product Engineering）。这两个部门的运作，保证了耐克在运动服装领域的技术领先，确保其不断研发出新的产品。

耐克自身在生物力学、运动生理学、工程学、工业设计及相关领域不断投入，还与研究委员会和顾问机构保持密切联系。这些外部组织由运动员、教练员、行业的经营管理人员、整形外科医生及其他专家组成。在研发阶段，耐克还雇佣专业运动员测试和评估产品性能，充气鞋、减震器等运动鞋领域的重要创新技术都来自耐克。

在营销方面，耐克始终注重品牌的强化与控制。耐克的主要顾客群是年轻一代，对于年轻人来说最大的价值是自我实现的价值，耐克通过强烈的心理暗示、树立意见领袖帮助消费者，尤其是年轻一代，获得了张扬自我个性的机会，这为耐克带来了庞大的忠诚消费群体。篮球飞人迈克尔·乔丹和高尔夫天才老虎伍兹为耐克品牌的成功立下了汗马功劳。他们的共同点都是创造了无人能够创造的体育神话，其运动成绩的光环已经超越了纯粹意义上的运动。这两个人的号召力是无与伦比的，他们代言耐克的产品也将耐克的"微笑曲线"的高点带到了一个新的高位。

耐克极其重视商标和专利的保护。耐克在几乎所有产品上都运用商标。耐克相信：商标是公司与竞争对手区分、公司产品与竞争对手产品区分的一个重要因素。耐克认为商标是其最有价值的资产，并已经在100多个国家和地区注册。此外，耐克还拥有很多用于产品营销的其他商标。

生产外包的目的就是让其他更具成本优势的企业来完成产品生产，在整个供应链上实行聚焦战略，专注于自己擅长的领域进行经营，耐克就是这一原则的成功实施者。耐克的生产采用全部外包的方式的前提是其拥有强大的研发能力和市场营销能力，而这两点也是消费者的关注焦点。客户往往愿意为自己的偏好付出溢价，从客户出发，与客户交流、沟通可以帮助耐克认识到客户的偏好，并进一步明确了满足客户偏好的价值链中附加价值高的环节。耐克以客户为中心设计自己的外包的运营模式，从而使其获取超出传统经营模式的高额利润。

第一节 外包的战略决策

一、外包概述

（一）外包的内涵

"外包"（Outsourcing），英文一词的直译是"外部寻源"，指企业整合利用其外部最优秀的专业化资源，从而达到降低成本、提高效率、充分发挥自身核心竞争力和增强企业对环境的迅速应变能力的一种管理模式。企业在内部资源有限的情况下，为取得更大的竞争优势，仅保留其最具竞争优势的功能，而把其他功能借助于整合，利用外部最优秀的资源予以实现是十分必要的。企业内部最具竞争力的资源和外部最优秀资源的结合，能产生巨大的协同效应，使企业最大限度地发挥自有资源的效率，获得竞争优势，提高对环境变化的适应能力。

"外包"这种管理模式是工业经济时代已经形成的社会分工与协作组织在当今知识经济条件下的发展与演化。早在19世纪20年代，美国福特公司就开始在产品零部件标准化基础上形成流水作业线，生产出具有规模效益的T型车的生产组织实践，并实现了零部件供应的外部化。发展到20世纪下半叶，标准化、全球化的组装生产模式已普及到全球。从工业时代的全球化的协作生产到知识经济时代的战略性外包是一个不断演进的、从量变到质变的连续过程，这种变化有其产生的必要性和必然性。

（二）外包的收益

业务外包的收益可以归纳为以下几个方面。

1.提高核心竞争力

按照迈克尔·波特的竞争理论，企业内部的活动被视为竞争优势分析的基本元，企业的竞争优势源于业务的成本优势以及业务的差异性，即企业对价值链上业务的选择。对于具体的企业而言，只有价值链上某个特定的环节才能给企业创造价值，业务外包可将企业认为不创造价值的业务转移出去，专注于狭小的业务范围，集中力量培育企业的核心竞争力，发展能够创造更高价值的活动。

2.增强组织灵活性

现今企业所面临的竞争环境变化越来越快，企业为了适应竞争环境的这一特点，要求企业组织具有灵活多变性。通过业务外包可以使企业"瘦身"，大大增强企业的应变能力。企业的经济效率不仅来自企业的规模经济，而且还来自于企业的速度经济。随着顾客消费的个性化，产品寿命周期和市场需要的变化更为迅速，以及市场容量的限制，企业仅仅依靠规模经济现在已经很难获得竞争优势。

3.获得世界等级的专业能力

世界级的外包商往往投入巨资在某一领域发展相应的高科技技术、研究系统方法和培养专业人员，以便为客户提供专业化的世界级服务。除此之外，通过为许多面临相似问题的客户集中提供服务，企业可以获得更加专业的经验和知识。这种专业化分工与专业化知识结合的模式，不但节约了企业用于追赶新技术和培训新知识的费用，而且使企业外包出去的业务具备世界等级的能力，提高了企业的竞争力。

4.获得外部优势资源

企业将部分业务外包出去，可以为企业带来外部的资源优势。外包是弥补实现战略目标所需的资源和企业自有资源缺口的有效方式。企业在进行价值链分析之后，将部分业务外包，而在转移出去的业务中，许多外包商已经积累和发展了丰富的知识、技术、先进的设备和管理经验，这就使得企业获得了自身所不具备或者优于自身的资源，而这也为外包出去的业务提供了成本和质量保障。而从资源经济学的角度来看，企业要在行业中赢得竞争优势和高于行业平均水平的利润，就必须获得高质量的资源，并有效地对资源进行配置。

5.获取内部没有的资源

业务外包是企业从外部环境中筹集其企业发展所必需资源的一种可行的选择。新企业的创立，新产品的开发，新技术的研制，企业的扩张等都必须从一开始就考虑能否通过外包获取更大的利益。从根本上来说，业务外包开拓了企业发展的思路，为企业的超常规发展提供了一种可能。

6.加速企业内部改革

企业内部重整和再造的目的是改善一些关键的绩效指标，如成本、质量、服务等，这往往涉及改造那些核心业务。但由于资金、精力等因素的限制，提高效率的需要往往会和投资核心业务的需要发生直接冲突，改造内部业务的设想也不得不放在一边。而企业把一些业务外包出去之后，解决了外包之前不能兼顾的局面，在享受专业外包服务的同时，开始看到内部重整和再造的收益。

（三）外包的风险

2000年，思科公司被迫宣布对其过期库存计提22亿美元的减值准备，8500名员工被解雇，原因是思科公司无法对电信基础设施市场需求的显著下降采取有效的应对措施。但有趣的是，其他小公司却发现了将要到来的需求的下滑，并在几个月前就调低了销售预期，同时减少了库存。思科的问题来自它的全球制造网络，这个网络导致了重要的零部件很长的供货提前期。于是思科决定保存这些零部件库存，而这些库存是在很久之前订货的，这导致了思科公司巨额的存货贬值。

思科公司的例子，让我们认识到外包战略中存在着以下两种本质的风险。

（1）失去竞争知识。将关键部件外包出去可能会给竞争对手以可乘之机（如IBM）。同样，外包也就意味着公司将失去根据自己而不是供应商的时间表引入新技术的能力。最后，将不同部件的生产外包给不同的供应商也许会阻碍新的想法、创新和需要跨职能团队实现的解决方案的开发。

（2）冲突的目标。供应商和采购者之间往往具有不同并且冲突的目标。例如，当采购者将不同部件的生产外包出去的时候希望达到提高灵活性的目标，这要求具备能根据需要调整产品结构以更好地达到供需平衡的能力。遗憾的是，这个目标恰恰与供应商所希望达到的"长期、稳定和购买者能平稳订货的目标"相矛盾。确实，这是供应商和采购者间存在的很重要的不同，供应商的边际利润相对较低，因此，它们会致力于降低成本而不是增加灵活性。在情况较好的时候，若需求高，这种冲突可以通过采购者与供应商达成长期协议按合同采购最小批量的做法来解决。若需求下降，这种长期的协议无疑会使采购者承担巨大的风险。同样，产品设计也会受到供应商与采购者目标冲突的影响。另外，坚持提高灵活性的采购者会希望尽快解决设计问题，而供应商则总把目光放在降低成本上，使得响应设计变化的速度非常之慢。

二、自制与外包决策分析

企业应当如何确定哪些部件由自己生产，哪些部件可以外包呢？供应链专家往往建议要专注于核心竞争力，但企业怎样确定哪些是核心的，应当由自己来完成；哪些是非核心的，可以从外包供应商那里采购呢？

下面我们将介绍一个由法恩（Fine）和惠特尼（Whitney）开发的一套评价框架。为了引出这个框架，他们将进行外包的原因划分为两大类。

（1）基于生产能力。在这种情况下，企业具备生产该部件的知识和技能，但由于各种原因决定外包。

（2）基于知识。在这种情况下，公司不具备生产部件的人力、技能和知识，外包是为了能够获取这些能力。当然，公司必须具备能够评价客户需求的能力和知识，并能将它转换成部件所需的关键要求和特征。

为说明这两个概念，法恩和惠特尼以丰田公司的外包决策为例。作为一家成功的日本汽车制造企业，该公司设计和制造了30%的汽车零部件，具体细节如下。

（1）丰田公司具备生产发动机的能力和知识，100%的发动机都是公司自己生产的。

（2）对传动装置而言，公司具有设计和生产全部零部件的知识，但却依靠供应商的生产能力，因为70%的部件生产已经外包出去。

（3）汽车电子系统完全由丰田的供应商设计并生产。这样，公司就在能力和知识两方面都依赖外部力量。

法恩和惠特尼观察到，"丰田公司根据部件和子系统的战略角色来决定它的外包战略"。部件的战略地位越高，知识和能力依赖性就越小。这就使我们认识到在考虑需要外包什么时，要对产品结构有更深入的理解。

首先，要能区分整体化和模块化产品。模块化产品由不同的部件组装而成。个人计算机就是模块化产品的最好的例子，顾客可以自由确定内存和硬盘的大小、显示器、软件等。另外，被经常引用的例子是家用双声道音响设备和高级自行车。模块化产品的特点是：部件是各自独立的；部件是可更换的；使用标准化的接口；部件能在不考虑其他部件的情况下进行设计和改进；客户偏好决定产品配置。

另一方面，整体化产品是由一系列功能紧密联系的部件组装而成的。所以整体化产品的特征是：整体化产品不是根据独立部件生产出来的；整体化产品是用统一的从上到下的设计方法按系统进行设计的；对整体化产品的评价应当建立在整个系统的基础上，而不能单独对某一部件进行评价；整体化产品的部件功能具有多样性。

当然，在现实生活中只有很少的产品是单纯的模块化或整体化产品。事实上，产品模块化或整体化的程度是不同的。模块化特征最典型的例子是个人计算机，被称为高模块化产品，而与此相反的是飞机，被称为高整体化产品。例如，汽车既有模块化部件，如音响或其他电子设备，同时又包含许多整体化部件，如发动机等。

表3-1给出的就是由法恩和惠特尼开发的一个用于采购/制造决策的简单框架。这个框架同时考虑了模块化和整体化产品及企业对知识和能力的依赖程度。对模块化产品来说，不论自己有没有能力，获取有关产品的知识都是更为重要的。例如，对一家PC生产商来说，应当了解不同部件的设计特性。这样如果企业具备了这种知识，将生产过程外包出去就能降低成本。另一方面，如果企业既没有相关知识也不具备能力，那么外包就是一个比较危险的战略，因为由供应商开发的这种知识可能会转移到竞争对手的产品中去。对整体化产品来说，只要有可能就应当同时掌握产品的知识和能力，企业在自己的厂房里生产这种产品是最好的选择。但是，如果企业这两者都不具备，那可能是因为进入了一个错误的领域。

表3-1 采购/制造决策框架模型

Product	依赖知识和能力	不依赖知识但依赖能力	不依赖知识和能力
Modular（模块化）	外包有风险	外包是一个机会	外包有降低成本的机会
Integral（整体化）	外包风险非常大	可以选择外包	自己生产

上文给出了是采购还是自己制造的总体决策框架，但是这个框架无法回答零部件采购战略层面的问题，也就是说，一个公司如何决定某个特定的零部件是自己制造，还是从外面采购。法恩等人考虑了这个问题，他们提出了分层模型，这个模型包括5个标准。

（1）该零部件对顾客的重要性。这个零部件对于顾客来说是不是重要？对顾客的感受有什么影响？这个零部件是不是影响着顾客对产品的选择？简言之，这个零部件对顾客的价值有多大？

（2）零部件的更新速度。这个零部件相对于系统中其他零部件来说，技术的变革有多快？

（3）竞争优势。公司有没有制造这个零部件的竞争优势？

（4）可利用的供应商。有多少具有相关能力的供应商？

（5）结构化。这个零部件对于整体系统结构来说，是不是模块化的？

根据这些标准，决策可能是：采购、自己生产、获取生产能力、与供应商建立战略合作伙伴、帮助供应商建立能力。例如：

（1）在零部件对客户非常重要（第1条标准）、产品更新速度快（第2条标准）、公司具有竞争优势（第3条标准）的情况下，自己生产是合适的，而该决策与供应商的数量（第4条标准）以及产品结构化（第5条标准）无关。

（2）在零部件对客户不重要、产品更新速度慢、公司不具有竞争优势的情况下，外包是合适的，这与供应商的数量以及产品结构化无关。

（3）在零部件对客户重要、产品更新速度快、公司不具有竞争优势的情况下，公司可能采取的战略包括自己生产、获取供应商的生产能力、与供应商建立战略合作伙伴，这项策略取决于市场上供应商的数量。

（4）最后，在零部件对客户重要、产品更新速度慢、公司不具有竞争优势的情况下，公司的决策取决于产品的结构。当产品的结构是模块化时，外包是合适的；当系统是一个难以分割的整体时，和供应商一起进行研发，甚至是自己研发，这些都是合理的选择。

第二节　采购与采购管理

从全球范围来看，对采购管理的研究已有一百多年的历史。在这个漫长的历史过程中，随着世界经济的发展，采购管理的职能也发生了演变。总的来看，采购管理的职能主要经历了三个阶段的变迁：文书阶段、交易阶段、战略阶段。在文书阶段，也就是第一次世界大战（1914～1918年）之前，大多数企业主要把采购职能当作一种文书活动。这一时期没有真正意义上的采购管理，采购职能完全出于一种被动的地位，被动地去完成企业已决策好的与采购相关的文书性工作。此后，采购管理进入交易阶段，这一阶段大约经历了从1940～1990年50年的时间。在这一阶段内，采购职能在企业中的地位不断提升，很多企业意识到采购对于高层管理的作用，把首席采购官等关键采购人员提升到最高管理层，也开始从战略的角度来考虑采购职能。但这一阶段的采购主要关注的还是采购自身的交易，并没有把采购战略融入企业战略中。20世纪90年代以后，越来越多的研究人员开始从企业战略的高度来研究采购管理，采购职能从以交易为基础的战术职能发展到以流程为导向的战略职能，采购战略开始融入企业战略中来。

一、采购及采购管理内涵

在采购管理职能变迁的过程中，采购和采购管理的内涵也发生着变化。目前对采购和采购管理的概念并没有形成统一的认识，学者们通常从不同的角度来定义。下面分别对采购及采购管理的内涵进行评析。

（一）采购内涵

对于采购，有广义和狭义之分。从狭义上看，有些学者将其简单定义为"以购买的方式，由买方支付对等的代价，向卖方获取物品的行为过程，在这个过程中发生了所有权的转移"。这种定义方式有些笼统，并没有将企业采购与普通的购买区分开来。还有的学者将其定义为"以最能满足企业要求的形式为企业的经营、生存和主要及辅助业务活动提供从外部引入产品、服务、技术和信息的活动"。这种定义站在企业的角度，将企业采购与普通购买区别开来。指出了企业采购的目的与范围。从广义来看，学者将采购定义为企业中一系列活动所形成的过程，这些活动包括购买、储存、运输、接收、进场检验及废料处理等。

（二）采购管理的内涵

对于采购管理，不同的学者也是从不同的角度给出了多种定义。基于传统采购管理的一个定义是"5R"管理，即企业为了达到生产或销售计划，从合适的供应商那里，在确保合适的品质下，在合适的时间，以合适的价格，购入合适数量的商品所采取的管理活动。这种定义将采购管理的主要目标定位在维持经营活动和降低成本上，没有体现出从战略的高度来关注采购管理。有的学者从采购管理的其他目标出发，给出了不同的定义，如将目标定位在消费者需求上，给出这样的定义：在全球动态环境中，通过产品、服务以及供应网络的革新，来创造、积累、捕捉和满足终端消费者需求，为了达到这一目标，从而制定和执行合理的战略。这样一种经营管理过程，即是采购管理。或将目标定位在供应商管理上，这样来定义采购管理：采购管理，即优化采购基础，选择协调供应商，提升供应绩效，挖掘供应商潜力。

此外，有的定义是从运作流程的层面给出：采购管理是计划下达、采购单集成、采购单执行、到货接收、检验入库、采购发票的收集到采购结算等采购活动的全过程，对采购过程中，物流运动的各环节状态，进行严密跟踪、监管，实现对企业采购活动执行过程的科学管理。这种定义罗列出采购管理涉及的一系列活动，比较适用于传统的采购管理，体现不出采购战略与企业战略的融合。为了从战略的高度来理解采购管理，可以这样来定义：采购管理是计划、执行、评价和控制采购战略的一种过程，在这个过程中，执行采购决策，指导所有的采购活动，利用企业能力范围内存在的机会，从而实现公司的长期目标。相比较而言，这个定义更能体现采购战略与企业战略的融合。

二、采购过程的组织与管理

不管采购的定义如何，我们可以给出一般的采购过程所包括的基本活动，这些活动对货物与服务的采购都是适用的。这些活动通常跨越企业内部的功能边界，如果在交易中不是所有职能部门的投入，就不能有效地完成采购过程。成功地实施这些活动，对买卖双方来说，都能取得尽量大的价值，因此它有助于供应链的价值最大化。

1.确定或重新估计用户的需求

采购一般是对新用户或老用户的需求做出反应。用户可以是企业外部的客户，也可以是企业内部的其他部门；既可以是集体用户（如企业或其他组织），也可以是最终消费者（个体）。采购活动是为了满足用户需求而进行的。用户的需求可以来源于订单，也可以来源于企业对市场需求的预测。在任何情况下，一旦需求被确认，采购过程就可以开始了。需求可以由企业的不同部门（如制造部或销售部），甚至由企业以外的人员来确定（如客户）。

2.定义和评估用户的需求

在需求确定下来以后，必须以某种可以衡量的标准形式来定义和表示采购对象。标准可以是简单的，比如对复印机的用纸可以是具有一定数量的白纸，对原材料可以是其重量计量单位（如吨或千克）或计数单位（如多少个、多少件等）。如果企业要购买高技术的产品，标准也很复杂。通过这些标准，采购专业人员可以把这些用户的需求告诉潜在的供应商。

3.自制与外购决策

在需求由外部供应之前，采购方应决定是由自己来制造产品或提供服务还是通过购买来满足用户的需求。即使做出了自己制造或提供的决定，采购方也必须从外部供应商处购买某种类型的投入物。目前，这一步骤已变得越来越重要，因为越来越多的企业做出外包的决策，以便集中精力于自己的核心业务。

4.确定采购的类型

采购的类型将决定采购过程所需的时间和复杂性。按时间和复杂程度不同，采购可以分为三种类型：① 直接按过去的惯例采购或重新采购；② 修正采购，需要对目前供应商或投入物做些决策；③ 全新采购，由全新的用户需求引起的采购。

5.进行市场分析

供应商可以处于一个完全竞争市场的情况下（有许多供应商），也或在一个寡头市场（有个别大的供应商），或垄断市场（一个供应商）的情况下。了解市场类型有助于采购专业人员决定市场供应商的数量、权力与依赖关系的平衡、哪种采购的方式最有效，如谈判、争投标等。有关市场类型的信息并不总是明显的，因此必须做一些研究，参阅有关图书资料、行业协会信息等。

6.确定所有可能的供应商

找出所有能满足用户需求的供应商。在这一阶段，也可以把过去未被选中的供应商也包括在内。在全球化的环境下，找出所有的供应商具有挑战性，需要进行一定的研究。如果企业很难找出所有能满足用户需求的供应商。在这一阶段，也可以把过去未被选中的供应商也包括进来，可以依靠常规使用的信息来源，如搜索引擎等。

7.对所有可能的资源进行初步评估

通过初步评估，选择出可以满足用户需求的少数几家有实力的、优秀的供应商，以备进一步评估。在某些情况下，初步评估可能非常简单。例如复印用纸，供应商可以定期检查手头有货或没有货；而计算机配件，可能还需要内部技术人员进行一系列的测试。

8.备选供应商的再评估

对于已经选择下来的少数优秀供应商，经过再评估后，就有可能确定哪家供应商最能满足用户的要求或期望。如果采购项目既简单又标准，并有足够数量的潜在供应商，这些活动可以通过竞争招标来实现。如果这些条件不存在，那就必须进行更加详细的评估，使用工程测试或模拟最终的使用情况。例如，对汽车的座位安全带进行测试。

9.选择供应商

供应商的选取决定了买卖双方将建立的关系，这一活动也决定了与未被选上的供应商之间的关系将如何维持。实际选取将依据依次讨论的数据来进行，如质量、可靠性、服务水平、报价等。

10.采购执行的评价

供应商确定后，一旦服务完成或产品发运之后，应对供应商的工作进行评价，以确定其是否真正满足本企业及用户的需求，这也是对采购进行"管理与控制"的活动。如果供应商的工作不能满足本企业及用户的需求，必须确定发生这些偏差的原因，并进行适当的纠正。

以上这些活动在实施过程中都会受到采购专业人员控制范围以外因素的影响。这些影响可以决定每一个活动执行的效率，它包括企业之间、企业内部的因素及政府的影响等外部因素，比如，潜在供应商的财务问题会导致其他问题，并有可能推翻前面所做的工作，需要重新进行供应商的选择。

三、采购管理对提升企业竞争力的贡献

随着市场竞争的加剧，影响企业竞争力的要素也越来越多。20世纪70年代以前，企业的竞争力主要体现在成本上，到了20世纪80年代除了成本又增加了质量要素，而到了20世纪90年代交货期也成了竞争力的要素，即所谓的基于时间的竞争，在21世纪的今天，企业竞争的焦点又转移到敏捷性上，即以最快的速度响应市场需求的能力。采购管理作为企业价值链中的重要一环，不论从成本、质量的角度，还是从交货期和敏捷性上考虑，都对企业竞争力的提升具有重要意义。

1.加强采购管理对降低成本的贡献

从全球范围看，工业企业的产品成本构成中，采购的原材料和零部件成本占企业总成本的30%～90%。目前，我国工业企业采购成本要占到企业销售成本的70%左右。根据国家经贸委1999年发布的有关数据，如果我国国有大中型企业每年降低采购成本2%～3%，即可增加效益500多亿元人民币，相当于1997年国有工业企业实现利润的总和。

2.加强采购管理对保证产品质量的贡献

产品价值中的一半左右是由采购部门或者说是供应商提供的，最终产品的质量在很大程度上取决于采购管理。采购环节中对质量的管理不仅体现在进货验收上，更重要的是将质量管理拓展到供应商的生产制造过程，从源头抓起，才能真正地确保产品质量。

3.加强采购管理对缩短交货期的贡献

从顾客角度看，交货期即从订货到交货所经历的时间。缩短交货期，意味着对顾客服务水平的提高。交货期的缩短取决于产品的现有库存状况、生产周期、外购所需时间、交货频率等。加强供应管理，简化采购流程，降低库存水平，可以大大地缩短交货期。有资料显示，一些企业花在增值活动上的时间只占交货期的10%，其余90%的时间只是增加了成本。可见，这里的潜力还是很大的。

4.加强采购管理对提高企业敏捷性的贡献

在当今准时制世界中，企业对顾客需求的短时间反应能力显得尤为重要。顾客不仅希望越来越短的交货期，更看中敏捷性，即迅速行动和更快满足顾客需求的能力。在瞬息万变的市场中，敏捷可能比长期战略更重要，因为如今企业的运作在更大程度上以服务驱动而非以预测驱动。为提高敏捷性，靠单一企业是不行的，必须运用供应链管理的思想，使各节点企业专注于自身的一两项核心竞争力，最小化变革成本而最大化地利用

其他节点企业的竞争优势，迅速适应不断变化的市场。

四、采购基本策略——卡拉杰克模型

（一）卡拉杰克模型的基本框架

卡拉杰克模型又叫卡拉杰克矩阵，最早出现于彼得·卡拉杰克的《采购必须纳入供应管理》一文。作为资产投资管理工具，投资组合模型这一概念最初是由哈里·马科维茨1950年提出。1983年卡拉杰克率先将此组合概念引入采购领域。他的模型对于职业化采购有着非常广泛的影响力。

以采购品分类为分析基础，卡拉杰克用利润影响和供应风险两个维度，建立了采购品类与供应关系的矩阵模型。

1.供应风险因素

反映了采购物品获得的难易程度，或采购的物品因供应问题对企业造成的损失程度，主要衡量指标包括供应市场的竞争格局、技术创新及原材料更替的步伐、市场进入的门槛、物流成本及复杂性、潜在的供应商数量、自制或外购的机会、替代的可能性等。当采购项的原材料十分稀缺，易受政策或自然灾害的影响，或者物流难度大，易损坏，又或者当供应商数量少的时候，采购风险是很高的。

2.利润影响因素

用来表示该采购物料对于产成品利润的影响，主要衡量指标包括该采购品类的采购数量、采购金额占总产品成本金额的比例、该物品对产品质量的影响程度、该原材料对产成品质量的影响程度、增值百分比等。当该采购项目占企业产成品的成本比例很高时，则对产成品利润率的影响是巨大的。这是因为采购的物料，不仅是该产成本高的重要组成部分，而且其还是产成品质量的关键影响因素。例如，果汁生产商中对于生鲜水果的采购以及高档服装制造商对于布料的采购。

卡拉杰克模型把采购对象分为四个采购品类别，如图3-1所示。

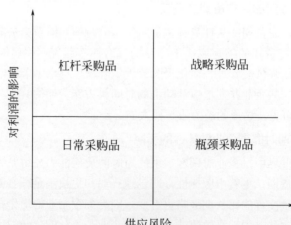

图 3-1　卡拉杰克模型

（二）卡拉杰克模型策略

1.战略采购项目（高利润，高供应风险）

战略采购项目，一般从单一供应商处购买产品（物料），需要同供应商建立一种平衡的合作关系，如果供应商停止供货，生产将会停滞。一般情况，原材料采购属于该采购类别，且原材料在产成品成本中占较大比例。

买卖双方地位：力量均衡，相互依赖性较高。

采购战略推荐：战略联盟，紧密联系，并充分考虑垂直整合，关注长期价值。

对于此类项目，可以采用下列方法来达到降低成本目的。

（1）建立长期的供应伙伴关系。它是指企业双方在相互信任、相互支持的基础上，供需双方为了实现共同的价值目标而采取的共担风险、共享利益的长期互惠互利合作共赢的关系。企业与供应商建立良好的合作伙伴关系，通过共同设计、共同开发、共同选址、共同生产及共同开发客户来最大化地实现整个供应链的价值。这种供应链管理产生的效益显而易见：它可以节约成本，降低存货量和采购成本，缩短循环周期，增加收入和利润，提高物流速度，从而降低成本。

（2）供应商先期参与，即 ESI（Early Supplier Involvement）。在产品设计初期，可以选择伙伴关系的供应商参与新产品开发小组，通过 ESI 的方式，使新产品开发小组依据供应商提出的性能规格要求，及早调整战略，借助供应商的专业知识来达到降低成本的目的。

（3）为便利采购而设计，即 DFP（Design for Purchase）是指在实施 ESI 策略时，在产品的设计阶段可以利用协力厂的标准规程与技术，使用工业标准零件，不仅减少了自制所需的技术支援，也降低了生产所需的成本。

（4）善用合约。在采购过程中可以利用长期合约来降低采购成本和保障供应。对于大宗产品还可以利用"期货合约"降低采购成本。

2.瓶颈采购项目（低利润，高供给风险）

瓶颈采购项目是供应链最薄弱的环节，它并不意味着高支出的采购，一般是生产过程中的必备物资，但是它们的供货渠道相对单一。通常供应商在谈判中占主导地位。

买卖双方地位：卖方主动，相互依赖性一般。

采购战略推荐：注重使用标准化产品、随时监测订单，以及优化提高库存水平，尽量寻找替代品和潜在供应商。

对于瓶颈项目，我们可以采用以下降低成本方案。

（1）开发新技术/新工艺/新材料替代。这种方法适用于以下情形：在产品开发阶段寻求机会，设计尽可能低成本的材料；在产品成熟期或市场竞争激烈时顺应绿色采购趋势寻求环保材料。对于供应稀缺的物料，在产品开发阶段应该尽量想办法替代，避免后续开发成本过高。

（2）价值工程/价值分析。适用于新产品，针对产品或服务的功能加以研究，以最低的生命周期成本，透过剔除、简化、变更、替代等方法，来达到降低成本的目的。

（3）采购窗口期。根据实际情况，利用采购窗口期进行即期购买、超前购买、波动购买或期货保值，对于此类物料可以在价格较低时，提前购买并做好库存管理，有效降低采购成本。

3.杠杆采购项目（高利润，低供应风险）

杠杆采购项目的产品可以按标准的质量等级从不同的供应商那里购得。采购方有选择供应商的自由；供应商数量众多，而且转换成本较低。如散装化学品、钢、铝、包装物、钢板、原材料和标准半成品等。

买卖双方地位：买方主动，相互依赖性一般。

采购战略推荐：双方达成良好的框架协议并制定有针对性的定价，保持和谐的发展供应关系。

对于杠杆采购项目，可以采取以下方法进行降低成本。

（1）招投标法。通过组织供应商进行招标，利用这种方式可以实现零部件的低价。据统计，在国际上通过招标采购能够节约25%～40%的采购成本。需要注意的是企业要想组织招标，供应商数量至少要3家以上，另外也要综合考虑后期的供货的持续性和品质的保障。

（2）集权采购。对于集团公司或政府部门，在杠杆型项目采购时，可以集中所有下属企业和部门的采购需求。通过"集中定价、分开采购""集中订货、分开收货付款""集中订货、分开收货、集中付款""集权采购后调拨"等运作模式。集权采购可以将各部门的需求集中起来，采购单位便可用较大的采购量作为砝码得到较好的数量折扣价格，从而降低采购费用，减少间接费用。

（3）开发供应商。维系现有成熟供应商体系的同时，引入新的供应商，达到"鲶鱼效应"。实现供应商体系优化升级，降低采购成本。

（4）谈判法与折扣法。利用买方主动的优势，可以通过适当的谈判挤掉对方的报价水分，利用总量大的优势得到折扣，降低成本。

（5）标准化。实施规格的标准化，产品、工装夹具或零件使用共通的设计规格，以及使用工业标准零件，以规模经济量达到降低制造成本的目的。

（6）改善供应商绩效。通过对供应商绩效系统的改善，包括成本、质量、交货、服务及技术合作等方面的改善，从而获得持续的绩效改进。鼓励供应商检查内部运作，不断改善企业本身的流程，与供应商进行信息交流，建立共享机制，实现双赢的供应关系。

（7）开展JIT采购与VMI。JIT（Just In Time，准时生产方式），又称作无库存生产方式，源于日本丰田汽车公司在20世纪60年代实行的一种生产方式。JIT采购由于大大地精简了采购作业流程，因此它可以极大地消除库存，最大限度地消除浪费，极大地提高工作效率。VMI管理模式（Vendor Managed Inventory，供应商管理库存），是供应商通过共享用户企业的当前库存和实际耗用数据，按照实际的消耗模型、消耗趋势和补货策略进行有实际根据的补货的策略。这种模式中，供需双方都变革了传统的独立预测模式，尽最大可能地减少由于独立预测的不确定性导致的商流、物流和信息流的浪费，降低了供应链的总成本。

4.日常采购项目（低利润，低供给风险）

即非关键项目，是指供给丰富、采购容易、财务影响较低的采购项目。通过增加产品标准化，可以节省很多时间和金钱。从采购的观点看，这些项目的价值通常较低，并存在大量可供选择的供应商，很少造成技术或商业问题。例如清洁材料、办公用品、维护用品和紧固件等。

买卖双方地位：力量均衡，相互依赖性较低。

采购战略推荐：通过提高产品标准和改进生产流程。

对于此类项目，我们一般不要花费太多的精力，如果有成熟的第三方采购平台，直接外包成本最低。通过第三方采购/非核心采购外包，即通过把低效资产或流程转交给能够提供更大规模经济、流程效率和专业知识的第三方来提高采购的价值。通过内外部的资源整合实现资源共享，帮助企业提高供应链管理效率，打造企业核心竞争力。

使用卡拉杰克模型时，应将采购项目分散到四个象限里，避免供应商一家独大。项目所处的象限需达成一致，一个项目只从属于一个象限，然后针对每个象限做好不同的采购策略。采购项目所处的象限应根据供应市场的变化以及与供应商合作条款的变化等因素及时做动态调整。

第三节　供应链采购管理

一、传统采购模式及存在问题

（一）传统采购模式

传统的采购活动和基于供应链环境的采购模式存在很大差别。传统采购的重点放在如何与供应商进行商业交易的活动上，特点是比较重视交易过程中供应商的价格比较，通过供应商的多头竞争，从中选择价格最低的作为供应方。虽然质量、交货期也是采购过程中的重要考虑因素，但在传统的采购方式下，质量、交货期等都是通过事后把关的办法进行控制，如到货验收等，而采购过程的重点尤其是确定供应商的时候放在价格的谈判上。因此在供应商与采购部门之间经常要进行报价、询价、还价等来回的谈判，并且多头进行，最后从多个供应商中选择一个价格最低的供应商签订合同，订单才决定下来。传统采购流程如图3-2所示。

（二）传统采购模式存在的问题

传统的采购模式存在的问题主要表现在如下几个方面。

1.传统采购过程是典型的非信息对称博弈过程

选择供应商在传统的采购活动中是一个首要的任务。在采购过程中，采购一方为了能够从多个竞争性的供应商中选择一个最佳的供应商，往往会保留私有信息。因为如果为供应商提供的信息越多，供应商的竞争筹码就越大，这样对采购一方不利，所以采购

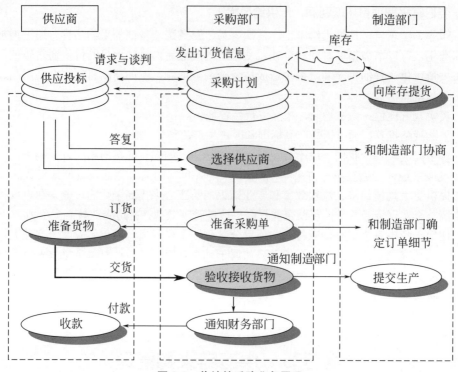

图 3-2　传统的采购业务原理

一方尽量保留私有信息，而供应商也会在和其他供应商竞争中隐瞒自己的信息。这样，采购、供应双方都没有进行有效的信息沟通，这就是信息不对称的博弈过程。

2.验收检查是采购部门一项重要的事后把关工作，质量控制的难度大

质量和交货期是采购一方要考虑的另外两个重要因素，但在传统的采购模式下，要有效控制质量和交货期只能通过事后把关的办法。因为采购一方很难参与供应商的生产组织过程和有关质量控制活动，相互的工作是不透明的。在质量控制上，主要依靠对到货的检查验收，即所谓事后把关。这种缺乏合作的质量控制导致了采购部门对采购物品质量控制的难度增加。一旦出现不合格产品，即使能够检验出来，也可能会影响整个后续工作流程。

3.供需关系是临时或短时期的合作关系，而且竞争多于合作

在传统的采购模式中，企业通常将供应商看作竞争对手，是一种"零和竞争"模式。因此，供应与需求之间的关系是临时性的，或者短时期的合作，而且竞争多于合作。由于缺乏合作与协调，采购过程中各种抱怨和扯皮的事情比较多、很多时间消耗在解决日常问题上，没有更多的时间用来做长期性的计划工作。供需之间存在的这种缺乏合作的气氛加剧了运作中的不确定性。

4.响应用户需求能力弱

由于供应与采购双方在信息的沟通方面缺乏及时的信息反馈，在市场需求发生变化的情况下，采购一方也不能改变供应一方已有的订货合同，因此采购一方在需求减少时

库存增加，需求增加时，出现供不应求。重新订货需要增加谈判过程，所以供需之间对用户需求的响应没有同步进行，缺乏应对需求变化的能力。

二、供应链环境下的采购管理

采购管理是供应链管理中的重要一环，是实施供应链管理的基础，在图3-3供应链采购管理模型中，整个采购过程的组织、控制、协调都是站在供应链集成优化的角度进行的，形成协同运作的机制。生产和技术部门通过企业内部的管理信息系统根据订单编制生产计划和物料需求计划，企业与供应商首先要建立起战略性的合作伙伴关系。供应商通过信息共享平台和协同采购机制，可以随时获得用户的采购信息，根据用户企业的信息预测企业需求以便备货，当订单到达时可以迅速组织生产和发货，货物质量由供应商自己控制。这个模型的要点是

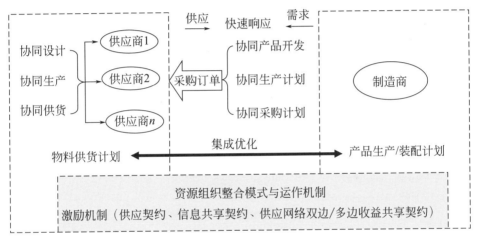

图 3-3　供应链采购管理模型

以协同运作和信息共享来降低供应链的不确定性，从而降低不必要的库存，提高采购工作质量。实现此模型的关键是畅通无阻的信息交流和企业与供应商制定的长期合作契约。

三、基于供应链的采购管理与传统采购管理的异同

在供应链管理的环境下，企业的采购方式和传统的采购方式有所不同，这些差异主要体现在如下几个方面。

（一）从为库存采购到为订单采购的转变

在传统的采购模式中，采购的目的很简单，就是为了补充库存，即为库存而采购。采购部门并不关心企业的生产过程，不了解生产的进度和产品需求的变化，因此采购过程缺乏主动性，采购部门制订的采购计划很难适应制造需求的变化。在供应链管理模式下，采购活动是以订单驱动方式进行的，制造订单的产生是在用户需求订单的驱动下产生的，然后，制造订单驱动采购订单，采购订单再驱动供应商。这种准时订单驱动模

式，使供应链系统得以准时响应用户的需求，从而降低了库存成本，提高了物流的速度和库存周转率。订单驱动的采购业务流程如图3-4所示。

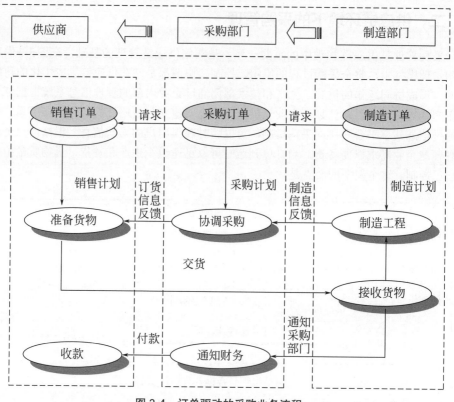

图 3-4　订单驱动的采购业务流程

订单驱动的采购方式有如下特点。

第一，由于供应商与制造商建立了战略合作伙伴关系，办理供应合同的手续大大简化，不再需要双方的询盘和报盘的反复协商，交易成本也因此大为降低。

第二，在同步化供应链计划的协调下，制造计划、采购计划、供应计划能够并行进行，缩短了用户响应时间，实现了供应链的同步化运作。采购与供应的重点在于协调各种计划的执行，使制造计划、采购计划、销售计划保持同步。

第三，采购物资直接进入制造部门，减少采购部门的工作压力和非增值的活动过程，实现供应链精益化运作。

第四，信息传递方式发生了变化。在传统采购方式中，供应商对制造过程的信息不了解，也无须关心制造商的生产活动，但供应链管理环境下，供应商能共享制造部门的信息，供应商的应变能力、减少了信息失真。同时在订货过程中不断进行信息反馈，修正订货计划，使订货与需求保持同步。

第五，实现了面向过程的作业管理模式的转变。订单驱动的采购方式简化了采购工作流程，采购部门的作用主要是沟通供应与制造部门之间的联系，协调供应与制造的关系，为实现精益采购提供基础保障。

（二）从一般的交易管理向外部资源管理转变

传统的采购管理可以简单地认为就是买卖管理，这是一种交易式的活动，双方都缺乏一种战略性合作的意识。供应链管理视角下的采购就不仅仅是买卖活动了，对企业来说，是一种外部资源管理（Sourcing）。那么，为什么要进行外部资源管理，以及如何进行有效的外部资源管理？

正如前面所指出的，传统采购管理的不足之处就是企业与供应商之间缺乏合作，缺乏柔性和对需求快速响应的能力。随着市场竞争的加剧，出现了个性化和准时满足客户订单的需求，这无疑对企业的采购物流提出了严峻的挑战。

为应对挑战，需要企业改变单纯为库存而采购的传统管理模式，需要增加和供应商的信息联系与相互之间的合作，建立新的供需合作模式，从而提高企业在采购活动上的柔性和对市场的响应能力。一方面，在传统的采购模式中，由于信息无法共享，供应商对采购部门的要求不能得到实时地响应；另一方面，对所采购物料的质量控制也只能进行事后把关，不能进行实时的控制。这些问题使供应链上的企业无法实现同步化运作。为此，供应链管理环境下的采购模式就是将简单的买卖行为上升到对外部资源（如供应商资源）的战略性管理上来。

实施外部资源管理也是实施精益化生产、零库存生产的要求。供应链管理中一个重要思想是，在生产控制中采用基于订单流的准时生产模式，使供应链企业的业务流程朝着精益化生产努力，即实现生产过程的几个"零"化管理：零缺陷、零库存、零交货期、零故障、零（无）纸文书、零废料、零事故、零人力资源浪费。

（三）从一般买卖关系向战略合作伙伴关系转变

在传统的采购模式中，供应商与需求企业之间是一种简单的买卖关系，因此无法解决一些涉及全局性、战略性的供应链问题，而基于战略伙伴关系的采购方式为解决这些问题创造了条件。这些问题如下。

第一，库存问题。在传统的采购模式下，供应链的各级企业都无法共享库存信息，因此，各级节点企业都独立地采用订货点技术进行库存决策（在库存管理部分有详细论述），不可避免地产生需求信息的扭曲现象，进而供应链的整体效率得不到充分的提高。但在供应链管理模式下，通过双方的合作伙伴关系，供应与需求双方可以共享库存数据，因此采购的决策过程变得透明多了，减少了需求信息的失真现象。

第二，风险问题。供需双方通过战略性合作关系，可以降低由不可预测的需求变化带来的风险，比如运输过程的风险、信用的风险、产品质量的风险等。

第三，通过合作伙伴关系可以为双方共同解决问题提供便利的条件。通过合作伙伴关系，双方可以为制订战略性的采购供应计划而共同协商，不必要为日常琐事消耗时间与精力。

第四，降低采购成本问题。通过合作伙伴关系，供需双方都为降低交易成本而获得好处。信息的共享避免了信息不对称决策可能造成的成本损失。

第五，组织障碍。战略性的合作伙伴关系消除了供应过程的组织障碍，为实现准时采购创造了条件。

第四节 准时采购策略

一、准时采购的基本思想

（一）准时采购的概念

JIT（Just In Time）采购，又叫准时采购法，是由精益思想演变而来，代表着一种管理哲理。它是把JIT生产的管理思想运用到采购中而形成的一种先进的采购模式。它的基本思想是：在恰当的时间、恰当的地点、以恰当的数量、恰当的质量提供恰当的物品。JIT采购是为消除库存和不必要的浪费而进行持续性改进，能极大地提高采购效率，使采购成本降到最低点。JIT采购所创造的价值远大于企业在其他方面采取的措施，采购的杠杆原理启示着增强企业竞争力的另一个领域。

（二）JIT采购方式的特点

（1）单源供应。单源供应是指某种原材料或外购件只由一个供应商供货。单源供应，一方面可以增强供需双方的合作伙伴关系，另一方面使供方从长期大量的订单中获得内部规模效益，从而使制造商购买原材料与外购件的价格降低。但是，单源供应也可能带来问题。比如，供应中断的风险，对单一供应商的依赖性程度过大等。所以，制造企业需要与供应商构建新型合作关系。

（2）小批量采购。由于市场需求的不确定性导致了企业对原材料的采购需求的不确定。而JIT采购又旨在追求零库存，为满足及时获得所需的原材料，采购批量必然是比较小。

（3）合理选择供应商。采用单源供应的JIT采购，在选择供应商时需要非常慎重。因为能否选择到优秀的供应商关系到JIT采购实施的成功与否。与传统采购主要以价格为标准选择供应商不同，采用JIT采购的企业在选择供应商时，需要根据供应商产品质量、交货准时性、批量柔性等标准综合评价供应商。

（4）从根源上保障采购质量。由于JIT采购追求的是零库存，所以企业的库存很少甚至为零。因此，为了不出现因零件质量问题而造成生产中断的现象出现，必须保证原材料与外购件的质量。JIT采购的物资是免检的，这就需要供应商严把质量关，从根源上杜绝不合格品出厂。因此，供应商应参与到制造商的产品设计过程中，制造商也应该帮助供应商提升生产与管理水平。

（5）交货准时性的更严格要求。JIT采购要求交货的准时性，准时性也是实施JIT生产的前提条件。准时采购为缩短上线的时间，减少甚至取消了缓冲库存量。因此，任何交货延迟都将造成整条生产链的中断，给企业带来损失。交货的可靠性为JIT采购提供了保证。

（三）JIT采购的意义

自提出JIT采购的理念以来，世界许多企业纷纷根据企业本身的具体情况践行JIT采购。众多管理者从实际中体会到实施这种不同于传统采购的JIT采购模式具有重大的实践意义。

（1）大幅度降低库存成本。JIT采购强调减少浪费，最大限度地降低库存。物资库存量的降低，可减少企业资金占用，加快资金周转速度。此外，由于库存量的减少直接降低了库存占用空间，从而节省存储成本。

（2）提高采购物资的质量。JIT采购要求从根源上保证采购质量，所以一般而言，在JIT采购模式下，采购的物资质量会提高2～3倍。采购物资质量提高，又可以降低企业产品的质量成本。据估计，企业实施JIT采购可使其质量成本减少26%～63%。

（3）保证供应链的协同性运作。在基于订单驱动的JIT采购模式下，制造商与供应商都围绕订单运作，要求实现准时化、同步化。当制造企业将采购单传递给供应商时，供应商根据制造商的要求准备所需物资并按时交给制造商。当用户的需求发生变化时，制造订单会驱动采购订单随之发生变化。如果没有运用JIT采购模式，供应链上的各企业要实现快速响应多变的市场需求则十分困难。所以，JIT采购增强了供应链的柔性、协调性与同步性。

二、JIT 采购与传统采购的比较

传统采购模式下，供需双方之间是一种短期买卖关系。制造商以最低的采购价格，向供应商下达采购订单。供应商根据自身经营状况判断是否接单，接单的供应商产品交付质量状况不稳定，而且交货期较长。买方在交收产品时需要进行IQC质检，将不合格产品退回供应商，合格产品入库。在传统采购模式下，企业只能通过分析以往生产周期状况，根据下一年度生产准备计划预先采购一定数量的原材料，以较大的原料库存量来满足企业的生产需求。因此，为了规避物资采购过程中的各种不利因素，如物资短缺、市场波动以及运输条件限制等对企业生产活动的影响，企业往往通过过量采购来保证生产的正常运营。由于牛鞭效应，导致整条供应链出现物资库存高，生产成本居高不下。传统采购与准时化采购的主要不同见表3-2。

表3-2　准时化采购与传统采购的对比

项目	准时化采购	传统采购
采购批量	小批量，送货频率高	大批量，送货频率低
供应商选择	长期合作，单源供应	短期合作，多源供应
供应商评价	质量、交货期、价格	质量、价格、交货期
检查工作	逐渐减少，最后消除	收货、点货、质量验收
协商内容	长期合作关系、质量和合理价格	获得最低价格
运输	准时送货、买方负责安排	较低的成本、卖方负责安排
文书工作	文书工作少、需要时有能力改变交货时间和质量	文书工作量大，改变交货期和质量的采购单多
产品说明	供应商革新、强调性能宽松要求	买方关心设计、供应商没有创新
包装	小、标准化容器包装	普通包装、没有特殊说明
信息交流	快速、可靠	一般要求

（1）传统采购是为了补充库存，而JIT采购是为了满足客户需求。

（2）传统采购模式下供需双方的合作是短期的，而JIT采购模式下，供需双方的合作是长期的、战略性的。

（3）相比传统采购为避免缺货而提高库存量不同，JIT采购要求"零库存"，JIT采购认为过高的库存不但增加资金负担，而且还会掩盖生产与管理上的矛盾，影响生产效率。

（4）传统采购下，需方以价格为主要标准来选择供应商，而JIT采购模式下，价格不再是首要的考虑因素，交货准时性、产品质量、供应商的资质等方面则会成为影响供应商选择的关键因素。

（5）传统采购为获得价格上的更大优惠，往往大批量进行采购，而JIT采购要求的是"零库存"，因此采购只能是小批量多批次的，小批量多批次的订货可能会增加一些成本，但是它可以减少传统采购模式下存在的牛鞭效应。

（6）在传统采购模式下，企业的采购活动被视为一个孤立的活动，未将企业作为供应链上的一个节点来思考其经营管理方式，而JIT采购将供应商纳入企业的采购管理中，通过建立供应链上各节点企业之间的合作伙伴关系，实现数据与信息的共享，进而实现整条供应链运作效率的高效化。

三、准时采购的方法

准时采购方法和传统采购方法有显著差别，实施准时采购法的主要步骤如下。

（1）创建准时采购班组。世界一流企业的专业采购人员有三个责任，寻找货源、商定价格、发展与供应商的协作关系并不断改进。因此，专业化的高素质的采购队伍对实施准时采购至关重要。为此，首先应成立两个班组。一个是专门处理供应商事务的班组，该班组的任务是认定和评估供应商的信誉、能力，或与供应商谈判签订准时订货合同，向供应商发放免检签证等，同时要负责供应商的培训与教育。另外一个班组是专门从事消除采购过程中的浪费的班组。这些班组人员对准时采购的方法应有充分的了解和认识，必要时应进行培训；如果这些人员本身对准时采购的认识和了解都不彻底，就不可能指望供应商的合作了。

（2）制订计划，确保准时采购策略有计划、有步骤地实施。要制订采购策略，以及改进当前采购方式的措施，包括如何减少供应商的数量、评价供应商、向供应商发放签证等内容。在这个过程中，要与供应商一起商定准时采购的目标和有关措施，保持经常性的信息沟通。

（3）精选少数供应商，建立伙伴关系。选择供应商应从这几个方面考虑：产品质量、供货情况、应变能力、地理位置、企业规模、财务状况、技术能力、价格，以及其他供应商的可替代性等。

（4）进行试点工作。先从某种产品或某条生产线的试点开始，进行零部件或原材料的准时供应试点。在试点过程中，取得企业各个部门的支持是很重要的，特别是生产部门的支持。通过试点，总结经验，为正式的准时采购实施打下基础。

（5）搞好供应商的培训，确定共同目标。准时采购是供需双方共同的业务活动，单靠采购部门的努力是不够的，需要供应商的配合，只有供应商也对准时采购的策略和运作方法有了认识和理解，才能获得供应商的支持和配合，因此需要对供应商进行教育培训。通过培训，大家取得一致的目标，相互之间就能够很好地协调做好采购的准时工作。

（6）向供应商颁发产品免检合格证书。准时采购和传统采购方式的不同之处在于买方不需要对采购产品进行过多的检验手续，要达到这点，需要供应商能够提供百分之百的合格产品。当其做到这个要求时，即发给免检手续的免检证书。

（7）实现配合准时生产的交货方式。准时采购的最终目标是实现企业的生产准时，为此，要实现从预测的交货方式向准时适时交货方式转变。

（8）持续改善、扩大成效。准时采购是一个不断完善和改进的过程，需要在实施过程中不断总结经验教训，从降低运输成本、提供交货的准确性、提高产品的质量、降低供应商库存等各个方面进行改进，不断提高准时采购的运作绩效。

第五节　供应商管理

供应商管理是供应链采购管理中一个很重要的问题，它在实现准时采购中有极其重要的作用。供应链管理环境下的客户关系是一种战略性合作关系，提倡一种双赢（Win-Win）机制。从传统的非合作竞争走向合作性竞争、合作与竞争并存是当今企业关系发展的一个趋势。

一、供应商的评价和选择

在供应链管理环境下，由于企业对短期成本最小化的需要，供应链合作关系的运作需要尽量减少产品供应源的数量。另外，由于紧密合作的需要，上下游相关的连接变得更专有，而且企业可以在全球市场范围内寻找最优的供应商。因此，对供应商做出系统、全面的评价，就必须有一套完整、科学、全面的综合评价指标体系。

1.建立有效的供应商综合评估体系

建立供应商综合评估指标体系的好处是可以避免企业在供应商评估工作中存在个人权力太大，主观成分过多，一人说了算的现象。对供应商进行综合评估的最基本指标应该包括以下几项。

（1）技术水平。技术水平是指供应产品的技术参数能否达到要求。供应商是否具有一支技术队伍和能力去生产或供应所需的产品，是否具有产品开发和改进的能力，这些问题都很重要。选择具有高技术水准的供应商，对企业的长远发展有好处。

（2）产品质量。供应商的产品必须能够持续稳定地达到规定的要求。供应商必须有一个良好的质量控制体系，在原材料、半成品、成品加工及储存过程中进行质量管理和质量控制。

（3）供应能力。企业需要确定供应能力即供应商的生产能力。确定供应商是否具备相当的生产规模和发展潜力，这意味着供应商的生产设备必须能够在数量上达到一定的规模，能够保证供应所需数量的产品。

（4）价格。供应商应该提供有竞争力的价格，但并不意味着必须是最低的价格。这个价格是考虑了要求供应商按照所需的时间，所需的数量、质量和服务后确定的。供应商还应该有能力向企业提供改进成本的方案。

（5）地理位置。供应商的地理位置对库存量有相当大的影响。如果产品单价较高，需求量又大，距离近的供应商有利于管理。企业总是希望供应商离自己近一些，或至少要求供应商在当地设立库存。地理位置近，送货时间短，意味着缺货时可以快速送到。

（6）可靠性。可靠性是供应商的信誉。在选择供应商时，应该选择一家有较高声誉的、经营稳定的以及财务状况良好的供应商。同时，双方应该相互信任，讲究信誉，并能把这种关系保持下去。

除此之外，有时还有一些其他因素，如售后服务、提前期、交货准确率、快速响应能力，等等。

2.供应商选择与评估过程

供应链上供应商选择与评估程序如图3-5所示。

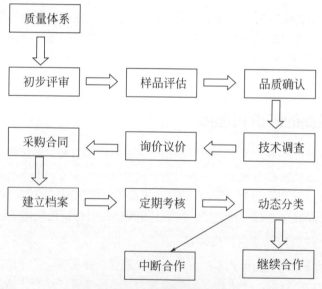

图 3-5　供应商选择与评估流程图

按照图3-5的流程对供应商进行选择和评估。第一步就是要对它的质量体系进行全面、深入、认真调研，因为质量体系是质量稳定的保障。质量得到保证以后，第二步就是进行初步评审。按照企业的发展状况，需要什么样的质量支撑，必须对质量体系进行初步评审，评审完以后，对合格品可进行样品评估。评估结果可能有两种情况：一种是产品不合格，中断合作；另一种是产品合格，对于合格产品接下来就是进行品质的确认，要出具确认书。品质确认在实践操作中要特别注意封样制度，在封口上还可以立个签名制度。第三步就是到厂家去做技术调研，目的是调查样品是不是供应商生产出来的，并重点研究其工艺是否可靠。在此基础上，就可以询价议价了。谈价格要有技巧，首先要了解市场的平均价格，还要了解其成本组成、大概毛利是多少、按照工人的工资、现有的设备状况、工厂的销售规模、生产能力，可以大概知道其利润空间有多少。价格谈好以后，就进入采购合同阶段。为了减少纠纷，合同一定要详尽，条目不能过于简单，还要有很多附件。虽然质量方面有封样制度，但是具体的合作过程和细节问题还必须清楚地写在合同中，另外，最好有中文和英文两份，因为英文是一种解释性语言，能够把问题写得更清楚。合同签好以后，要建立一个档案并进行专门的保管。进行定期的供应商考核，每次考核的结果都放在档案里。由于一次考核只是某个时间点的静态结果，随着时间的变化，供应商的情况也会变化，所以要连续考核，进行动态分类。动态分类也有两个结果：继续合作和中断合作。

整个供应商的选择和评估都按照这样的流程进行。这一流程使人事变动不至于对工作造成太大的影响，这是流程化管理的一大优点。

3.供应商评估与选择方法

供应商的评估与选择是一个多对象、多因素（指标）的综合评价问题，解决此类问题决策的基本思路归纳如下。

① 对各个评估指标确定权重，权重可用数字1至10之间的某个数值表示，可以是小数（也可取$0 \sim 1$的一个数值，并且规定全部的权重之和为1）。

② 然后对每个评估指标打分，也可用1至10之间的一个数表示（或$0 \sim 1$的一个数值）。

③ 再对每个分数乘以该指标权重，进行综合处理后得到一个总分。

④ 最后根据每个供应商的总分进行排序、比较和选择。

4.保持动态平衡

在实施供应链合作关系的过程中，市场需求和供应都在不断变化，必须在供应商相对稳定的条件下，根据实际情况及时修改供应商评估指标，或重新开始新的供应商评估。基本思路是：合格的供应商队伍不应该是静态的，而应该是动态的，这样才能引入竞争机制。

二、与供应商建立合作伙伴关系

在供应商与制造商的关系中，存在两种典型的关系模式：传统的竞争关系和合作性关系，或者双赢关系。两种关系模式的采购特征有所不同。

竞争关系模式是价格驱动的。这种关系的采购策略表现为：买方同时向若干供应商购货，通过供应商之间的竞争获得价格好处，同时也保证供应的连续性；买方通过在供应商之间分配采购数量对供应商加以控制。买方与供应商保持的是一种短期合同关系。

双赢关系模式，是一种合作的关系。它强调在合作的供应商和生产商之间共同分享信息，通过合作和协商协调相互的行为；制造商对供应商给予协助，帮助供应商降低成本、改进质量、加快产品开发进度。通过建立相互信任的关系提高效率，减少交易/管理成本。通过长期的信任合作取代短期的合同。比较多的信息交流。建立一种双赢的合作关系对实施准时采购是很重要的。

双赢关系已经成为供应链企业之间合作的典范，因此，要在采购管理中体现供应链的思想，对供应商的管理就应集中在如何与供应商建立以及维护、保持双赢关系上。

1.信息交流与共享机制

信息交流有助于减少投机行为，有助于促进重要生产信息的自由流动。为加强供应商与制造商之间的信息交流，可以从以下几个方面着手。

第一，在供应商与制造商之间经常进行有关成本、作业计划、质量控制信息的交流与沟通，保持信息的一致性和准确性。

第二，实施并行工程。制造商在产品设计阶段让供应商参与进来，这样供应商可以在原材料和零部件的性能与功能要求上提供有关信息，为实施QFD（质量功能配置）的产品开发方法创造条件，把用户的价值需求及时转化为供应商的原材料和零部件的质量与功能要求。

第三，建立联合的任务小组解决共同关心的问题。在供应商与制造商之间应建立一种基于团队的工作小组，由双方的有关人员共同组成，解决供应过程以及制造过程中遇到的各种问题。

第四，供应商和制造商互访。供应商与制造商采购部门应经常性地互访，及时发现和解决各自在合作活动过程中存在的困难和出现的问题，便于打造良好的合作气氛。

第五，使用电子数据交换（ED）和互联网技术进行快速的数据传输。

2.供应商的激励机制

要保持长期的双赢关系，对供应商的激励是非常重要的，没有有效的激励机制，就不可能维持良好的供应关系。在激励机制的设计上，要体现公平、一致的原则。给予供应商价格折扣和柔性合同，以及采用赠送股权等，使供应商和制造商能够分享成功，同时也使供应商从合作中体会到双赢机制的好处。

3.合理的供应商评价方法和手段

要进行供应商的激励，就必须对供应商的业绩进行评价，使供应商不断改进。没有合理的评价方法，就不可能对供应商的合作效果进行评价，这将大大挫伤供应商的合作积极性和稳定性。对供应商的评价要抓住主要指标或问题，比如交货质量是否改善了、提前期是否缩短了、交货的准时率是否提高了等。通过评价，把结果反馈给供应商，和供应商一起共同探讨问题产生的根源，并采取相应的措施予以改进。

 案例

波音787的供应链外包与采购战略

从2003年开始设计到2010年完成首飞，波音787飞机已先后5次宣布延迟交付。事实上，在这一波音公司用678亿元人民币重金打造的项目中，"延迟交付"只是一个结果,而其真正的过程却是:波音公司在787项目上实施的供应链改革让波音走了弯路。

1.全球供应模式尝试

在787项目上,波音首次采取了全球供应链的战略:除自己的工厂外,波音只面对全球23个一级供应商,数量与过去相比大为减少。然而,在赋予供应商空前责任的同时,也是一次充满风险的尝试。

2003年,是世界航空史上的一个特别年份。受美国"9·11"事件的打击,全球航空公司陷入了持续低迷状态,波音公司自2001年开始就裁掉了40%的劳动力。也就是在这一年的5月7日,波音发布了超效7E7飞机的最新设计方案,7E7就是787的"匿名"。后来为了迎合中国人喜欢数字8的心理,波音最终将其定名为787飞机,而中国也没有让波音失望,不但成为787的启动用户,更是订购了58架787。

波音未来飞行体验中心市场总监Sandy Ward告诉记者,波音787最大的卖点是它的复合材料比重高达50%,这使787能比同级别飞机节油达到20%,这对于航空公司具有非凡的诱惑力。

在外界看来,波音787甚是"风光"的背后,波音内部进行的却是一场供应链革命。据了解,在波音787项目上,波音首次采取了全球供应链的战略,作为一向以沉稳著称的波音,这在40年以来是一次革命性的跨越。为此,波音公司将其原在华盛顿州工厂的大量工作转包了出去,分散到了美国14个州和美国以外的11个国家和地区。

波音的目的很明确:在787项目上,除了自己的工厂以外,波音只面对全球23个一级供应商,核心供应商数量与过去相比大为减少。

而在整体外包合作商上,数量却是大量增加。在20世纪50年代,波音707飞机只有约2%的零件是在国外生产的,而波音787飞机是波音公司在全球外包生产程度最高的机型。按价格计算,波音公司本身只负责生产大约10%——尾翼和最后组装,其余零部件是由40家合作伙伴提供的,机翼是在日本生产的,碳复合材料机身是在意大利和美国其他地方生产的,起落架是在法国生产的。《金融时报》还特别为此刊发了充满溢美之词的文章《制造波音飞机更聪明的办法》,可见波音当时的举动被业内纷纷看好。

2.猝不及防的意外

然而,波音在赋予核心供应商空前责任的同时,也在进行一次充满风险的尝试,而且问题的出现总是猝不及防的。

2007年,波音宣布第一架787飞机由于总装时出现了"意想不到的问题",被迫将整个项目进度推迟了6个月。

据悉,当标号为ZA001的波音787首架试飞飞机的第一个机身装配件从运输机上卸下时,大家就惊异地发现:机身的外壳并没有完全连接上,内部结构也没有按要求全部装好,一些辅助支撑结构件和部分结构是用一些临时的紧固件"凑合"连上的。

怎么会发生这样的"低级失误"呢？早在当年的五六月份，波音就已感觉到有些供应商的进度将远远落在预定进度之后。而由于没有足够的紧固件用于二次结构的装配，精灵航空系统公司（波音的供应商之一）不得不将整个部件先"拼凑"成一个框架，波音再把这个部件运到埃弗雷顿工厂，在那里完成一些二次结构的装配工作。在这一"意外"发生后，波音第一次开始意识到：它的供应链或许出了问题。

3."组装件"模式失控

"下订单模式"虽然看似传统，波音却可以把最大的权力和最小的风险把握在自己手中；而"全球并行生产"的"组装件"模式，却给波音的供应商们提出了极大的挑战。

波音的初衷并没有错。在787项目上，波音改变了供应链结构。首先，波音赋予了一级供应商前所未有的设计、开发、生产权限以及项目责任，让波音与它们形成了一个相互关联交错的网络；此外，这些一级供应商用同样的方式，与它的次级供应商建立了关系。比如，负责波音787发动机研发的罗罗公司和GE公司，同样把发动机挂架、短舱以及反推装置外包给了其他供应商。

而波音最大的革新，还在于交付流程的改变。以往，供应商生产的部件和系统完成后，只需直接交到波音公司的总装工厂；但是在波音787项目中，一些供应商不仅要完成所承担的部件和系统的生产，还要完成相关部件的综合和系统的集成，然后再把一个组装件交给波音公司。而正是这个"组装件"的要求，给波音的供应商们提出了极大的挑战。

"以前，波音飞机更多采取的是业务转包模式，我更喜欢称之为'下订单模式'。"来自中航集团沈飞公司的一位高管告诉记者，波音通常委托中国的航空制造企业进行零部件的制造和加工，最后统一交给波音总装。沈飞就是787垂直尾翼前缘的全球唯一供应商。这种模式虽然看似传统，但可以把最大的权力和最小的风险把握在波音自己手中。

然而在787项目中，这一传统的模式被颠覆了。例如，精灵航空系统公司不仅负责机头41段和前机身的制造，同时它还负责安装驾驶舱、前起落架、通用计算机系统以及布线、液压和控制器等其他功能部件，并使之与中机身段相连接。

波音公司试图通过"全球并行生产"的协同方式，为787项目开拓一片崭新的天地，但这一"大胆变革"的结果或许让波音感到失望：因为在首次交付延误之后，波音又先后宣布了4次787延迟交付的消息。

4.尚在观望中的整改措施

按照全球最新的采购理论，采购管理不仅仅要关注采购执行过程，也要关注采购资源的管理，即潜在供应商库的管理，以及供应商准入的管理，这样就对供应商管理提出了更高的要求。

当787飞机宣布首次延误后，波音公司曾经仔细总结教训，并把它归结为三点：一是波音787飞机采用了很多新技术，所以从设计到实际生产过程很艰难；二是把进度安排得太紧；三是新机研发的同时，没有及时开发新的工具和工艺。

然而，"这显然不是它最核心的问题。"一位长期观察波音与空客的专业人士表示，波音公司自己肯定也意识到了这一点。2007年底，帕特里克沙纳罕接替了迈克拜尔，成为波音民用飞机集团副总裁兼飞机项目总经理，他所做的工作就是直指供应链问题的核心。

"我采取的第一个举措是撤销集飞机开发与生产功能于一体的部门，将项目团队分为3个不同的部门。第一个部门是开发部，不仅要负责设计，还要负责与认证和交付有关的工作；第二个部门是供应商管理部，直接向我汇报，使我能够直接接触到合作伙伴网络；第三个部门是总装和运营部，负责监督制造工作和质量。"帕特里克沙纳罕曾对媒体介绍他的整改措施。

"按照全球最新的采购理论，采购管理不仅仅要关注采购执行过程，也要关注采购资源的管理，即潜在供应商库的管理，以及供应商准入的管理，这样就对供应商管理提出了更高的要求。"AMT咨询供应链高级顾问赵杨向《中国经营报》记者表示，不仅仅是波音成立了单独的供应商管理部，在过去5年，92%的世界500强公司都设立了独立的部门。

之后，波音公司开始着手解决存在已久的问题。2008年，波音宣布收购787飞机机身部分的生产商——Vought工业公司所持有的意美合资机身制造商Global Aeronautica（全球航空）50%的股份。这一并购事件被看作是波音对其麻烦不断的787梦想飞机计划进行整改的举措之一。

不过，波音公司随后在一项声明中承认，介入全球航空并不是解决787供应链问题的万能药，波音公司将继续监督全球航空以及其他主要的787供应商。

5.全球供应链的管理难度

波音787飞机从产品研发，测试，再到生产组装，是一项极其复杂的系统工程，特别是自正式批量投产开始，精益生产实质上就在考量供应链管理的科学性、高效性、及时性。

不能说波音公司做得不够好，只是当787计划广泛涉及全球供应链时，管理40多家零部件供应商和组装流程已经超越了传统制造的概念，因此可以从以下两点来解剖波音787不断被延期的缘由。

首先，对于诸如这种包含海量零部件的飞机产品，最重要的一点，就是理清适合外包的流程和企业功能。如果将产品的制造风险转移给上游供应商，从外包零件到外包组装件，增加供应商之间的系统对接，同时面临追赶进度，那么肯定会不可避免地出现零部件供应与衔接上的矛盾。

所以，波音成立独立的供应商管理部门，不惜通过向供应商渗透整合、收购供应商加大纵向一体化发展，以换得直接管理供应商的能力，其实这样又回到了重新亲自打理研发、生产等一些重要流程的阶段。

其次，全球供应链战略增加了管理难度。波音不仅需要对那些一级供应商管理，还有更多的分包供应商需要操心，如果这些小型的分包供应商在技术上出现问题，多米诺骨牌效应一样会出现在终端的组装模块上。4月27日的临时调整就是这个原因。

　　对于像波音公司这种类型的巨型制造商，将更为复杂的组装模块外包给供应商，无非是想增强与供应商的长期战略合作地位。但是，在效率提高的同时，伴随着的是供应链复杂程度的增加，所需要的科学管理方法并不是一朝一夕可以形成的。希望波音787不要再拖延它的梦想飞行了。

案例讨论

　　1.波音787供应链外包策略是如何实施的？外包带来的收益是什么？可能的风险是什么？

　　2.波音787供应链该如何选择外包策略？如何规避风险？

第四章

供应链库存管理

引导案例

Spices无限公司库存控制案例

Spices是一家已有110年历史的、中等规模的调味品、提取物、蛋糕材料、沙司材料以及色拉调料生产商，其产品销售渠道有超级市场、杂货店、食品外卖店等。公司在印第安纳波利斯有一个工厂，专事制造，产品经过印第安纳波利斯和丹佛的两个库房中转销往10个州。公司雇员200人，其中30名销售代表负责所有的销售和服务事务。

1.改善库存控制的背景

Spices之所以要对库存控制进行改善，是基于以下因素的考虑。

（1）采购费用的增长是其进行改善库存的直接原因。在某年的十个月中，Spices耐用品的采购费用已经增长了200000美元。无论在采购人员的观念里，还是出于公司保持库存最小的目标，这个数字都太大了，必须对其采购费用进行削减。

（2）销售与营销部门的提前期与供应商的提前期之间的矛盾是其进行库存控制改善的内在因素。在Spices公司中，销售与营销部门给采购部门下新耐用品订单时，提前期通常是2周，这当然不符合供应商所需的4～8周的提前期。于是，供应商往往会被要求加紧供货，而采购、销售和营销部门之间也会增加冲突。尽管采购人员每周都检查耐用品的库存水平，但分销仓库不予通知的缺货现象仍然经常发生。

（3）陈列库存量太多与有效库存不足的矛盾是其进行改善库存控制的重要原因。Spices的采购人员还发现，无论何时，持有库存差不多都价值

200000美元，而理想的库存价值应该比较接近80000美元。同时，即使库存水平很高，采购人员也会因为经常性的缺货而受到销售代表的质问。已是4月底了，Spices的采购经理面临着备用陈列品库存总量增加25%的问题。尽管如此，销售代表还一直在抱怨经常出现缺货现象。在与物料经理计划的6月会议之前，采购经理必须找到一条改善库存控制的办法。

2.可以进行库存控制改善的几个方面

（1）在营销和销售方面进行控制

① 营销部门负责产品开发、包装，以及各种备用陈列品的设计。陈列品属于耐用品，免费提供给零售商，用于Spices产品的商品展示。过去五年中，需要供应陈列品的零售商数目大幅度上升，对陈列品库存的需求也相应上升。

② 陈列品订单通过采购部门发放。尽管营销与销售部门不对未来需求进行预测，但当销售代表签了新客户时，肯定会生成一张新报表并送到他们那里。报表中有关于该零售商所需陈列品数量的信息。在新报表生成前，如果现有库存不够的话，采购部门必须挖空心思地在1天～2周之内找到陈列品。

③ 销售代表对自己所属区域内的销售与服务负责。服务包括为零售商提供和更换陈列品。一般情况下，如果陈列品不能用或不再需要了，零售商只会将它一扔了事，而不会将可用部分还回来。销售代表从最近的库房领取陈列品时，只需要填写一张采购订单，再换取一张设备订单就行了。这个过程对所有的批量规模都一样。如果无法完成订单，销售代表或地区销售经理就会与采购部门联系，通知他们库存不够了。

（2）在分销方面的控制。尽管分销仓库只有两个，但明尼阿波利斯地区销售经理的车库里还有价值50000美元的库存。在印第安纳波利斯和丹佛，销售代表的采购订单是唯一的库存记录。没有人计算库存的日损耗数。商品从印第安纳波利斯运到丹佛需要10天，运到明尼阿波利斯需要3天。分销仓库和采购部门之间的信息沟通不是很顺畅，因此，采购部门总是不知道库房里究竟还有多少陈列品库存。另外，销售代表们一般也在自己的地下室或车库里维持一定数量的库存，当然，没有任何记录。

（3）进行采购上的控制。采购部门负责所有的原材料、产品包装物、易耗品、耐用品采购与库存控制。耐用品采购在6月份结束的上一财年中价值500000美元。由其中一个员工负责采购的价值总额就高达2000万美元。

（4）进行库房检查。所有的库存都需要经过每年两次检查，通过实地计数的方式。同时，工作人员始终在周五那天去印第安纳波利斯的库房，检查耐用品的库存情况。然后，他为各种细项计算相应的再订货点。再订货点记录在卡片上，同时记录的还有产品与供应商信息。如果某细项达到了再订货点，订单就会发放出去。十个月前，订单每月发放一次。

（5）确定耐用品的库存。耐用品库存包括75种不同型号的陈列品，有木制的、金属的，还有塑料的。产品与陈列品的迅速变化意味着库存中既有最近设计的新样子，也有出于替换目的的老样子。有限的供应商们的提前期一般是金属产品8周，木制或塑料产品4周。

3.改善库存控制的具体实施

基于对以上几个方面的认识，面对严峻的形势，采购经理采取了以下措施。

（1）提高耐用品库存的再订货点水平。提高耐用品库存的再订货点水平虽然增加了总库存，但也同时消除了缺货。

（2）尽量了解销售代表向分销部门发出的陈列品订单信息。由于度量单位不标准，订单数目往往被表示成箱、个或其他单位，极易引起混淆。因此，必须首先更正错误的数字表示，然后便着重地尽量了解销售代表向分销部门发出的陈列品的订单信息。

（3）最后，采购经理决定视丹佛和明尼阿波利斯的仓库为"外部顾客"，只对印第安纳波利斯的库存水平进行集中管理。这意味着采购经理无法得知可获得的库存总量究竟是多少，以及存货的具体位置究竟在哪里等。所有的这些实施还只是初步的改善，因为仅在耐用品库存等较少的方面进行了控制，还有例如处理销售代表抱怨的缺货等问题，还有待进行进一步的解决。以便真正地做到对库存控制的改善。

分析与思考

1.怎样针对不同的物品确定其库存控制计划？
2.如何解决库存总量过多而西部缺货的矛盾？
3.怎样对库存各关键控制点进行分析及运作？

第一节 库存管理的基本原理和方法

一、库存的基本概念

（一）库存的定义和分类

库存是指用于将来目的而暂时处于闲置状态的资源。通常为了保证正常的经营活动，企业往往需要储备一定量的货物，这就是库存。广义的库存还包括处于生产加工状态和运输状态的物品。各行业在运营中都普遍存在着各种库存，比如在医院中必须保持一定的血库储存量；超市必须有适当数量的库存货物来满足顾客的需要；工厂中物料或备件缺货，就会影响生产的正常运行，造成停工损失。库存管理是对货物在物流过程中数量、时间、结构、地区分布等进行计划，协调和控制的物流作业活动。

在库存理论中，人们一般根据物品需求的重复程度分为单周期库存和多周期库存。单周期需求也叫一次性订货，这种需求的特征是偶发性和物品生命周期短，因而很少重复订货，如报纸或者特定节假日商品。没有人会订过期的报纸来看，人们也不会在农历八月十六预订中秋月饼，这些都是单周期需求。多周期需求是在长时间内需求反复发生，库存需要不断补充，在实际生活中，这种需求现象较为多见。

多周期需求又分为独立需求库存与相关需求库存两种属性。所谓独立需求是指需求变化独立于人们的主观控制能力之外，因而其数量与出现的概率是随机的、不确定的、模糊的。相关需求的需求数量和需求时间与其他变量存在一定的相互关系，可以通过一定的结构关系推算得出。对于一个相对独立的企业而言，其产品是独立的需求变量，因为其需求的数量与需求时间对于作为系统控制主体——企业管理者而言，一般是无法预先精确确定的，只能通过一定的预测方法得出。而生产过程中的在制品以及需要的原材料，则可以通过产品的结构关系和一定的生产比例关系准确确定。

独立需求的库存控制与相关需求的库存控制原理是不相同的。独立需求对一定的库存控制系统来说，是一种外生变量（Exogenous Variable），相关需求则是控制系统的内生变量（Endogenous Variable）。不管是独立需求库存控制还是相关需求库存控制，都要回答这些问题：① 如何优化库存成本；② 怎样平衡生产与销售计划，来满足一定的交货要求；③ 怎样避免浪费，避免不必要的库存；④ 怎样避免需求损失和利润损失。归根到底，库存控制要解决三个主要问题：确定库存检查周期；确定订货量；确定订货点（或者说确定订货时间）。

（二）库存的作用

1. 供需之间平衡

企业往往会面临需求和生产能力不平衡的情况，这个时候可以利用库存来应对需求变化。例如对于季节性需求，可以在淡季时建立一定量的库存，以供旺季时使用，这就能通过预设库存来达到生产能力和需求平衡的目的。例如冰箱、空调这类家用电器产品具有很明显的季节变动趋势，保持一定量的成品库存可以巩固和提高企业的市场占有率。

2. 规模经济

企业通过采购、运输、生产加工完成客户的订单，企业想要产生规模效益就需要设立一定的库存，适当的库存可以保证企业正常的一定规模的生产及运营。规模经济可以降低企业各种成本。企业大批量的采购，与相关合作方洽谈长期合同，这对规模经济产生了促进作用。

3. 地域专业化

企业在建立库存时，为了考虑到货物在物流系统中的各项费用，尽力合理选择有利地址，减少原材料至仓库、产成品从仓库至客户的运输费用，这样不仅节约费用，还可以大大节省时间。大型商业企业一般都在零售商店比较集中的地方建立仓库，向距离较近的零售商店配送商品。

4.预防不确定性的措施

市场需求瞬息万变，为了保证有效生产和满足客户需求，订货制度不得不适时改变，以防由于缺货造成巨大损失。商业企业相对于制造业而言，需求更加具有不确定性，为满足顾客的需求，为提高服务水平，保有一定的库存是非常必要的。

5.优化供应链管理

从传统的观念来看库存管理仅仅是企业的个别行为，库存成本也由企业本身承担。站在供应链角度，变企业行为为供应链整体行为，库存管理随之成为系统的库存管理，在共同分享信息的前提下，共同协调库存，使得库存数量总体处于较低水平，大大降低库存水平。

（三）库存的弊端

1.占用企业运营资金

库存中存放的物品越多，能满足客户需求的可能性就越大，但同时也意味着，占用的资金也越多。资金被库存占用就不能再用于投资其他项目。同样的道理，用于存储物品的空间占用了地租。通常情况下，库存资金可能占到企业流动资金的40%～60%，这其实就给库存带来最大的弊端。假设企业能够实现零库存，则可节省大量的资金占用。

2.增加企业管理成本

库存成本是指企业为持有库存所花费的成本。库存成本包括占用资金的利息、存储保管费用、保险费、库存物品价值损失费用等。如果企业花大量人力物力财务在库存管理上，影响企业的效率，也使企业库存持有成本上升。库存面临着过时或废弃的防线，尤其对产品生命周期较短的供应链来说，风险更大。

3.掩盖企业诸多问题

库存掩盖经常性的产品或零件的质量问题。在产品废品率和返修率比例很高的情况下，企业通常的做法是加大生产批量和在制品、产成品库存来掩盖工人技能问题、生产效率低下问题等；掩盖供应商的产品质量、交货不及时的问题；掩盖企业计划安排不合理的问题。

综上所述，库存仅仅是一种镇痛剂，只能消除一定的症状而已，并不能从根本上解决企业面临的根本的问题。

二、基本库存控制方法

下面针对独立需求库存控制问题的特点，简要介绍各种基本库存控制方法。

（一）库存补给策略

由于独立需求库存控制采用的是订货点控制策略，因此我们首先介绍一下几种常见的库存补给策略。

订货点法库存管理的策略很多，最基本的策略有四种：连续性检查的固定订货量、固定订货点策略，即（Q，R）策略；连续性检查的固定订货点、最大库存策略，即（R，S）策略；周期性检查策略，即（t，S）策略；综合库存策略，即（t，R，S）策略。

在这四种基本的库存策略基础上，又延伸出很多种库存策略，我们重点介绍四种基本的库存策略。

（1）（Q，R）策略。该策略的基本思想是：对库存进行连续性检查，当库存降低到订货点水平R时，即发出一个订货，每次的订货量保持不变，都为固定值Q。该策略适用于需求量大、缺货费用较高、需求波动性很大的情形。图4-1为（Q，R）策略的示意图。

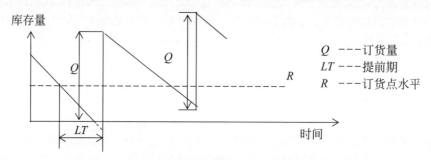

图 4-1　连续性检查（Q，R）策略

（2）（R，S）策略。该策略和（Q，R）策略一样，都是连续性检查类型的策略，也就是要随时检查库存状态，当发现库存降低到订货点水平R时，开始订货，订货后使最大库存保持不变，即为常量S；若发出订单时库存量为I，则其订货量即为（$S-I$）。该策略和（Q，R）策略的不同之处在于其订货量是按实际库存而定，因而订货量是可变的。

（3）（t，S）策略。该策略是每隔一定时期检查一次库存，并发出一次订货，把现有库存补充到最大库存水平S，如果检查时库存量为I，则订货量为（$S-I$）。如图4-2所示，经过固定的检查期t，发出订货，这时，库存量为I_1，订货量为（$S-I_1$）。经过一定的时间（LT），库存补充（$S-I_1$），库存到达A点。再经过一个固定的检查时期t，又发出一次订货，订货量为（$S-I_2$），经过一定的时间（LT为订货提前期，可以为随机变量），库存

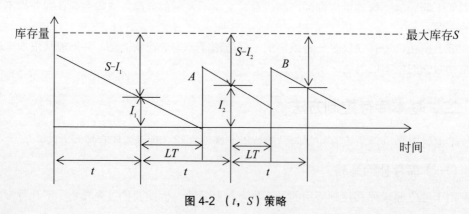

图 4-2　（t，S）策略

又达到新的高度B。如此周期性检查库存，不断补给。该策略不设订货点，只设固定检查周期和最大库存量。该策略适用于一些不很重要的或使用量不大的物资。

（4）(t, R, S) 策略。该策略是策略（t, S）和策略（R, S）的综合。这种补给策略有一个固定的检查周期t、最大库存量S、固定订货点水平R。当经过一定的检查周期t后，若库存低于订货点，则发出订货；否则，不订货。订货量的大小等于最大库存量减去检查时的库存量。如图4-3所示，当经过固定的检查时期到达A点时，此时库存已降低到订货点水平线R之下，因而应发出一次订货，订货量等于最大库存量S与当时的库存量I_1的差（$S-I_1$）。经过一定的订货提前期后在B点订货到达，库存补充到C点，在第二个检查期到来时，此时库存位置在D，比订货点水平位置线高，无须订货。第三个检查期到来时，库存点在E，等于订货点，又发出一次订货，订货量为（$S-I_3$），如此循环地进行下去，实现周期性库存补给。

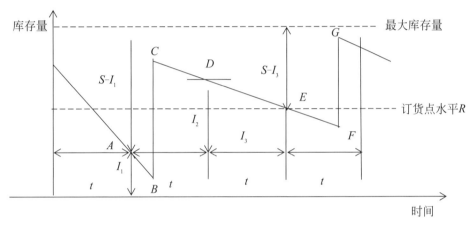

图4-3 (t, R, S) 策略

（二）常见库存控制模型

常见的独立需求库存控制模型根据其主要的参数，如需求量与提前期是否为确定，分为确定型库存模型和随机型库存模型。

1.确定型库存模型

（1）周期性检查模型（Periodic Review Model）。此类模型有六种，分不允许缺货、允许缺货、实行补货三种情况，每种情况又分瞬时到货、延时到货两种情形。

最常用的模型是不允许缺货、瞬时到货型。

其最佳订货周期为：

$$T^* = \sqrt{\frac{2C_R}{HD}}$$

式中，C_R是每次订货的费用，单位为元；H是单位产品库存维持费，单位为元/件·年；D是需求率（年需求量），单位为件/年。

最大库存量S：

$$S=T^*D$$

（2）连续性检查模型（Continuous Review Model）。连续性检查模型需要确定订货点和订货量两个参数，也就是解决（Q，R）策略的两个参数的设定问题。

连续性库存检查模型分六种：不允许缺货、瞬时到货型；不允许缺货、非瞬时到货型；允许缺货、瞬时到货型；允许缺货、非瞬时到货型；补货、瞬时到货型；补货、非瞬时到货型。

最常见的连续性检查模型是不允许缺货、瞬时到货型。最经典的经济订货批量模型（EOQ）模型就是这种。

最佳订货批量：

$$Q^* = \sqrt{\frac{2DC_R}{H}}$$

订货点：

$$R=LT \times D$$

式中，C_R是每次订货的费用，单位为元；H是单位库存维持费，单位为元/件·年；D是需求率（年需求量），单位为件/年；LT是订货提前期。

2.随机型库存模型

随机型库存模型要解决的问题是：确定经济订货批量或经济订货期；确定安全库存量；确定订货点和订货后最大库存量。

随机型库存模型也分连续性检查和周期性检查两种情形。当需求量、提前期同为随机变量时，库存模型较为复杂。

以上所提到的库存分析与控制已有比较成熟的理论和方法，有兴趣的读者可参考有关资料和研究文献，限于篇幅，此处就不做进一步介绍了。

第二节　供应链管理下的库存问题

一、传统企业库存管理模式存在的问题

传统库存管理的重点是对单一库存成本进行优化，它主要是通过权衡订货成本与存储成本来确定订货量、订货点及安全库存。如果单从库存角度来考虑，该方法有其一定的适用性，但在当今复杂的市场环境下这种单一的库存管理方法显然难以满足要求。

目前供应链管理环境下的库存控制存在的主要问题有三大类：信息类问题、供应链的运作问题和供应链的战略与规划问题。这些问题可以综合成以下几方面的内容。

（一）缺乏供应链整体系统观念

供应链的整体绩效不仅取决于供应链上各节点企业各自的绩效，而且取决于各个节点企业之间的合作。任何一个系统的高效运转都离不开每一个组成部分作用的发挥。在供应链上，每个节点企业既相互独立又紧密相关，出于不同的目的，各节点企业都有自己的工作目标，如果缺乏系统观念、整体意识、共赢思想，必然造成供应链系统运转不畅，也一定会影响整个供应链上各个企业的效益。如欧洲一家计算机制造商，某种零件的组装作业采用的是每笔订货费作为它的绩效评价指标，企业把大量的精力集中在如何降低订货成本上，忽略了这样做对整体供应链上的其他制造商和分销商造成的影响，结果导致了该企业一直维持过高的库存来保证大批量的订货生产，使库存水平近于饱和状态。

（二）对用户服务的理解与定义不恰当

供应链管理的绩效好坏应该由用户来评价，或者以对用户的反应能力来评价。但是，对用户的服务的理解与定义各不相同，导致对用户服务水平的差异。许多企业采用订货满足率来评估用户服务水平，这是一种比较好的用户服务考核指标。但是用户满足率本身并不保证运作问题，比如一家计算机工作站的制造商要满足一份包含多产品的订单要求，产品来自各供应商，用户要求一次性交货，制造商要等各个供应商的产品都到齐后才一次性装运给用户，这时，用总的订货满足率来评价制造商的用户服务水平是恰当的。但这种评价指标并不能帮助制造商发现哪家供应商交货迟了还是早了。

（三）不准确的交货状态数据

当顾客下订单时，他们总是想知道什么时候能交货。在等待交货过程中，也可能会对订单交货状态进行修改，特别是当交货被延迟以后。我们并不否定一次性交货的重要性，但我们必须看到，许多企业并没有及时而准确地把推迟的交货订单的修改数据提供给用户，其结果当然是导致用户的不满。如一家计算机公司花了一周的时间安排用户交货计划，实施的结果是30%的订单是在承诺交货日期之后交货的，40%的实际交货日期比承诺交货日期偏差10天之久，而且交货日期修改过几次。交货状态数据不及时、不准确的主要原因是信息传递系统的问题，这就是下面要谈的另外一个问题。

（四）低效率的信息传递系统

供应链上的各节点企业间的需求预测、生产计划、库存状态都是重要的库存管理数据，然而它们处于各个节点组织中，如果要快速并有效地响应客户需求，就要求需求信息必须能及时准确地在供应链间进行传递。而目前的供应链信息传输效率低下，常得到一些扭曲或过时的信息，影响生产计划的同时也无法满足用户需求，所以必须对其进行相应改进，运用信息系统集成的方法，及时、快速地共享供应链中的库存数据。

由于延迟引起误差和影响库存量的精确度，短期生产计划的实施也会遇到困难。例如，企业为了制订一个生产计划，需要获得关于需求预测、当前库存状态、订货的运输能力、生产能力等信息，这些信息需要从供应链的不同节点企业数据库获得，数据调用的工作量很大。数据整理完后制订主生产计划，然后运用相关管理软件制定物料需求计划，这样一个过程一般需要很长时间。时间越长，预测误差越大，制造商对最新订货信息的有效反应能力也就越小，生产出过时的产品和造成过高的库存也就不足为奇了。

（五）库存控制策略简单化

之所以进行库存控制，是要维持供应链运作的连续性及控制需求不确定性的影响。了解和跟踪引起不确定性状态的因素是第一步，第二步是利用跟踪到的信息去制定相应的库存控制策略。这是一个动态的过程，因为不确定性也在不断地变化。有些供应商在交货与质量方面可靠性好，而有些则相对差些；一些物品的需求可预测性大，而另外一些物品的可预测性小一些，库存控制策略应能反映这些情况。

库存控制策略的制定应该针对具体产品来进行，然而很多企业并无此意，其控制策略十分单一，所有产品均使用同种策略，丝毫未考虑到产品的不同种类所携带的需求和供应中需求的不确定性与异同处。加之传统的库存控制通常是面向单个企业，需求与供应信息的来源渠道也只是局限于企业自身，完全没有运用供应链管理的集成与整体思维。

（六）缺乏合作与协调性

供应链应被看作一个整体，要保证其运行的效率，需对链上各个企业的活动进行协调，使有用的信息能顺利且及时地在供应链上传递，以使产出能满足客户的需求，更有效应对市场的复杂性与多变性。例如，当用户的订货有多种产品组成，而各产品又是不同的供应商提供时，若用户要求所有的商品都一次性交货，这时企业必须对来自不同供应商的交货期进行协调。如果供应商节点企业之间缺乏协调与合作，必然会导致交货期延迟和服务水平下降，同时库存水平也由此而增加。

供应链上各节点企业出于各自目的，会存在一定的隐私或保护性。特别是在安全库存方面，许多情况下信息并不是真实的或透明的。因此，在供应链整体运行中，各企业间的合作、协调并不完全是真心实意的，由此就会导致企业的交货期延长、库存数据不一致，甚至严重失真，客户满意度也随之下降，库存的负担也会越来越重。供应链管理最重要的是企业间的相互合作，要以长期、互利为前提。通过合作与协调，可以更好地完善供应链的结构，从而更好地稳定供需合作关系。

（七）忽视不确定性对库存的影响

市场本身就是一个动态调整的过程，供应链涉及企业众多，每个企业也都在随着市场的波动而变化。外界的变化必然会导致库存的变动，而且很多时候外界的不确定因素是企业不能掌控的，例如订货期提前以及货物运输状况、原材料的质量、生产过程的时间、运输时间、需求的变化等。为减少不确定性对供应链的影响，首先应了解不确定性的来源和影响程度。很多公司并没有认真研究和跟踪其不确定性的来源和影响，错误估计供应链中物料的流动时间，这样只会造成物品库存的增加或者不足的现象。

（八）产品设计没有考虑供应链上库存的影响

现代产品设计与先进制造技术的出现，使产品的生产效率大幅度提高，而且具有较高的成本效益，但是供应链库存的复杂性常常被忽视了，结果，由于生产等所节省下来的成本都被供应链上的分销与库存成本给抵消了。同样在引进新产品时，如果不进行供应链的战略管理与规划，也会产生如运输时间过长、库存成本高等原因而无法获得成功。

如美国一家计算机外围设备制造商，为世界各国分销商生产打印机，有一些打印机具有销售所在国特色的配件，如电源、说明书等。美国工厂按需求预测生产，但随着时间的推移，当打印机到达各地区分销中心时，需求已经发生了变化。

因为打印机是为特定国家而生产的，分销商没有办法来应付需求的变化，结果造成大量的产品积压，形成了高库存。后来，重新设计了供应链结构，主要是对打印机的装配过程进行了改变，工厂只生产打印机的通用组件，让分销中心再根据所在国家的需求特点加入相应的特色组件，这样，大量的库存就减少了，同时，供应链也具有了柔性。

这样便产生了"产品为供应链管理而设计"的思想。在供应链的重构过程中，充分考虑到生产商和分销商之间的合作，分销中心参与了产品装配设计，能够最大限度地满足不同国家消费者的个性化需求。

另一方面，在供应链的结构设计中，同样需要考虑库存的影响。要在一条供应链中增加或关闭一个工厂或分销中心，一般是先考虑固定成本与相关的物流成本，至于网络变化对运作的影响因素，如库存投资、订单的响应时间等常常是放在第二位的。但是这些因素对供应链的影响是不可低估的。

如美国一家IC芯片制造商的供应链结构是这样的：在美国加工芯片后运到新加坡检验，再运回美国生产地做最后的测试，包装后运到用户手中。供应链之所以这样设计是因为考虑了新加坡的检验技术先进、劳动力素质高和税收低等因素。但是这样做显然对库存和周转时间的考虑是欠缺的，因为从美国到新加坡的来回至少要两周，而且还有海关手续时间，这就延长了制造周期，增加了库存成本。

二、影响库存的因素分析

（一）需求变异放大现象与"牛鞭效应"

1.需求变异放大现象

"需求变异加速放大原理"是美国著名的供应链管理专家Hau L.Lee教授对需求信息扭曲在供应链中传递的一种形象描述。其基本思想是：当供应链的各节点企业只根据来自其相邻的下级企业的需求信息进行生产或供应决策时，需求信息的不真实性会沿着供应链逆流而上，产生逐级放大的现象，到达最源头的供应商时，其获得的需求信息和实际消费市场中的顾客需求信息发生了很大的偏差，需求变异系数比分销商和零售商的需求变异系数大得多。

由于这种需求放大效应的影响，上游供应商往往维持比下游供应商更高的库存水平。这种现象反映出供应链上需求的不同步现象，它说明供应链库存管理中的一个普遍现象："看到的是非实际的"。图4-4显示了"需求放大效应"的原理和需求变异加速放大过程。

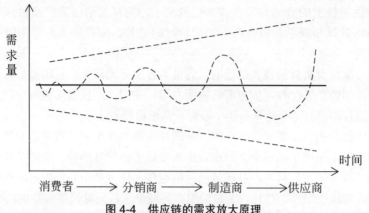

图 4-4　供应链的需求放大原理

需求放大效应最先由宝洁公司发现。宝洁公司在一次考察该公司最畅销的产品一次性尿布的订货规律时，发现零售商销售的波动并不大，但他们考察分销中心向宝洁公司的订货时，吃惊地发现波动性明显增大了，有趣的是，他们进一步考察宝洁公司向其供应商，如3M公司的订货时，他们发现其订货的变化增大。除了宝洁公司，其他公司如惠普公司在考察其打印机的销售状况时也曾发现这一现象。

需求放大效应是需求信息扭曲的结果，图4-5显示了实际的销售量与订货量不同。在供应链中，每一个供应链的节点企业的信息都有一个信息的扭曲，这样逐级而上，即产生信息扭曲的放大。

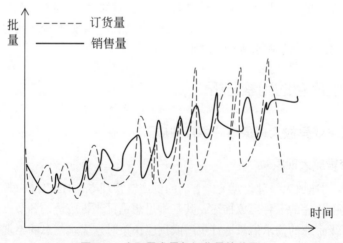

图 4-5　实际需求量与订货量的差异

2. "牛鞭效应"产生的原因

表面上看，"牛鞭效应"表现为需求的不确定性，实质上，这种不确定性却是由于需求变化的信息在供应链中传递时出现失真，进而扭曲放大的结果。引起"牛鞭效应"的原因，一方面在于供应链上下游节点之间需求沟通方面存在着障碍，是在信息不充分的条件下，决策者追求优化决策的结果；另一方面是由供应链的固有属性所引起的。

具体地说，主要有如下原因。

（1）需求预测的修正。在供应链中，下游的需求信息是上游企业需求预测的根据，上游企业根据下游传递的需求信息组织计划生产，安排库存，而需求信息通常是由下游的购买记录按照时间等因素分析得到的。为了保证服务水平，上游企业会在分析后的需求信息的基础上增加一个权值再向其所在供应链的上游订购产品，也就是在下游需求预测之和上再增加一定的订货量。这种需求信号的处理是"牛鞭"效应产生的重要原因。

（2）提前期。提前期又称为订货间隔期，是指供应链中下游顾客需要产品时，上游企业需提前准备产品的时间，即零售商从订货到交货所需要的时间，提前期包括准备时间、加工时间、排除时间、运输时间等。提前期会增加库存水平，较长的提前期内，如果市场需求发生变化，上游企业就要重新进行预测，并调整安全库存、订货点和订货量，增加了整个供应链系统的不确定性，产生了牛鞭效应。根据提前期的不同，分为备货式生产、组装式生产、配置式生产、订单式生产、工程式生产等，几种提前期策略比较见表4-1。

表 4-1　不同策略提前期下生产方式

生产方式	产品设计	工艺准备	采购	制造	装配	发运	提前期
备货式生产			按预测为库存组织采购和制造			按订单	最短
组装式生产			按预测组织零部件采购和制造			按订单	较短
配置式生产			按预测组织零部件采购和制造			按订单	短
订单式生产		按订单	按订单	按订单	按订单	按订单	较长
工程式生产	按订单	按订单	按订单	按订单	按订单	按订单	最长

（3）订货批量决策。为了达到生产和运输上的规模效应，一些企业会进行批量的订购或生产，以积压一定库存的方式来获取较低的采购成本和生产效率。下游不断变化的需求直接反映就是不断变化的订单情况。零售商使用批量订货策略进行订货后供应商会面临一个很大数量的订单，这是零售商将日常需求叠加的结果，接着是很长时间没有订单，直到下一次批量订货的订单。批量订单因为是需求的叠加，如果需求发生变动后，就会将变动叠加，导致供应商需求预测超过实际需求变化，产生牛鞭效应。

（4）价格浮动和促销优惠。处于供应链下游的一些企业尤其是零售商，往往会为了吸引消费者和扩大市场份额等搞一些促销优惠活动，而向上游企业传递较大的需求，制造商往往不知道这是促销，可能会以为是销量好以增加产能和库存来应对；一旦促销停止，需求下降而制造商已增加了产能，便积压了大量的库存。

促销过程中消费者不是根据需求进行购买，而是受到价格变动的影响。零售商实施促销手段，消费者购买量因价格降低而增加，超过实际需求；促销结束后，由于促销期间透支了实际需求，购买量大幅降低，从而导致消费者的购买与需求出现偏离。由于消费者的需求信息是供应链管理的基石，当其因促销扭曲后，牛鞭效应自然产生了。

（5）供应短缺和博弈。当需求大于供给时，由于生产能力的限制，制造商会对销售商定量供货，这时制造商掌握供应的主动权，例如销售商想订100件产品，制造商只提供80件产品，这时销售商为了实现订货100件产品，就不得不夸大其需求，向制造商提出125件的订单，从而扭曲了需求信息，这种扭曲信息直接导致制造商误以为市场需求远远大于供给就继续扩大生产，同时继续实施定量供货，最终出现供给远远大于需求，制造商大量存货，这种制造商和销售商的博弈导致了牛鞭效应。我国MP3市场和山寨手机市场都出现过这种情况。

另外，消费者和销售商的博弈也导致牛鞭效应。消费者能够同时向多个供应商发出订单，经过比较后从性价比高的供应商处订货，而取消其他重复订单，而这些重复订单经销售商传导给制造商就自然引起牛鞭效应。

这两种博弈的产生源于信息的不对称，消费者、销售商和制造商不能按照真实的信息做出决策，而是根据自身获得的信息进行推断，并将扭曲的信息传导到供应链，引起整个供应链的信息扭曲。

（6）库存责任失衡。在营销操作上，通常的做法是供应商先铺货，待销售商销售完成后再结算。这种体制导致的结果是供应商需要在销售商（批发商、零售商）结算之前按照销售商的订货量负责将货物运至销售商指定的地方，而销售商并不承担货物搬运费用；在发生货物毁损或者供给过剩时，供应商还需承担调换、退货及其他相关损失，这样，库存责任自然转移到供应商，从而使销售商处于有利地位。同时在销售商资金周转不畅时，由于有大量存货可作为资产使用，所以销售商会利用这些存货与其他供应商易货，或者不顾供应商的价格规定，低价出货，加速资金回笼，从而缓解资金周转的困境；再者，销售商掌握大数量的库存也可以作为与供应商进行博弈的筹码。因此，销售商普遍倾向于加大订货量掌握主动权，这样也必然会导致"牛鞭效应"。

（7）应付环境变异。应付环境变异所产生的不确定性也是促使订货需求放大加剧的现实原因。自然、人文、政策和社会环境的变化都会增强市场的不确定性。销售商应对这些不确定性因素影响的最主要手段之一就是保持库存，并且随着这些不确定性的增强，库存量也会随之变化。当对不确定性的预测被人为渲染，或者形成一种较普遍认识时，为了保持有应付这些不确定性的安全库存，销售商会加大订货，将不确定性风险转移给供应商，这样也会导致"牛鞭效应"

3.缓解"牛鞭效应"的措施

由系统的不确定性和企业运营管理的不当增加了供应链的复杂性，牛鞭效应的产生对供应链节点采购、生产运营、库存管理等方面的预测和管理造成很大的麻烦，导致企业高成本、低效率。因此有必要采取适当的供应链管理方法弱化牛鞭效应。

（1）订货分级管理。按照帕累托定律（二八法则），把销售商分为一般销售商、重要销售商和关键销售商来分级管理。在订单管理上，对一般销售商的订货实行满足管理，对重要销售商、关键销售商的订货实现重点管理，这样就可以通过对关键销售商和重要销售商的准确把握来减少变异概率。

（2）进行供应商管理库存与联合库存管理。供应链上下游企业可以通过供应商管理库存（VMI）与联合库存管理（JMI）的模式，来有效地解决供应链上下游之间合作、互相关注对方利益不够、沟通不到位或不能到位的问题，从而有效地消减或消除牛鞭效应。VMI要求供应商参与管理客户的库存，下游企业只需要帮助供应商制订计划，使下游企业实现零库存，供应商的库存也会大幅度减小。VMI方法虽然有诸多优点，但缺乏系统集成，对供应商依存度较高。JMI则要求双方都参与到库存的计划和管理中去，供需双方在共享库存信息的基础上，以消费者为中心，共同制订统一的生产与销售计划，将计划下达到各制造单元和销售单元执行。JMI可以看作VMI的进一步发展与深化，通过共享库存信息联合制订统一的计划，使供应商与销售商权力与责任平衡，将供应商全责转化为各销售商的部分责任，使双方成本和风险共担，利益共享，从而有效地抑制了"牛鞭效应"的产生和加剧。

（3）信息共享。信息传递的速度会影响整个供应链运营的协调性，信息分享是数据收集汇总、处理的关键，信息的传递效率决定了供应链的有效响应速度；很多的实证分析表明信息分享不仅降低牛鞭效应而且使整个供应链成本有所降低；企业间信息公共交流平台的建立是提高企业间信息效率的重要途径，也是抑制牛鞭效应的重要方法。

（4）协调企业利益目标。为了使供应链上的每个企业达到准确预测需求、减轻价格波动、增强信息共享、改善相互交流的效果，必须做到整个供应链中所有过程高度整合，将每一企业内部过程与供应链其他成员之间的过程集成起来，形成集成化的供应链联盟，实现供应链上的企业利益目标一致，从而消除"牛鞭效应"。

（二）供应链中的不确定性

1.不确定性

供应链上的不确定性表现形式有两种。

（1）衔接不确定性（Uncertainty of Interface）。企业之间（或部门之间）不确定性，可以说是供应链的衔接不确定性，这种衔接的不确定性主要表现在合作性上，为了消除不确定性，需要增加企业之间或部门之间的合作性。

（2）运作不确定性（Uncertainty of Operation）。系统运行不稳定是组织内部缺乏有效的控制机制所致，控制失效是组织管理不稳定和不确定性的根源。为了消除运行中的不确定性需要增加组织的控制，提高系统的可靠性。

供应链的不确定性的来源主要有三个方面。

（1）供应商的不确定性。表现在提前期的不确定性，订货量的不确定性等。供应不确定的原因是多方面的，供应商的生产系统发生故障延迟生产，供应商的延迟及意外的交通事故导致的运输延迟等等。

（2）生产者的不确定性。主要源于制造商本身的生产系统的可靠性、机器的故障、计划执行的偏差等。生产过程的复杂性使生产计划并不能精确地反映企业的实际生产条件和预测生产环境的改变，不可避免地造成计划与实际执行的偏差。但是生产控制必须建立在对生产信息的实时采集与处理上，使信息及时、准确、快速地转化为生产控制的有效信息。

（3）顾客的不确定性。顾客的不确定性包括需求预测的偏差，购买力的波动，从众心理和个性特征等。通常，需求预测的方法都有一定的模式或假设条件，假设需求按照一定的规律运行或表现一定的规律特征，但是任何需求预测方法都存在这样或那样的缺陷而无法确切地预测需求的波动和顾客心理性反应，在供应链中，不同节点企业相互之间的需求预测的偏差进一步加剧了供应链需求的放大效应及信息的扭曲。

2. 克服不确定性对库存的影响

（1）衔接不确定性对库存的影响。传统的供应链的衔接不确定性普遍存在，集中表现在企业之间的独立信息体系（信息孤岛）现象。为了竞争，企业总是为了各自的利益而进行资源的自我封闭（包括物质资源和信息资源），人为地增加了企业之间的信息壁垒和沟通的障碍，企业不得不为应付不测而建立库存，库存的存在实际就是信息的堵塞与封闭的结果。企业的信息交流更多的是在企业内部而非企业之间进行。信息共享程度差是传统的供应链不确定性增加的一个主要原因。

建立合作伙伴关系的新型企业合作模式，以及跨组织的信息系统为供应链的各个合作企业提供了共同的需求信息，有利于推动企业之间的信息交流与沟通。企业有了确定的需求信息，在制订生产计划时，就可以减少为了吸收需求波动而设立的库存，使生产计划更加精确、可行。对下游企业而言，合作性伙伴关系的供应链可为企业提供综合的、稳定的供应信息，无论上游企业能否按期交货，下游企业都能预先得到相关信息而采取相应的措施，这样企业无需过多设立库存。

（2）运作不确定性对库存的影响。供应链企业之间的衔接不确定性通过建立战略伙伴关系的供应链联盟或供应链协作体而得以消减。同样，这种合作关系可以消除运作不确定性对库存的影响。当企业之间的合作关系得以改善时，企业的内部生产管理也得以大大改善。因为企业之间的衔接不确定性因素减少时，企业的生产控制系统就能摆脱这种不确定性因素的影响，使生产系统的控制达到实时、准确，也只有在供应链的条件下，企业才能获得对生产系统有效控制的有利条件，消除生产过程中不必要的库存现象。

通过分析不确定性对库存的影响，得到的结论是：为了减少企业的库存水平，需要增加企业之间的信息交流与共享，减少不确定性对库存的影响，增加库存决策信息的透明性、可靠性和实时性。

第三节　供应链环境下的库存管理方法

一、供应商管理库存

随着经济全球化的飞速发展，企业与企业间的竞争逐渐转为供应链与供应链之间的竞争，为了寻求整个供应链全局的最低成本，供应链各个环节的活动都应该是同步进行的，而传统的库存控制方法无法满足这一要求。近年来，出现了一种新的库存管理模式，供应商管理库存（Vendor Managed Inventory，VMI），这种库存管理策略打破了传统的各自为政的库存管理模式，体现了供应链的集成化管理思想。

（一）VMI 管理的基本思想

VMI 是指在供应链环境下，由供应链上的上游企业（如生产商、批发商等）对其下游企业（如零售商等）的流通库存进行统一控制、统一管理的一种先进的库存管理模式，其主要特点是实现了各级供应商的一体化。在供应商管理库存模式下，供应链的上游企业是根据下游客户企业的实际需求计划来安排送货和补货，而不是像以前一样被动地按照下游企业的订单进行发货。据调查，诸多案例证明：在供应商管理库存框架内，供应商自己主动为下游企业安排了一种更合理、更经济的补货方式，其不仅极大地满足了下游企业的需求，而且也加速推动了自身的发展，使其上游企业的库存管理、订货、补货策略更为有效和合理，从而最终使供应链上下游企业的成本都能得到较大幅度的降低，并有效地实现了上下游企业的供应。简而言之，VMI的主要思想就是供应商在用户的允许与支持下设立库存，确定库存水平和补给策略，并拥有库存控制权。

该策略的关键主要体现在以下几个原则中。

第一，合作性原则。相互信任以及信息互相透明，是施行VMI的必要条件，双方都需要比较好的合作精神，这样方能维持良好的合作。

第二，互惠互利原则。实施VMI的根本目的就是从供应链的层面来控制库存的成本，参与VMI管理的双方都能够从中获益才能够保证这种合作关系发展下去，如果总是将库存成本强加给供应商的话，那么供应商将不热衷于VMI转而寻找收益更加平衡的库存管理方法。

第三，目标一致性原则。施行VMI的参与企业都需要知晓自己的权利以及义务，并且最终的目标需要统一，在框架协议中应当将这些权利义务和目标固定下来，为了一致的目标，协调各个企业之间的合作关系。

第四，持续改进原则。实施VMI，这种供应商和下游企业之间合作的过程中难度最大的一项就是如何做到双方的利益共享和消除浪费。要想解决这一难题，合作企业就必须不断优化业务流程。

（二）VMI的运作模式

在VMI系统中，那些在供应链中至关重要的企业，也就是我们通常说的核心企业，它并没有一个固定的位置，在供应链的上下游都可以。处于供应链下游的核心企业在供应链的中间环节或者末端都可以。由此可见，VMI在不同的情况下拥有不同的运作模式，可以总结为四种主要的运作模式：供应商-制造商（核心企业），供应商-零售商（核心企业），核心企业（一般为制造商）-分销商（或零售商）、第三方物流企业参与。

1.供应商－制造商VMI运作模式

供应商-制造商这种运作模式的特点如下：一是这种运作模式拥有比较大的生产规模，制造商每天需求的零配件和原材料的量没有很大的变化，也就是生产比较稳定；二是这种运作模式对每次供货的数量要求比较小，供应商只需要将一天的零配件满足就可以，有时候要求更少，只需要满足几个小时的零配件；三是这种运作模式一般都需要较高频率的供货，有时候供货频率可以达到一天两到三次。除此之外，为了生产的连续性，这种运作模式一般对于缺货现象不允许发生，严格要求服务水平接近百分之百满意。

由于这种模式中的制造商必定有几十家甚至上百家的供应商为其供应零配件或原材料。如果让每一个供应商都要在制造商的附近建立仓库的话，显然是不经济的。因此，可以在制造商的附近建立一个VMI-HUB（供应商库存管理中心），即连接集团内部供应链和外界供应商的中间桥梁，代理供应商完成管理客户库存的工作。如图4-6所示。

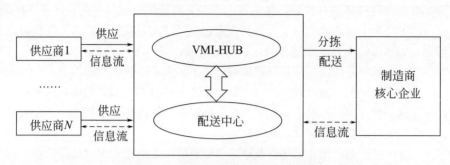

图4-6　供应商 - 制造商 VMI 运作模式

加入VMI-HUB具有两方面的效果。一方面，起到缓冲作用。由于一个客户要对应N个供应商，假如客户对供货频率要求较高，那么在可能会出现多个供应商同时将货物送达的情况，由于事先没有安排势必会出现混乱的卸货场面，严重地影响生产秩序，给企业的正常工作带来不便。有了VMI-HUB，可以以专业的配送方式避免以上现象，起到了缓冲作用。另一方面，增加了深层次的服务。

在没有VMI-HUB时，供应商彼此都是独立的，送达的货物都是彼此分开的，当有了VMI-HUB后，它会在发货之前先提供拣货的服务。VMI-HUB会按照生产企业的要求把零配件按照成品的比例配置好，然后再发送给生产商，这样就提高了生产商的生产效率。

当VMI在正常实施时，不仅仅要求供应商1与VMI-HUB之间交换库存信息，还包括生产计划、需求计划、采购计划、历史消耗、补货计划、运输计划、库存情况等信息。从图4-6可以看出，生产商1与VMI-HUB之间是完全地、实时地、自动地进行信息交换。

当需求发生突然变化时，比如由于生产商的销售突增，VMI-HUB中的库存不能及时满足生产商的需求时，这时VMI的实施结构做出了相应的改变。如图4-7所示，VMI-HUB直接把补货计划发给供应商的信息系统，这时供应商直接向生产商进行补货，从而

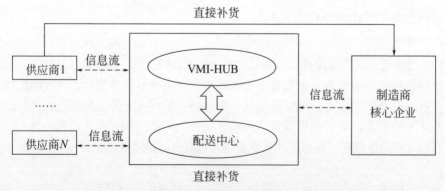

图4-7　供应商 - 制造商 VMI 运作模式：越库配送

节约了时间与成本。我们把供应商这种不经过VMI-HUB而直接向生产商进行补货的行为称为越库配送（Cross-Docking）。

2. 供应商-零售商VMI运作模式

当供应商接收到零售商通过EDI传输的有关销售等的相关信息后，根据信息预测需求，然后在物料需求计划系统里面输入预测的需求信息，接着补货订单基于现有企业和零售商仓库的库存量生产，最后对生产计划进行安排并进行生产。零售商通过仓储、分拣、包装以及运送几个环节最终得到生产出的成品。如图4-8所示。

供应商-零售商VMI运行模式与供应商-制造商VMI运行模式的区别如下：

在面对比较大的零售商时，并不一定当"接受货物"后，就产生了应付账款。通常大的零售商（如Wal-Market）要求，只有当供应商的货物真正被销售以后才向供应商付款，否则不产生"应付账款"。

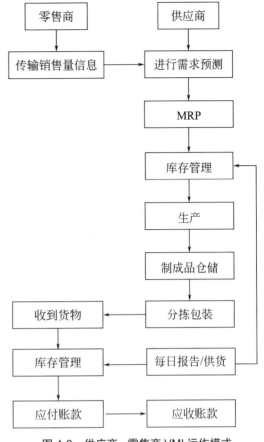

图 4-8　供应商 - 零售商 VMI 运作模式

这种模式一般不需要建造VMI-HUB这个中枢环节。因为对零售商来说，两个供应商所供应的产品是相互独立的，在同一段时间内它们不是同时需要的，不像生产商需要零部件或原材料对生成一个产品来说是必须同时获得的。

3. 核心企业-分销商VMI运作模式

核心企业-分销商模式是在VMI中由核心企业充当供应商的角色，它与前两种运作模式差不多，预测的信息也是来自收集的各个分销商的销售信息，核心企业之后根据预测的结果统一管理与配送分销商的库存。核心企业-分销商模式只有一个供应商，所以在分销商附近建立仓库的问题根本不存在。关于各个分销商的配送问题，可以根据他们之间的实际情况，由核心企业统一安排。

4. 第三方物流企业参与模式

在实际实施过程中，有时需要第三方物流服务提供商的参与。原因如下。

在供应商-生产商模式中，不论对生产商还是供应商来说，它的核心竞争力主要是体现在其生产制造上，而不是物流配送上。显然，让供应商或者生产商去管理VMI-HUB都是不经济的。

在供应商-零售商模式下，由于零售商的零售品范围比较广，供应商和零售商的地理位置相距较远，直接从供应商处向零售商补货的提前期较长，不利于进行准确的需求预测和应付突发状况。解决这一问题的折中方案就是供应商在零售商附近租用或建造仓库，由这个仓库负责直接向零售商供货。

基于上述原因，让一家专业化程度较高的企业来管理这VMI-HUB或仓库是最合适不过了，而这时最理想的对象就是"第三方物流企业"。况且供应链管理强调的是，在供应链上的各个企业应该充分发挥自己的核心竞争力，这对第三方物流企业来说正好适应这种库存运作模式的要求，充分发挥其特点与优势。当第三方物流企业加入时，VMI运作模式相应改变为如图4-9所示。

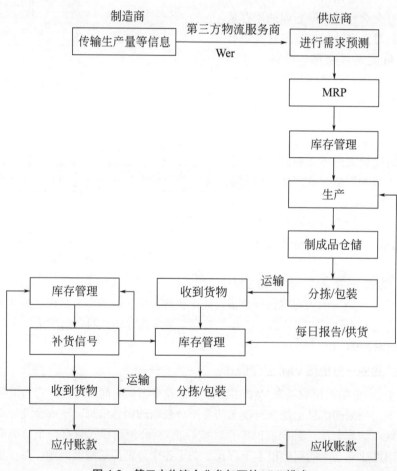

图 4-9　第三方物流企业参与下的 VMI 模式

（三）VMI的实施步骤

实施VMI要基于合作性原则、互惠互利原则、目标一致性原则和连续改进原则的基础上，具备拥有核心企业、合作企业相互信任、建立信息系统平台、共享平台以及信息分析和预测五个关键条件，并具有一定的技术支持，才能实施VMI。实施VMI的步骤如下。

1.建立顾客信息系统

供应商要有效地管理客户库存，必须能够获得真实的客户的有关信息。通过建立顾客的信息库，供应商能够掌握需求变化的有关情况，把由批发商（分销商）进行的需求预测与分析功能集成到供应商的系统中来。

2.建立销售网络管理系统

供应商要很好地管理库存，必须建立起完善的销售网络管理系统，保证自己产品的需求信息和物流畅通。为此，必须保证产品条码的可读性和唯一性；解决产品分类、编码的标准化问题；解决商品存储运输过程中的识别问题。目前，MRP Ⅱ或ERP系统都集成了销售管理功能，通过对这些功能的扩展，可以建立完善的销售网络管理系统。

3.建立供应商与分销商的合作框架协议

供应商和分销商（批发商）一起通过协商，确定订单处理的业务流程以及库存控制有关的参数，如再订货点、最低库存水平等；确定库存信息的传递方式，如EDI/Internet等。

4.组织机构的变革或业务重组

VMI策略改变了供应商的组织模式。传统上，由财务经理处理与用户有关的事情，引入VMI策略后，在订货部门产生了一个新的职能负责控制用户的库存、库存补给和服务水平。

一般来说，在以下情况下适合实施VMI策略：零售商或批发商没有IT系统或基础设施来有效管理它们的库存；制造商实力雄厚并且比零售商的市场信息量大；有较高的直接存储交货水平，因而制造商能够有效规划运输。

二、联合库存管理

传统库存控制的方法是产生"牛鞭效应"的主要原因，而VMI模式单由供应商来行使库存决策权也存在诸多局限性，二者都不能彻底消除"牛鞭效应"。为了克服VMI的局限性，并避免传统的库存控制方式在供应链管理环境下所存在的问题，便出现了联合库存管理（Jointly Managed Inventory，JMI）。

（一）JMI的基本思想

联合库存管理就是供应链上的各类企业通过对消费者需求的认识和预测的协调一致，共同进行库存的管理和控制，利益共享、风险共担。与VMI不同，JMI强调从供应链整体的角度出发，注重的是供应链上的各方同时参与，库存控制计划由各方共同制订，保持供应链各个节点之间的库存管理者对需求的预期保持一致，以实现整个供应链的同步化运作，因而削弱了因需求信息的扭曲以及供应链环节间的不确定性所引起的库存波动，提高了整体运作效率。

任何相邻节点需求的确定都是供应双方协调的结果，库存管理不再是各自为政的独立运作过程，而是供应链连接的纽带和协调中心，联合库存管理的模型如图4-10所示。从整体上来说，联合库存管理模式的优势主要体现在以下几点中。

1.信息优势

联合库存管理模式是在上下游企业之间建立战略合作伙伴关系，信息充分共享，共同对库存进行控制管理。这种模式，保证了上下游企业需求信息的实时共享，也保证了由客户需求拉动的信息能够以最快的速度传递给上游企业，减少"牛鞭效应"。

2.成本优势

联合库存管理模式在信息共享的前提下，由上下游企业共同参与库存管理，而不是单纯的各自管理各自的库存，这样就形成了一种合作关系，可以通过信息共享，最大限度地降低库存量，减少库存管理成本，提高资金利用率。

3.战略联盟优势

JMI的实施是建立在供应链各方充分信任和合作的基础上，只有分销商、制造商和供应商协同一致行动，才能有效实施JMI。通过JMI的运行，加强了企业间的联系和合作，形成了一种战略性合作伙伴关系，充分体现出战略联盟的整体竞争优势。

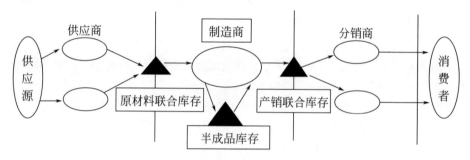

图4-10　联合库存管理的基本模型

（二）JMI的实施策略

1.建立供需协调管理机制

为了发挥联合库存管理的作用，供需双方应从合作的精神出发，建立供需协调的管理机制，明确各自的目标和责任，建立合作沟通的渠道，为供应链的联合库存管理提供有效的机制。图4-11所示为供应商与分销商协调管理机制模型。没有一个协调的管理机制，就不可能进行有效的联合库存管理。

建立供需协调管理机制，要从以下几方面着手。

（1）建立共同合作目标。要建立联合库存管理模式，首先供需双方必须本着互惠互利的原则，建立共同的合作目标。为此，要理解供需双方在市场目标中的共同之处和冲突点，通过协商形成共同的目标，如用户满意度、利润的共同增长和成本降低等。

（2）建立联合库存的协调控制方法。联合库存管理中心担负着协调供需双方利益的角色，起协调控制器的作用，因此需要对库存优化的方法进行明确的规定，这些内容包括如何在多个需求商之间调节与分配，库存的最大量和最低库存水平、安全库存的确定、需求的预测等。

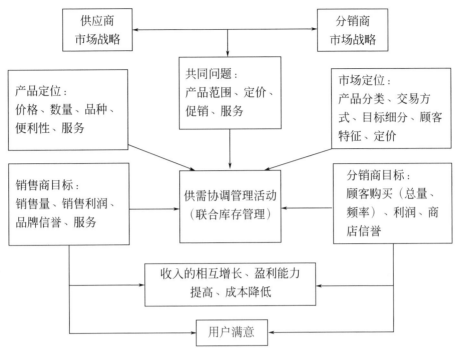

图4-11 供销联合库存实施过程

（3）建立一种信息沟通的渠道或系统。信息共享是供应链管理的特色之一，为了提高整个供应链需求信息的一致性和稳定性，减少由于多重预测导致的需求信息扭曲，应增加整个供应链各方对需求信息获得的及时性和透明性。为此应建立一种信息沟通的渠道或系统，以保证需求信息在供应链中的畅通和准确性。要将条形码技术、RFID技术、扫描技术、POS系统和EDI集成起来，并且要充分利用互联网的优势，在供需双方之间建立一个畅通的信息沟通桥梁和联系纽带。

（4）建立有效的利益分配和激励机制。要有效运行基于协调中心的库存管理，必须建立一种公平的利益分配制度，并对参与协调库存管理中心的各个企业（供应商、制造南、分销商或批发商）进行有效的激励，防止机会主义行为，增加协作性和协调性。

2.发挥两种资源计划系统的作用

为了发挥联合库存管理的作用，在供应链库存管理中应充分利用目前比较成熟的两种资源管理系统：MRP Ⅱ和DRP。原材料库存协调管理中心应采用制造资源计划系统（Manufacturing Resource Planning，MRP Ⅱ），而在产品联合库存协调管理中心则应用物资资源配送计划（Distribution Requirement Planing，DRP）。这样在供应链系统中把两种资源计划系统很好地结合起来。

3.建立快速响应系统

快速响应（QR）系统是在20世纪80年代末由美国服务行业发展起来的一种供应链管理策略，目的在于减少供应链中从原材料到用户的过程的时间和库存，最大限度地提高供应链的运作效率。

快速响应系统在美国等西方国家的供应链管理中被认为是一种有效的管理策略，经历了三个发展阶段：第一阶段为商品条形码化，通过对商品的标准化识别处理加快订单的传输速度；第二阶段是内部业务处理的自动化，采用自动补货与 EDI 数据交换系统提高业务自动化水平；第三阶段是采用更有效的企业间合作，消除供应链组织之间的障碍，提高供应链的整体效率，如通过供需双方合作，确定库存水平和销售策略等。

目前在欧美等西方国家，QR 系统应用已达到第三阶段，通过合作计划、预测与补货等策略进行有效的用户需求反应。美国的 Kurt Salmon 协会调查分析认为，实施快速响应系统后供应链效率大大提高：缺货大大减少，通过供应商与零售商的联合协作保证24小时供货；库存周转速度提高 1 ～ 2 倍；通过敏捷制造技术，企业的产品中有 20% ～ 30% 是根据用户的需求而制造的。快速响应系统需要供需双方的密切合作，因此协调库存管理中心的建立可以为快速响应系统发挥更大的作用创造了有利的条件。

4. 发挥第三方物流企业的作用

第三方物流企业（3PL）是供应链集成的一种技术手段。3PL 也叫作物流服务提供商（Logistics Service Provider，LSP），它为用户提供各种服务，如产品运输、订单选择、库存管理等。把库存管理的部分功能外包给第三方物流系统管理，可以使企业更加集中精力于自己的核心业务，第三方物流系统起到了供应商和用户之间联系的桥梁作用，使 JMI 的运作模式得以优化，如图 4-12 所示。

面向联合库存管理的第三方物流系统使供应与需求双方都取消的各自独立的库存，增加了供应链的敏捷性和运作效率，能够大大改善供应链的用户服务水平和运作效率。

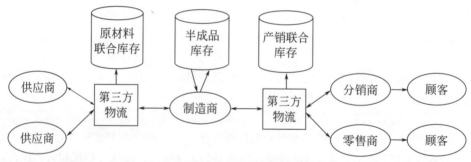

图 4-12　第三方物流参与的 JMI 模式

三、多级库存控制

前两种库存管理模式主要针对供应链的局部优化控制，而要对供应链整体库存进行全局性优化，实现多目标的优化平衡，则需要采用多级库存优化管理模式。

（一）多级库存管理的基本思想

多级库存管理的思想是在单级和二级库存管理的基础上建立的，是一种全局资源分配的思想，通过明确库存管理目标、边界、效率等问题，确定库存管理采用的策略，提高系统的整体协调性，充分体现供应链集成管理的思想。在多级供应链库存控制中，把制造商设为供应链中的核心企业，分销商把获取的零售的需求发给上游制造商，制造商再根据所获取的需求订单，合理安排生产计划，并向上游供应商发出所需的物料需求。多级库存系统根据不同的配置方式，有串行系统、并行系统、纯组装系统、树形系统、无回路系统和一般系统。

多级库存控制的方法有两种：一种是非中心化（分布式）策略，另一种是中心化（集中式）策略。非中心化策略是各个库存点独立地采取各自的库存策略。这种策略在管理上比较简单，但并不能保证产生整体的供应链优化，如果信息的共享度低，多数情况产生的是次优的结果，因此非中心化策略需要更多的信息共享。采用中心化策略，所有库存点的控制参数是同时决定的，考虑了各个库存点的相互关系，通过协调的办法获得库存的优化。但中心化策略在管理上协调的难度大，特别是供应链的层次比较多，即供应链的长度增加时，更增加了协调控制的难度。

供应链环境下的多级库存管理与控制的目标是成本最低/速度最快，而在实施多级库存管理与控制的过程中会面临一定的约束，诸如库存容量、运输条件、流量、时间与交货期、资金占用等。总体来说，供应链的多级库存控制应考虑以下几个问题。

（1）库存优化的目标问题。传统的库存优化问题无一例外地进行库存成本优化，在强调敏捷制造、基于时间的竞争的条件下，这种成本优化策略是否适宜？供应链管理的两个基本策略，都集中体现了顾客响应能力的基本要求，因此在实施供应链库存优化时要明确库存优化的目标是什么，成本还是时间？成本是库存控制中必须考虑的因素，但是，在现代市场竞争的环境下，仅优化成本这样一个参数显然是不够的，应该把时间（库存周转时间）的优化也作为库存优化的主要目标来考虑。

（2）明确库存优化的边界。供应链库存管理的边界就是供应链的范围。在库存优化中，一定要明确所优化的库存范围是什么。供应链的结构有各种各样的形式，有全局的供应链，包括供应商、制造商、分销商和零售商各个部门；有局部的供应链，其中又分为上游供应链和下游供应链。在传统的所谓多级库存优化模型中，绝大多数的库存优化模型是下游供应链，即关于制造商（产品供应商）-分销中心（批发商）-零售商的三级库存优化。很少有关于零部件供应商-制造商之间的库存优化模型，在上游供应链中，主要考虑的问题是关于供应商的选择问题。

（3）多级库存优化的效率问题。理论上讲，如果所有的相关信息都是可获得的，并把所有的管理策略都考虑到目标函数中去，中心化的多级库存优化要比基于单级库存优化的策略（非中心化策略）要好。但是，现实情况未必如此，当把组织与管理问题考虑进去时，管理控制的幅度常常是下放给各个供应链的部门独立进行，因此多级库存控制策略的好处也许会被组织与管理的考虑所抵消。所以简单的多级库存优化并不能真正产生优化的效果，需要对供应链的组织、管理进行优化，否则，多级库存优化策略效率是低下的。

（4）明确采用的库存控制策略。在单库存点的控制策略中，一般采用的是周期性检查与连续性检查策略。周期性检查库存策略主要有 (nQ, s, R)、(S, R)、(s, S, R) 等策略，连续库存控制策略主要有 (s, Q) 和 (s, S) 两种策略。这些库存控制策略对于多级库存控制仍然适用。但是，到目前为止，关于多级库存控制，都是基于无限能力的假设的单一产品的多级库存，对于有限能力的多产品的库存控制是供应链多级库存控制的难点和有待解决的问题。

（二）基于成本优化的多级库存管理

基于成本优化的多级库存控制实际上就是确定库存控制的有关参数：库存检查期、订货点、订货量。下面以整个供应链模型为例，如图4-13所示，说明基于成本优化的库存优化模式。

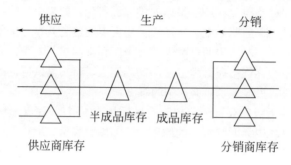

图4-13　多级供应链库存模式

在库存控制中，考虑集中式（中心化）和分布式（非中心化）两种库存控制策略情形。在分析之前，首先确定库存成本结构。

1.供应链的库存成本结构

（1）库存维持费用（Holding Cost，C_h）。包括资金成本、仓库及设备折旧费、税收、保险金等。库存持有费用与库存价值和库存量的大小有关，其沿着供应链从上游到下游进行累计。

h_i为单位周期内单位产品（零件）的库存持有费用。如果v_i表示i级库存量，那么整个供应链的库存持有费用为：

$$C_h = \sum_{i=1}^{n} h_i v_i$$

如果是上游供应链，则库存持有费用是一个汇合的过程，而在下游供应链，则是分散的过程。

（2）交易成本（Transaction Cost，C_t）。即在供应链企业之间的交易合作过程中产生的各种费用，包括谈判议价、准备订单、商品检验费用、佣金等。交易费用随交易量的增加而减少。

交易成本与供应链企业之间的合作关系有关。通过建立一种长期的互惠合作关系有利于降低交易成本，战略伙伴关系的供应链企业之间交易成本是最低的。

（3）缺货损失成本（Shortage Cost，C_s）。缺货损失成本是由于供不应求，即库存$v_i < 0$的时候，造成市场机会损失以及用户罚款等。

缺货损失成本与库存大小有关：库存量大，缺货损失成本小；反之，缺货损失成本高。为了减少缺货损失成本，维持一定量的库存是必要的，但是库存过多将增加维持库存费用。

在多级供应链中，通过提高信息的共享程度，增加供需双方的协调与沟通，有利于减少缺货带来的损失。

总的库存成本为：

$$C=C_h+C_t+C_s$$

对多级库存控制的目标就是优化总的库存成本 C，使其达到最小。

2.多级库存控制策略

多级库存的控制策略分为中心库存控制策略和非中心化库存控制策略，接下来分别加以说明。

（1）中心化库存控制。目前，关于多级库存的中心化控制策略探讨不多，采用中心化控制的优势在于能够对整个供应链系统的运行有一个较全面的掌握，能够协调各个节点企业的库存活动。

中心化控制是将控制中心放在核心企业上，由核心企业对供应链系统的库存进行控制，协调上游与下游企业的库存活动。这样核心企业也就成了供应链上的数据中心（数据仓库），担负着数据的集成、协调功能，如图4-14所示。

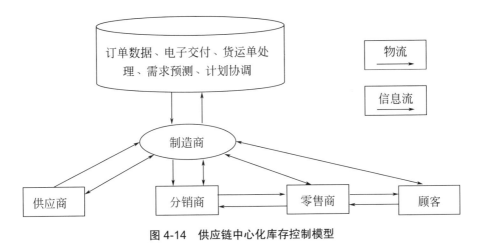

图 4-14　供应链中心化库存控制模型

中心化库存优化控制的目标是使供应链上总的库存成本最低，即

$$\min TC = \sum_{i=1}^{n}\{C_{hi} + C_{ti} + C_{si}\}$$

理论上讲，供应链的层次是可以无限的，即从用户到原材料供应商，整个供应链是 n 个层次的供应链网络模型，分一级供应商、二级供应商、…、k 级供应商，然后到核心企业（组装厂）；分销商也可以是多层次的，分一级分销商、二级分销商、三级分销商等，最后才到用户。但是，现实的供应链的层次并不是越多越好，而是越少越好，因此实际供应链的层次并不很长，采用供应—生产—分销这样的典型三层模型足以说明供应链的运作问题。图4-15为三级库存控制的供应链模型。

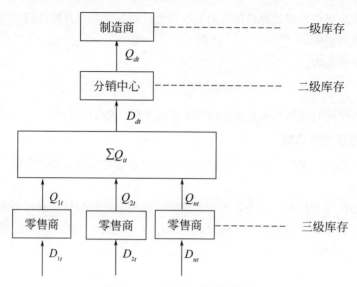

图 4-15　三级库存供应链模型

各个零售商的需求 D_{it} 是独立的，根据需求的变化做出的订货量为 Q_{it}，各个零售商总的订货汇总到分销中心，分销中心产生一个订货单给制造商，制造商根据订货单制订主生产计划，同时对上游供应商产生物料需求。整个供应链在制造商、分销商、零售商三个地方存在三个库存，这就是三级库存。

这里假设各零售商的需求为独立需求，需求率 d_i 与提前期 LT_i 为同一分布的随机变量，同时系统销售同一产品，即为单一产品供应链。对于这样一个三级库存控制系统，这是一个串行与并行相结合的混合型供应链模型，建立如下控制模型：

$$\min\{C_{mfg}+C_{cd}+C_{rd}\}$$

式中，C_{mfg} 为制造商的库存成本；C_{cd} 为分销商的库存成本；C_{rd} 为零售商的库存成本。

关于订货策略是采用连续检查还是周期性检查的问题，原则上讲两者都是适用的，但各有特点。问题在于采用传统的订货策略是有关参数的确定和供应链环境下的库存参数应有所不同，否则不能反映多级库存控制的思想。所以，不能按照传统的单点库存控制策略进行库存优化，必须寻找新的方法。

采用多级库存取代点库存能够解决供应链环境下的库存问题。因为点库存控制没有考虑多级供应链中相邻节点的库存信息，所以容易造成需求放大现象。采用级库存控制策略后，每个库存点不再是仅检查本库存点的库存依据，而是检查处于供应链整体环境下的某一级库存状态。这个级库存和点库存不同，我们重新定义供应链上节点企业的库存数据，采用"级库存"这个概念：

供应链的级库存=某一库存节点现有库存+转移到或正在转移给其后续节点的库存

这样检查库存状态时不但要检查本库存点的库存数据，而且还要检查其下游需求方的库存数据。级库存策略的库存决策是基于完全对其下游企业的库存状态掌握的基础上的，因此避免了信息扭曲现象。建立在 Internet/EDI 技术基础上的全球供应链信息系统，为企业之间的快速信息传递提供了保证，因此，实现供应链的多级库存控制是有技术保证的。

（2）非中心化库存控制策略。非中心化库存控制是把供应链的库存控制分为三个成本归结中心，即制造商成本中心、分销商成本中心和零售商成本中心，各自根据自己的库存成本优化方法做出优化控制策略，如图4-16所示。非中心化的库存控制要取得整体的供应链优化效果，需要增加供应链的信息共享程度，使供应链的各个部门都共享统一的市场信息。非中心化多级库存控制策略能够使企业根据自己的实际情况独立做出快速决策，有利于发挥企业自己的独立自主性和灵活机动性。

非中心化库存订货点的确定，可完全按照单点库存的订货策略进行，即每个库存点根据库存的变化，独立的决定库存控制策略。非中心化的多级库存优化策略，需要企业之间的协调性比较好，如果协调性差，有可能导致各自为政的局面。

（三）基于时间优化的多级库存控制

基于成本优化的多级库存优化方法是传统的做法。随着市场变化，市场竞争已从传统的、简单的成本优先的竞争模式转为时间优先的竞争模式，这就是敏捷制造的思想。因此供应链的库存优化不能简单地仅优化成本。

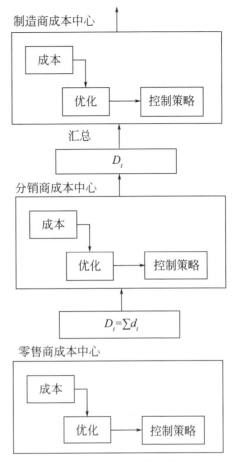

图 4-16　多级库存控制模式

在供应链环境下，库存优化还应该考虑对时间的优化，比如库存周转率的优化、供应提前期的优化、平均上市时间的优化等。库存时间过长对于产品的竞争不利，因此供应链系统应从提高用户响应速度的角度提高供应链的库存管理水平。

四、从工作流管理进行库存控制

从传统的以物流控制为目的的库存管理向以过程控制为目的的库存管理转变是库存管理思维的变革。基于过程控制的库存管理将是全面质量管理、业务流程重构、工作流技术、物流技术的集成。这种新的库存管理思想对企业的组织行为产生重要的影响，组织结构将更加面向过程。供应链是多个组织的联合，通过有效的过程管理可以减少乃至消除库存（图4-17）。

在供应链库存管理中，组织障碍是库存增加的一个重要因素，如图4-17（a）所示。由于企业间各自为政，出现许多不确定性事件，造成不必要的波动性。过去，为了缓冲这些不确定性造成的供应链中断风险，不得不设置用于缓冲的各种库存。因此，要想比较好地控制住库存，实现企业内部各部门之间及合作企业之间的合作与协调才是关键所在。在供应链管理环境下，库存控制不再是单一企业的自身运作问题，而是企业的供应链战略性协调问题。要实现供应链管理的高效运行，必须增加企业的协作，建立有效的合作机制，不断进行流程革命，从供应链整合管理的角度解决引发库存现象的原因，尽量减少不必要的库存，如图4-17（b）所示。因而，库存管理并不是简单的物流过程管理，而是企业之间的工作流管理。

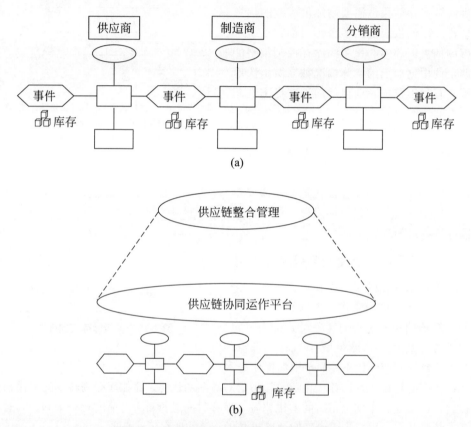

图 4-17　通过正确的过程管理消除不必要的库存

基于工作流的库存管理，能解决传统的库存控制方法无法解决的库存协调问题，特别是多级库存控制问题。多级库存管理涉及多组织协作关系，这是企业之间的战略协作问题，采用传统的订货点方法解决不了关于多组织的物流协作问题，必须通过组织的最有效的协作关系进行协调才能解决。

基于工作流的库存控制策略，把供应链的集成推到了一个新的战略新高度——企业间的协作与合作。

在强调基于时间的竞争和供应链管理的今天，企业不仅仅要按需生产，更重要的是要能够对市场的需求以最低的成本做出快速反应，采取最有效的物流运作模式和库存管理模式快速满足市场需求，实现在合适的时间将合适数量的、合适的产品交付给用户的目标。供应链中产品对最终用户的响应周期应是全过程的累积效应，也就是所谓的多阶响应周期，而不是单指哪一个环节。如果能够缩短供应链多阶响应周期，而不是仅仅缩短单个企业的响应周期，就可以提高在供应链与供应链竞争中保持时间竞争优势，可以说多阶响应周期就是供应链运作的时间瓶颈。

从库存管理的角度来说，单纯强调某一个环节库存的快速响应也是没有实际意义的，必须从整个供应链的角度出发研究面向缩短多阶响应周期的库存管理模式，建立有效的库存管理模式和决策支持模型，才有可能真正提高某种产品在最终用户市场上的竞争力。但大多数文献都是仅从单个企业的角度出发研究单个企业对市场的响应周期和相应库存管理模式，没有从供应链整体运作的角度进行考虑，这里建立基于缩短多阶响应周期的Push/Pull（推动式和拉动式）结合的库存管理体系，并对其中的内容进行了阐述分析。

 **案例**

供应商管理库存：宝洁-沃尔玛的库存管理合作

作为近年来在理论与实践上逐步成熟的管理思想，VMI备受众多国际大型企业的推崇。大型零售商沃尔玛和制造商宝洁公司的库存管理合作就是成功实施VMI的典范。

宝洁公司始创于1837年，是世界上最大的日用消费品公司之一，总部位于美国俄亥俄州辛辛那提市。通过坚持用细微但有意义的方式美化消费者每一天的生活，宝洁公司得以180年保持持续的增长。宝洁公司在全球大约70个国家和地区开展业务。宝洁公司在全球80多个国家设有工厂或分公司，所经营的65多个品牌的产品畅销180多个国家和地区，其中包括美发、健康和美容、织物和家居护理、婴儿、女性和家庭护理。宝洁大中华区总部位于广州，目前在广州、北京、上海、成都、天津、东莞等地设有多家分公司及工厂。

沃尔玛是一家美国的世界性连锁企业，以营业额计算为全球最大的公司，其控股人为沃尔顿家族。总部位于美国阿肯色州的本顿维尔。沃尔玛主要涉足零售业，是世界上雇员最多的企业，连续5年在美国《财富》杂志世界500强企业中居首位。沃尔玛公司有8500家门店，分布于全球15个国家。沃尔玛主要有沃尔玛购物广场、山姆会员店、沃尔玛商店、沃尔玛社区店等几种营业方式。

20世纪80年代，在这两家公司开始合作之前，美国制造商和零售商分享的信息很少，双方总是围绕着商品价格和货架位置争夺控制权，情形就像今日之零供关系。而随着宝洁与沃尔玛的供应链协同管理模式的确立，美国零售商和供应商的目光开始转向如何加强供应链管理以降低综合运营成本，以及提高顾客的满意度，而不再仅仅盯住渠道控制权。

宝洁，全球最大的日用品制造企业；沃尔玛，全球最大的商业零售企业。它们之间的合作并非一帆风顺。曾几何时，有着"自我扩张欲的家伙"之称的宝洁与沃尔玛经历过长时间的"冷战"。宝洁总是企图控制沃尔玛对其产品的销售价格和销售条件，而沃尔玛也不甘示弱、针锋相对，威胁要终止宝洁产品的销售，或把最差的货架留给它。

当然，双方很快认识到深度合作的好处。1987年，为了寻求更好的手段以保证沃尔玛分店里"帮宝适"婴儿纸尿裤的销售，宝洁负责客户服务的副总裁Ralph Drayer和沃尔玛的老板Sam Walton终于坐到了一起。那个时刻，被认为是协同商业流程革命的开始。

"宝洁-沃尔玛模式"的形成其实并不复杂。最开始时，宝洁开发并给沃尔玛安装了一套"持续补货系统"。具体形式是：双方企业通过EDI（电子数据交换）和卫星通信实现联网，借助于这种信息系统，宝洁公司除了能迅速知晓沃尔玛物流中心内的纸尿裤库存情况外，还能及时了解纸尿裤在沃尔玛店铺的销售量、库存量、价格等数据，这样不仅能使宝洁公司及时制订出符合市场需求的生产和研发计划，同时也能对沃尔玛的库存进行单品管理，做到连续补货，防止出现商品结构性机会成本（即滞销商品库存过多，与此同时畅销商品断货）。

而沃尔玛则从原来繁重的物流作业中解放出来，专心于经营销售活动，同时在通过EDI从宝洁公司获得信息的基础上，及时决策商品的货架和进货数量，并由VMI（供应商管理库存）系统实行自动进货。沃尔玛将物流中心或者仓库的管理权交给宝洁公司代为实施，这样不仅沃尔玛不用从事具体的物流活动，而且由于双方企业之间不用就每笔交易的条件（如配送、价格问题）等进行谈判，大大缩短了商品从订货经过进货、保管、分拣到补货销售的整个业务流程的时间。

具体作业流程是：沃尔玛的各个店铺都制定了一个安全库存水平，一旦现有库存低于这个水平，设在沃尔玛的计算机通过通信卫星自动向宝洁公司的纸尿裤工厂订货。宝洁公司在接到订货后，将订购商品配送到各店铺，并实施在库管理。与整个商品前置时间缩短相适应，两个企业之间的结算系统也采用了EFT（电子基金转换）系统，通过这种系统企业之间的财务结算就不需要传统的支票等物质形式来进行，而是通过计算机以及POS终端等电子设备来完成。事情正如Sam Walton对Ralph Drayer所说的："我们的做事方式都太复杂了。事情应该是这样的——你自动给我送货，我按月寄给你账单，中间的谈判和讨价还价都应该去掉。"

宝洁公司与沃尔玛之间的商业模式，引进了直接交易形式，使产销双方能够紧密联系在一起，同时借助以信息共享为特征的经营和物流管理系统，使产销都能对应市场变化做出及时的响应，其结果是在库水平下降、有效遏止了滞销品的产生。自从宝洁公司与沃尔玛实行产销联盟以后，沃尔玛店铺中宝洁公司的纸尿裤商品周转率提高了70%，与此相对应，宝洁公司的纸尿裤销售额也提高了50%，达到30亿美元，而且从此以后，沃尔玛就一直采用了单环节的直接交易形式为其全面控制流通成本，塑造新的竞争优势打下基础。

由于宝洁公司和沃尔玛在纸尿裤产品合作上的巨大成功，此后，双方将合作的领域逐渐扩大到其他主要产品，到1991年宝洁公司在美国市场销售额（153亿美元）中的11%是通过沃尔玛实现的，到1992年，这个数字上升到了20%（即156亿美元中的20%）。对于沃尔玛而言，因为其革新型销售体制的建立，1990年在零售额上一举超过了原来处于第一的凯马特，成为美国第一大零售商。并且，1993年3月开始，沃尔玛与所有的商品供应商都建立了EDI系统，形成了以沃尔玛为核心的产销协作网络。

在此基础上，宝洁又和沃尔玛合力启动了CPFR（协作、计划、预测与补货）流程。这是一个9个步骤的流程，它从双方共同制订的商业计划开始，到市场推广、销售预测、订单预测，再到最后对市场活动的评估总结，构成了一个可持续提高的循环。流程实施的结果是双方的经营成本和库存数量都大大降低，沃尔玛销售宝洁产品的利润增长了48%、存货接近于"零"，而宝洁在沃尔玛的销售收入和利润也大幅增长了50%以上。

综上所述，宝洁和沃尔玛的实例，让业者看到VMI的可行性与成效，改善库存回转，增强供应弹性，提升了供应链运作效率，从而实现了商业共赢。

案例讨论

1. 实施VMI给宝洁与沃尔玛带来了什么好处？
2. 为实施VMI，宝洁与沃尔玛做了哪些工作？
3. 上述案例中，供应商库存管理系统的特点有哪些？给我们什么启示？

第五章

供应链物流管理

云鸟科技如何用IT系统减少新零售的物流成本

云鸟科技作为一家同城配送的互联网科技公司，用科技去改变整个供应链交付，从而解决城配当中的痛点。借助新零售的发展，从2017年开始，我国B2B物流迎来了新的起点。

新零售的发展必然会带来零售店补货思维方式的变化。不同于铺货，补货是根据前端订单来判断库存边界，零售场所变小，补货量降低，但补货的频率会上升，物流成本也随之增加。大卖场的物流成本占其总成本的1%～1.5%，而新零售趋势下，B端的物流成本则占到了6%～7%。目前，我国零售总额在30多万亿元，总物流成本就从1万亿元奔到了1.6万亿～1.7万亿元。这是很可怕的，也必然会带来物流技术和各个方面很大的变革。

如何减少10%～15%的物流成本？零售终端的社区化和就近消费原则，对物流配送系统提出了更高要求。在品质优先的前提下，还要兼顾效率并控制成本。对于物流行业来说，是空前的机遇也是巨大的挑战。

云鸟科技平台有四组数据能有效说明这一点。第一，城市交付单的平均票数为4.8万票，城配市场整体比较分散。第二，如果城市交付单日的平均票数达到6.5万票，就意味着有80%的装载率，所以目前还有一定的提升空间。第三，司机到达仓库之后，到离仓之间要等待2.6个小时，这个过程中他会参与到仓内的分拨、清点、交接、离仓，因此2.6个小时还非常低效，存在着非常大的改善空间。第四，城市交付单票平均在途是0.8小时，约为50分钟。众所周知，很多城市的道路设计对货物运输不够友好，行驶、停靠、拥堵都会影响实际配送效率。

新零售时代的到来，对城配提出了更高的要求，城配供应链要解决仓管、运输、调度、线路规划等众多内部环节问题，也要考虑司机经验、车辆种类、配送货品种类等，归纳来讲就是要解决车辆满载、配送实效、交付完整性三大核心痛点。

或许是发现传统物流粗放的业态，无法满足新零售发展的需求，又抑或是认准行业蓝海，云鸟科技正为B2B、O2O、连锁商业、分销商、品牌商、制造商、B2C、快递快运、零担网络和供应链管理公司等客户提供区域及同城配送业务。目前，其在北上广深等18个一线城市开展业务，覆盖华北、华东、华南、华中、西南，服务各类供应链客户近1万家，配送运费收入突破700万元/日。截至目前，云鸟科技拥有超过80万运力储备。

毋庸置疑，新零售的客户对订单的时效要求普遍较高，高频次、少批量，订单波动比较大。那么，云鸟科技如何达到新零售物流的要求？

用IT去做供应链交付末端的标准化产品整合服务。

云鸟科技建立了"订单多点配"的标准，货主一站式把订单需求上传"云鸟"后，系统会保证整个配送过程高质高量地完成，整体可以为客户节省10%～15%的成本。

同时，"鸟眼系统"也是云鸟科技给客户提供的操作系统。"鸟眼"会把非常复杂、个性化的承配需求转化为一个标准，精确地帮助客户实现全程自动化、标准化的管控，同时，刚推出"鸟眼"2.0版本升级系统，还增加了多级账号管控，企业里面不同层次的人员对物流有不同的需求，因此对其进行更细致的划分，给客户提供更多的数据精细化运营服务。

第一，订单信息。明确前端的收货人、货品的类型、体积、重量，送货地址和送货时间。任何的物流行为，都可以翻译成物流订单。

第二，专业预约。有些新零售是自营的，24小时营业。但大部分新零售点可能是专卖店，可能是购物中心，如果送货时主管的人不在、负责清点的人不在，就会影响妥投率（快件配送成功的比率）。因此预约好之后再进行配送，可以大大降低配送成本。

第三，排线调度。排线调度是件大事，前端明天要送200个地方，怎么划分区域，哪些区域用一辆大车而不至于时效崩溃，哪些地方小车就可以了，订单密度的宽松、体积、重量、交通堵塞范围，包括车型的选择，路线的选择，还有配送顺序等。"这些在'鸟眼'系统里都可以自动完成。"

第四，合理安排路线。系统可以根据每天配送区域的地点，路线、时间、制约要素，动态生成适合今天最好的配送路线。

美国硅谷科技教父 Peter Thiel 说："一个产业的变革者，需要10倍以上的效率提升。"而云鸟科技正在像沃尔玛、星巴克一样，用科技来改变物流产业的效率。

云鸟科技的技术就是其最大的壁垒。作为一家专注B2B的城配物流公司，云鸟科技对客户的理解和整个作业过程的标准化有自己的想法和打法，这不是做一个简单的App就能搞定的。

云鸟科技是为客户提供物流整体的解决方案。该解决方案是客户把货物配送交给云鸟科技，客户可以选择各种模块组合，云鸟科技根据客户需求为其制定最省时间、最省钱的物流方案和支付体系。据了解，云鸟科技北京总部提供解决方案的物流顾问就占到员工总数的22%，仅次于技术团队。

同时，除了上述云鸟科技能够提供更多的数据精细化运营服务和解决方案，还能解决传统城配物流存在的诸多问题。比如，城配这个万亿元蓝海场景复杂，呈现"大、散、旧、低"的特质。

一次同城配送，就包括装卸、出仓、路线规划、流程把控、服务操作、交付、代收款等近百个环节。此外，同城配送还涉及物流主管、仓管、现场运作、司机、收货人、财务、发货人等多方的协作，加之城配客户类型和需求的多样化，更增加了整个城市配送系统的复杂性。

而"鸟眼"系统可将城配透明化，货主、公司运营人员、司机都有权限看到自己应该看到的东西。比如，司机整个出车的轨迹、配了哪些货、这些货到底是谁签收的、运费是多少，都变得非常透明，几乎没有做手脚的空间。同时，透明化的体系对司机也很公平，好司机能获得更高的收入。

"云鸟"在收费方式上，也采用双方灵活交易的方式。对于企业客户来说，支持周结、半月结、月结等。对于司机来说，采用的是周结形式，从而创造了运力双方最大化的资金使用与周转率。

除此之外，在基础服务上，"云鸟"还提供基础运力，在途监控，云鸟赔付救援，司机福利代付，订单排线等五大运输保障；增值服务上，提供现控服务、保价服务和"晚就赔"等三大增值服务模式，其中现控服务主要是指在标准配送服务基础上，为客户制定个性化解决方案，含流程设计与完善、线路优化、排线、在途监控、现场管理等，并派驻运作主管驻场管理。

"云鸟"也为进一步保障中高值客户的权益，提供一些定制化的保护服务，比如以运费为基数计费，进行低费用和保价限额高、保障范围广的保价措施，而且为保障按时货品送达履约能力推出了"晚就赔"增值服务，一旦配送超时，云鸟会对客户进行高额赔付。

通过以上分析可以看到，"云鸟"正是基于互联网技术打通了同城物流链路中的信息流、实物流、资金流，从而使货主方、收货方、承运商、承运人、服务监控人等多个角色间进行了物流供应链协同的高效运作，将城市配送中的车辆满载、配送时效、交付完整性的三大核心痛点进行了逐一突破，从而真正地解决了末端配送的物流问题。

值得注意的是，云鸟科技对用户也有一定的要求，其服务只针对以数据化能力为核心的货主。数据化的货主是指拥有内部的ERP、OMS、WNS系统，其本身供应链能力就很强。如果一个企业供应链能力一塌糊涂，那么它对配送也绝对没有要求。

未来，云鸟科技将要实现通过API跟客户进行信息实时传导，从客户的系统传到"云鸟"系统后，通过预约排线生产派车单，把派车单返还给客主，提高我们的仓配衔接。所有配送过程的参与人信息都可以同步传达。通过出仓优化设置，开展出仓的标准流程SOP，代收货款，保价等服务。

分析与思考

1. 云鸟科技在解决城市配送痛点方面有哪些具体措施？
2. 云鸟科技的供应链物流系统是如何运作的？

第一节　供应链物流管理的内涵

一、供应链物流管理的定义

20世纪80年代，随着供应链概念的出现，物流基础活动开始被拓展到整个供应链上，实力雄厚的核心企业开始从整个供应链的角度对供应链物流运作、管理、结构设计等构建供应链物流系统规划。与此同时，专业化的物流企业运用供应链管理思想，整合有关社会资源，加强物流活动的管理，出现了"物流供应链"的管理理念。供应链管理是指企业借助供应链管理思想来对企业的供应链相关活动进行的组织、协调和控制。与传统的物流管理相比，供应链物流管理更加注重各种活动之间的协调与联系，打破了传统的孤立观点，从一个整体的角度来分析和优化物流活动中的各个环节。

供应链物流管理（Supply Chain Logistics Management，SCLM），是指以供应链管理思想实施对供应链物流活动的组织、计划、协调与控制。强调供应链成员不再孤立地优化自身的物流活动，而是通过协作、协调与协同，提高供应链物流的整体效率。

供应链物流管理是以企业的核心业务为核心的，换句话说，就是供应链管理是对本企业相关的供应链进行的管理，是为企业盈利服务的；供应链管理注重的是与企业需求相对应的各种供给的原材料、产品或者服务以及这些内容的提供者的动态化管理，是一项系统化、复杂化的工作。供应链是一个价值链的增值过程，有效地管理好物流过程，对于提高供应链的价值增值水平，有着举足轻重的作用。

二、供应链物流管理的特点

物流贯穿整个供应链，它连接着供应链的各个企业，是企业间相互合作的纽带。由于供应链管理下物流环境在不断地改变，便出现了新的物流管理的特点，这些特点反映了供应链管理思想的要求和企业竞争的新策略。

在传统的物流系统中，需求信息和反馈信息（供应信息）都是逐级传递的，导致上级供应商不能及时地掌握市场信息，所以对市场信息的反馈速度比较慢；传统的物流系统没有从整体角度进行物流规划，常常导致供需关系不稳定，资源的利用率低，没有充分利用企业的有用资源。如图5-1所示为传统的物流供应链模型。

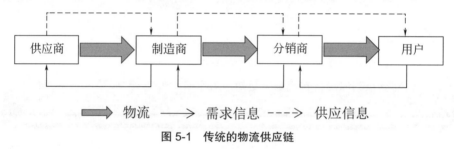

图 5-1　传统的物流供应链

供应链物流是大系统物流，涉及供应链不同类型、不同层次的各个企业，这些企业共同构成了一个供应链系统。图5-2所示为供应链管理环境下的物流系统模型，和传统的物流模型相比，供应链环境下的物流管理有以下几个特点。

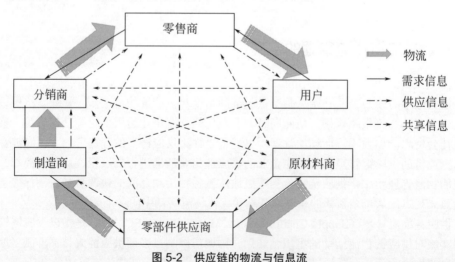

图 5-2　供应链的物流与信息流

（1）企业间物流信息共享。需求信息和反馈信息传递不是逐级传递，而是网络式的，供应链上任何节点的企业都能及时掌握市场的需求信息和整个供应链的运行情况，使每个环节的物流信息透明化。

（2）物流网络规划能力提升。企业通过EDI/Internet进行信息传输，充分利用第三方物流信息系统、代理运输等多种形式的运输和交货手段，降低了库存的压力和安全库存水平。

（3）更广泛的资源配置。供应链物流管理在更大的范围内进行资源配置，包括充分利用供应链企业的各种资源，以实现供应链物流更优化。

（4）企业间的同盟关系。供应链企业之间是一种相互信任，互利互惠的紧密伙伴关系，组织物流活动时应体现合作性与协调性，来实现物流系统的无缝连接。

（5）提高用户满意度。通过制造商与运输部门的实时信息交换，及时地把用户关于运输、包装和装卸方面的要求反映给相关部门，更好地满足用户的个性化需求。

三、供应链物流管理能力

供应链的特点是在反应能力和盈利能力之间进行权衡。每一种提高反应能力的战略，都会付出额外的成本，从而降低盈利水平。因此供应链有两种类型的竞争优势：一是反应优势，二是成本优势。

1.供应链物流反应能力

生产企业供应链物流的反应优势指的是具备需求变化反应能力，或是具备供货需求反应能力，或是同时具备这两种反应能力所产生的竞争优势。

（1）需求变化反应能力。需求变化反应能力指当市场需求发生波动时，依据需求变化速度来改变供货速度的能力，主要体现在对大幅度变动的需求量的反应，提供多品种的产品，生产具有高度创新性的产品等能力。

（2）供货需求反应能力。供货需求反应能力是指在客户发出货物订单后所需要的供货周期，主要表现在满足较短供货期的需求，满足特别高的服务水平要求等能力。生产企业供应链物流的反应优势指的是具备需求变化反应能力，或是具备供货需求反应能力，或是同时具备这两种反应能力所产生的竞争优势。

2.供应链物流成本能力

生产企业供应链物流成本应该包括三个方面：过剩成本、投资成本和批量成本。供应链物流的成本优势是指供应链物流的总成本达到行业的最低水平。

（1）过剩成本。过剩成本是由于生产过剩所引起的供应链物流成本，为过剩产品所支付的销售、生产、采购和物流成本。过剩成本包括两类：一是在规定的时间内产生了数量过剩的产品，即实际产出量大于实际的需求量；二是在规定的时间提前完成了生产任务，即在需求产生之前完成了生产任务。

（2）投资成本。投资成本指的是为了实现供应链物流的高效率而支付的成本，如为提高客户的需求反应所投资的成本。

（3）批量成本。批量成本是指在供应链物流过程中由于流量的大小所引起的成本。供应链物流的成本优势是指供应链物流的总成本达到行业的最低水平。

四、供应链物流管理模式

供应链物流是以物流活动为核心，协调供应领域的生产和进货计划、销售领域的客户服务和订货处理业务，以及财务领域的库存控制等活动。根据协调运作生产、供应活动、销售活动和物流活动的机能的差异性，可以把生产企业供应链物流归纳成三种模式：批量物流、订单物流和准时物流。

1.批量物流

批量物流的协调基础是客户需求的预测，生产企业的一切经济活动都是基于对客户需求预测而产生的。在预测前提下，生产企业的经济活动都是批量运营的，批量采购、批量生产和批量销售，这也必然伴随着批量物流。

在成本方面，批量物流采取的是批量采购，最大能力的大规模生产，实行库存销售。这种模式在投资成本和批量成本上具有相当大的优势。但是由于大规模生产，这种模式会造成在规定的时间内提前完成任务，造成第二类过剩成本处于高的水平；对需求预测的不准会导致渠道中产生过多的库存积压，产生高的第一类过剩成本，所以这种模式的过剩成本很高。

在反应能力方面，由于采取了最大能力的批量生产，对最终消费者的需求变化的反应能力非常弱，因为最大能力的批量生产很难调整生产的品种数和品种量；而采取存货销售，最终消费者总能即刻获得购买的产品，这对最终消费者的市场供货反应能力非常强。所以批量物流的需求变化反应能力弱，市场供货反应能力强，过剩成本高，投资成本和批量成本都低。

批量物流应该发挥其批量成本和投资成本低，供货需求反应能力强的优势，避免需求变化反应能力弱，过剩成本高的劣势。所以批量物流对于市场需求波动小，预测正确度高，市场需求量大，顾客希望能够即刻获得的产品比较合适。生产企业为了提高预测的准确性，可以同零售商合作，从零售商那里获得最终消费者的需求信息，而不是以直接渠道客户的需求信息作为预测的依据。

2.订单物流

订单物流的协调基础是客户的订单，生产企业的经济活动是基于客户订单而产生的。在订单前提下，生产企业的经济活动都是围绕订单展开的，根据订单进行销售、生产和采购，而物流也是根据客户订单产生的经济活动而形成。

订单物流主要表现为两种模式。一是以最终消费者的订单为前提的最终消费者订单驱动模式，如戴尔模式。戴尔式物流是基于最终消费者订单驱动的供应链物流模式，是通过生产而不是库存来满足消费者的需求，所以戴尔式物流能够及时准确地反应消费者的需求变化，但是戴尔的客户必须等待1～2星期才能得到订购的产品，所以市场供货反应能力非常弱。二是以渠道顾客的订单为前提的渠道顾客订单驱动模式，如海尔模式。海尔式物流最大的特点是"一流三网"的物流体系。"一流"是订单流，海尔通过客户的订单进行采购、制造等活动；"三网"分别是全球供应链资源、全球用户资源和计算机信息网络。海尔的客户主要是海尔专卖店和营销点，根据渠道顾客的订单驱动企业的运作，所以海尔是渠道顾客订单驱动的供应链物流模式。

3.准时物流

准时物流是订单物流的一种特殊形式，是建立在准时制管理理念基础上的现代物流方式。准时物流能够达到在精确测定生产线各工艺环节效率的前提下，按订单准确地计划，消除一切无效作业与浪费，如基于均衡生产和看板管理的丰田模式。由于丰田的生产计划来自渠道顾客最近一个星期的订单，这为丰田式物流对市场需求变化做出及时的反应提供了有效的条件；而且丰田采取了均衡式生产，看板式管理方式，能够及时对市场的需求变化做出反应，调整生产计划，这为丰田式物流方式创造了很强的需求变化反应能力。而另外一点，丰田的渠道顾客总是能够维持一定量的丰田产品的库存，虽然在量上比不上批量物流和海尔式物流模式，但其快速的供应链物流反应，能够保证对最终消费者的及时供应。

第二节　供应链物流管理战略

一、物流管理在供应链管理中的地位

供应链是通过掌控企业的信息资源、资金流和物流，从而控制企业的核心，其中特别是对物流的控制，原材料的运输和最终产品的销售都占据着重要的作用。

物流系统连接各个供应链企业。物流可以说是将整个供应链都贯穿了，而且连接合作的各个企业，可以说是企业间互相合作的枢纽，因此物流管理系统是供应链管理中的重要组成部分。此外相较于采购和制造在供应链中的价值，物流管理在其中所占的价值都过半了。因此将供应链中物流管理有效地运用，让供应链中的物流、信息流以及资金流快速有效地运作，这样才能保障供应链管理在企业中的价值。

物流系统与制造系统具有同等地位。用陈旧的眼光来看物流系统管理，只会认为物流系统是企业中的一个辅助部门，只是给予企业一个支持作用。但是在供应链管理大环境下，一个企业中的物流系统与制造系统具有同等的地位，或者更甚之。因为加强企业的物流管理系统，可以在一定程度上控制物流系统与制造系统的协同力，让企业更加适合在市场经济中竞争，并占据一定的地位。总的来说，对于物流管理而言，可以说是供应链管理能够发挥其整体效益的基础和重要前提。

二、供应链环境下的物流管理战略框架

（一）物流管理战略的意义

物流战略是对物流发展设立的总目标和为实现这一目标制定的方针、政策和措施的总和。没有通畅而敏捷的物流系统，企业就无法在当下市场竞争中站稳脚跟。

在传统的物流管理中，由于物流被看作企业的经营活动中辅助的内容，因此许多企业并不关注物流管理战略，缺乏战略性的物流规划和运筹。有的企业虽然生产管理搞得

很好，产品研发也很有水平，但用户满意度就是上不去。原因是多方面的，其中之一就是物流渠道不通畅导致产品分销受阻，影响了产品的准时交货。有的企业由于原材料的供应问题没有解决好，没有建立良好的原材料供应渠道，影响了产品的生产，也同样制约了企业经营战略的实现。有的企业在售后服务方面，缺乏用户服务的观念，没有建立通畅的用户信息反馈机制，使企业的经营战略没能跟上用户的需求，由于企业缺乏捕捉市场信息的敏捷性，最终也落得失去用户的悲惨结局。

供应链管理的战略思想就是要通过企业与企业之间的有效合作，建立一种低成本、高效率、响应性好、具有敏捷性的企业经营机制，产生一种超常的竞争优势。就是要使企业在成本、质量、时间、服务、灵活性方面的竞争优势显著提高，加快企业产品进入市场的速度。这种战略思想的实现需要供应链物流系统从企业战略的高度去规划与运筹，并把供应链管理战略通过物流管理战略的贯彻实施得以落实。

由此可见，供应链物流组织成员企业多、跨越幅度大，所处的市场竞争环境复杂多变，因而供应链物流战略在供应链管理战略中有着举足轻重的作用。

（二）物流管理战略的框架

供应链管理的战略思想就是要通过成员之间的有效合作，建立低成本、高效率、响应性好、敏捷度高的经营机制，从而获得竞争优势。这种战略思想的实现需要供应链物流系统从供应链战略的高度去规划与运筹，并把供应链管理战略通过物流战略的贯彻实施得以落实。供应链物流战略从涉及设施、信息系统的基础性战略到实现客户服务的全局性战略共分为四个层次，各个层次又有不同的战略规划内容，如图5-3所示。

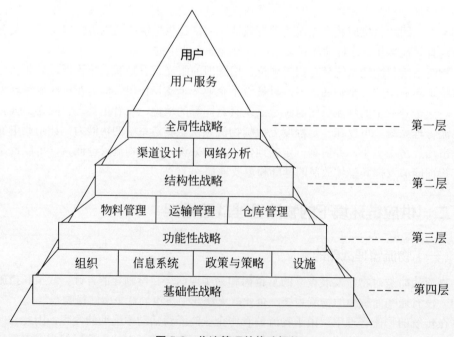

图 5-3　物流管理的战略框架

1.全局性战略

物流管理的最终目标是满足用户需求（把企业的产品和服务以最快的方式、最低的成本交给用户），因此，任何希望在市场上赢得差异化竞争优势的企业都必须准确地满足用户服务，用户服务应该成为物流管理的终极目标，即全局性的战略目标。

要实现用户服务的战略目标必须建立用户服务的指标评价体系，如订单响应时间、订货满足率、平均缺货时间、供应率等。虽然目前对用户服务的指标还没有一个统一的规范，对用户服务的定义也不同，但企业可以根据自己的实际情况来建立提高用户服务满意度的管理体系，全面提高用户服务水平，使企业获得更大的利润。

2.结构性战略

物流管理战略的第二层次是结构性的，当企业了解到用户的服务需求，以及怎样利用物流来竞争，那么，必须决定如何满足他们。物流战略的渠道设计和网络分析提供了满足这些需求的基础。

渠道设计是供应链设计的一个重要内容，包括重构物流系统、优化物流渠道等。通过优化渠道，提高物流系统的敏捷性响应性，以使供应链获得最低的物流成本。

网络分析是物流管理中另一项很重要的战略工作，它为物流系统的优化设计提供参考依据。网络分析的内容主要包括：库存状况的分析，通过对物流系统不同环节的库存状态的分析，找出降低库存成本的改进目标；用户服务的调查分析，通过调查和分析，发现用户需求和获得市场信息反馈，找出服务水平与服务成本的关系；运输方式和交货状况的分析，通过分析，使运输渠道更加合加理化；物流信息及信息系统的传递状态分析，通过有针对性地采取措施，提高物流信息传递过程的速度，增加信息反馈，提高信息的透明度；合作伙伴业绩的评估和考核。

此外，用于网络分析的方法有标杆法（Benchmarking）、调查分析法、多目标综合评价法等。

3.功能性战略

物流战略金字塔的第三层包含了物流战略的功能部分，尤其是物料管理、运输管理和仓库管理方面的分析。内容主要指运输工具的使用与调度；采购与供应、库存控制的方法与策略；仓库的作业管理等。

物料管理与运输管理是物流管理的主要内容，必须不断地改进管理方法，使物流管理向零库存这个终极目标努力，降低库存成本和运输费用，优化运输路线，保证准时交货，实现物流过程的适时、适量、适地的高效运作。

4.基础性战略

第四层次的战略是基础性战略，包括组织系统管理、信息系统管理、政策与策略、基础设施管理四个方面，为物流系统的正常运行提供基础性的保障。

要健全物流系统的组织管理结构和人员的配备，就要重视对企业有关人员的培训，提高他们的业务素质。例如，采购与销售部门是企业的两个对外业务协调部门，它们工作的好坏直接关系到企业与合作伙伴的关系和企业的形象，因此必须加强对这两个部门的领导与组织工作。

物流信息系统是一体化物流思想的实现手段，没有先进的信息系统，企业将无法有效地管理成本、提供优良的顾客服务和获得物流运作的高绩效。库存管理信息系统、配送分销系统、用户信息系统、EDI/Internet数据交换与传输系统、电子资金交易系统（EFT）、POS等技术、对提高物流系统的运行效率起着关键作用，因此必须从战略的高度去规划与管理，才能保证物流系统的高效运行。

三、供应链物流管理战略的形式

（一）一体化物流管理战略

在供应链管理环境下，传统的管理形式发生了改变，企业构建了一体化管理形式，这一管理形式的落实，使得各企业之间的隔阂逐渐地消散，每个企业都将整体目标作为其发展的战略目标，同时对下属企业进行一体化管理，这样就使得物流和供应商两者之间的联系更加紧密，从而组成了一个相对来说比较完善的物流管理系统，这样就使得管理的效率更高，效果更理想。

一体化物流项目是指物流企业以国内外大型企业或行业领先企业为目标客户，以解决方案、项目管理和信息反馈为业务特色，在与客户建立合同关系的基础上，进行规模投入和规模运作，并通过积极整合内外部资源，为客户提供个性化的高效的物流服务。一体化物流主要包括三种形式：纵向一体化物流、横向一体化物流和物流网络。

1.纵向一体化物流

纵向一体化指上游供应商与下游客户之间在所有权上纵向合并。纵向一体化物流要求企业将提供产品或运输服务等的供应商和用户纳入管理范围，并作为物流管理的一项中心内容，实现从原材料供应到最后将产品交给用户的全过程的每个环节的物流管理，要求企业利用自身条件建立和发展与供应商及用户的合作关系来赢得竞争优势。纵向一体化物流的思想为解决复杂的物流问题提供了方便，而雄厚的物质技术基础、先进的管理方法和通信技术又使这一思想成为现实，并在此基础上继续发展。

2.横向一体化物流

横向一体化物流也称作水平一体化物流，是指通过同一行业中多个企业在物流方面的合作而获得规模经济效益和物流效率。例如，不同的企业可以用同样的装运方式进行不同类型商品的共同运输。当物流范围相近，而某个时间内物流量较少时，几个企业同时分别进行物流操作显然不经济。于是就出现了一个企业在装运本企业商品的同时，也装运其他企业商品的物流现象。从企业经济效益上看，它降低了企业物流成本；从社会效益来看，它减少了社会物流过程的重复劳动。显然，不同商品的物流过程不仅在空间上是矛盾的，而且在时间上也是有差异的。这些矛盾和差异的解决，就要依靠掌握大量物流需求和物流供应信息的信息中心。此外，实现横向一体化的另一个重要条件，就是要有大量的企业参与，并且有大量的商品存在，这时企业间的合作才能提高物流效益。当然，产品配送方式的集成化和标准化等问题也是不能忽视的。

3.物流网络

物流网络是纵向一体化物流与横向一体化物流的综合体。当一体化物流的某个环节，同时又是其他一体化物流系统的组成部分时，以物流为纽带联系的企业关系，就会形成一个网络关系，即物流网络。这是一个开放的系统，企业可自由加入或退出，尤其在业务最忙的季节，最有可能利用到这个系统。因为，在业务繁忙的季节，生产企业原有供应链的物流体系仍然存在，同时还必须增强业务外包，这样以物流企业为节点的物流网络就显得尤为重要。物流网络能发挥规模经济作用的条件就是一体化、标准化、模块化。实现物流网络首先要有一批优势物流企业率先与生产企业结成共享市场的同盟，把过去那种直接分享利润的联合发展成优势联盟，共享市场，进而分享更大份额的利润。同时，优势物流企业要与中小型物流企业结成市场开拓的同盟，利用相对稳定和完整的营销体系，帮助生产企业开拓销售市场。这样，竞争对手成了同盟军，物流网络就成为一个生产企业和物流企业多方位、纵横交叉、互相渗透的协作有机体。而且，由于先进信息技术的应用，当加入物流网络的企业增多时，物流网络的规模效益就会显现出来，这也促使了社会分工的深化，"第三方物流"的发展也就有了动因，整个社会的物流成本会由此大幅度地下降。

（二）延迟化策略

大规模定制已成为企业竞争的新前沿，定制生产有助于企业进入新的市场，并吸引大量个性化需求不能被标准产品所满足的顾客。延迟策略是一种为适应大批量定制生产而采用的策略，通过这种策略使企业能够实现产品多样化，适应定制化的需求。这是一种以客户需求为导向的供应链管理战略手段，它强调将供应链上的客户化活动（包括生产环节中的定制以及流通环节的运输和库存）延迟至接到客户订单为止，也即在时间和空间上延迟客户化活动，使产品和服务可以与顾客的需求实现无缝连接，从而提高企业的柔性、增加客户的价值。实现延迟化策略的关键技术是模块化：模块化产品、模块化工艺过程、分销网络设计模块化。

在用户需求多样化的今天，如果想满足用户的需求，就必须采用产品多样化策略。但是，产品多样化，必然带来库存产品的增加。在过去的物流管理系统中，分销中心的任务是仓储和分销，当增加产品品种时，库存也随之增加，这对企业来说是一笔很大投资，物流成本增加可能会削弱产品多样化策略的优势。为此，人们提出了延迟化策略。在延迟化策略中，地区性定制化产品是到达用户所在地之后以模块化方式组装的，分销中心没有必要储备所有的定制化产品，只储备产品的通用组件，库存成本就大为降低，这样，分销中心的功能也发生了转变。为实现延迟化策略，物流系统中的运输方式也必须跟着发生变化，如采用比较有代表性的接驳运输（Cross Docking）方式。接驳运输是将仓库或分销中心接到的货物不作为存货，而是为紧接着的下一次货物发送做准备的一种分销系统，这种物流方式就是模块化分销网络设计。

· 延迟化策略案例

惠普公司（HP）成立于1939年，惠普台式喷墨打印机于1988年开始进入市场，并成为惠普公司的主要成功产品之一。惠普公司生产的台式喷墨打印机系列在全球打印机市场享有盛誉。HP打印机的生产及客户化工作由温哥华的公司完成，包括生产、配置电源、制作说明书（这里需要注意的是：欧洲和亚洲地区对于打印机电源供应有110V

与220V的区别；说明书的语言有不同要求）等，然后通过北美、欧洲和亚太地区的分销中心来完成销售工作。这种生产方式称为"工厂本地化"。在这种供应链管理模式下，存在很多问题，因为世界各地对HP打印机需求是不确定的，为了保证98%的顾客订单即时满足率，各HP公司需要保存大量的安全库存，以满足不同的客户需求，这些库存占用了大量的流动资金。有时为了应急，可能会将原来为其他地区准备的产品拆开重新包装，造成更大浪费。

HP公司分析了原有供应链存在的问题后，重新设计了供应链，把延迟策略运用到供应链管理中。首先，主要生产过程仍由在温哥华的HP公司完成，包括印刷电路板组装、测试和总机装配，但这里生产的是通用打印机。通用型打印机运到欧洲和亚洲后，再由当地分销中心（代理商）加上与地区需求一致的变压器、电源插头和用当地语言写成的说明书，完成整机包装后，通过经销商，送交消费者。这种生产方式称为分销中心本地化。客户化延迟策略的运用使得HP公司实现了根据不同的用户需求，生产不同型号的产品，保证了产品最快速的反应市场需求，大大缩小了库存量，安全库存周期大大缩短，减少库存总投资的18%，使公司每年可节省3000万美元的存储费用。

（三）战略渠道设计

渠道设计问题是物流管理和供应链管理的重要内容之一。战略渠道设计就是通过网络分析，优化确定物流供应链的制造工厂、分销中心、仓库等设施的位置和数量，使物流系统合理化，获得合理的运输和库存成本。网络设计是一个复杂的系统工程，需要从供应链管理的战略高度，从供应链管理整体的角度而不是从局部的利益出发考虑问题。

战略渠道设计可以分为三个步骤：第一步是进行网络分析，通过网络分析，确定网络要素和相互的关系，比如工厂的位置、分销地点和数量、供应商的数量和位置等；第二步是优化设计，采用有关数学模型或采用其他方法进行优化决策分析；第三步是组织实施网络设计方案。

物流网络设计（渠道设计）有两种情况：一种是配送中心或分销点的设计，这是一种局部的物流网络设计；另一种是供应链全局的网络设计。

1.局部渠道设计

局部渠道设计就是通常的分销网点的布置，比如分销中心的选择问题，这是供应链物流网络设计中常见的问题。下面是一个关于供应链的网络设计问题的例子，物流网络如图5-4所示，有多个配送中心，每个配送中心从各原料厂进货后送到各个需求点，渠道设计的目的是使物流系统总的配送成本最低。

网络优化的目标是使物流系统的总成本最低，这是一个成本优化的决策问题。与任何一种优化问题一样，这个问题的优化也受到各种条件的约束，如工厂的生产能力约束，即各工厂的供应量应小于生产能力；用户的需求量约束，即要求进货量大于或等于需求量；配送中心的物流均衡约束，即要求配送中心进货量等于发送量。

这是单一产品的配送中心的选址决策，即局部的物流网络优化。当考虑多产品时，问题将变得非常复杂，一般采用各种特殊的简化处理方法。

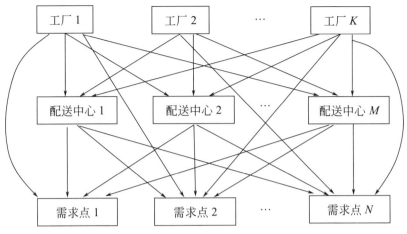

图 5-4　物流网络模型

2.全局物流网络设计

全局物流优化考虑的不是优化某个节点，如上面的配送中心问题，而是从全局的角度考虑，特别是从供应链管理全局的角度考虑。全局物流网络设计的主要决策问题，对上游供应链来说，是供应商的选择与确定；对下游供应链来说，是分销商与代理商的确定，因此全局物流网络设计要把两个市场的约束都考虑进去。

进行渠道设计时还要考虑非物质因素，比如对下游物流网络的设计要考虑地区文化、消费观念等。对上游物流网络的设计则更多是考虑运输费用、技术合作的优势、供货的可靠性和协作管理成本等。因此整体的供应链网络的物流优化不是单纯的网络运输问题的优化设计，而是一种战略性的规划，需要从供应链的整体角度去考虑问题。

全局网络设计最主要的目标：一个是降低用户成本，另一个就是缩短响应时间，只要这两个目标达到了，物流网络优化设计的主要目标就达到了。

第三节　物流外包与自营

一、物流业务外包概述

随着经济的发展、竞争的激烈，越来越多的企业意识到大而全不利于企业的发展，提高企业的竞争力应致力于发展核心业务，提高效率，而物流作为"第三利润泉"，成为企业降低成本的有效途径，物流外包应运而生。物流外包是指以物流为主营业务的企业为了将有效资源合理利用与集中、节省一些在物流途中的开支和费用，增强企业竞争力，把一些非主要的业务以签订合同等方式委托或责令给其他比较专业的第三方物流公司来进行具体的运营运作。将一些业务外包给其他企业是一种长期合作、战略共赢、互渗互透、利惠互占的业务委托操作和合约执行的良好方式，物流外包已经成为许多企业创造客户价值的竞争战略手段。

物流外包的主要业务形式有：物流业务部分外包；物流业务完全外包；物流系统接管；战略联盟；物流系统剥离；物流业务管理外包。这是物流业务外包从低级向高级发展的过程，也是供应链成熟的过程。每个企业在开展物流外包时，一定要认真分析自身条件，选择适合自己的物流外包阶段。

二、物流外包的利弊分析

在当今日益激化和社会分工日益细化的大背景下，物流外包具有明显的优越性，具体表现在以下几个方面。

1.集中有限的资源发展核心的业务

企业的主要资源包括资金、技术、人力资本、生产设备、销售网络、配套设施等要素，而制约企业发展的主要问题往往在于资源的短缺，企业推行物流外包，能够对有限的资源进行合理的配置，集中人力、物力和财力发展核心业务，如产品的设计和开发、生产和销售等，确立其核心竞争力，从而将自己非核心业务外包给其他在这方面有核心竞争力的企业，有利于企业节省资源，放开手臂发展核心业务，确保企业长效发展。

2.减少企业的运营成本

生产企业与销售企业在其核心业务迅速发展的过程中，必须确保物流系统与核心业务同步发展，才能确保企业的长期稳定发展，但是企业原本的自有物流系统大多会因为技术或者信息系统等方面的原因而发展相对滞后，这种现象也对企业的发展造成了不良的影响。如果利用第三方物流企业健全的运输和分销网络，不仅可以有效地降低生产企业自身的运营成本，同时节省了在相关设备、技术以及研究方面的大量投资，从根本上提升了企业的市场竞争优势。

3.响应客户需求，提高服务质量

客户需求的多样化和不确定性的增加，加大了企业把握市场的难度。企业将物流外包至第三方物流企业，不仅可以促进外部资源使用效率的稳步提高，同时利用第三方物流供应商的专业化和规模化的优势，也为企业市场竞争力的提高奠定了良好的基础。

4.为企业提供更多的弹性空间

企业实施物流外包业务可以为自己提供更多的经营弹性空间。企业在运转时，必须在经营和物流活动中保持一定的平衡，使两者处于一种连贯性，推行物流外包，企业精简了业务，有了更多的精力和应变空间。同时，大量的非核心业务由第三方物流公司来完成，外包企业可以一定程度上精简机构，金字塔状的公司结构，转变为扁平式的结构，这种结构更快地接受大量的信息流，有更大的灵活性，解决了组织由于规模膨胀而导致的反应迟钝问题，这种组织结构在如今这个对效率要求极高的时代具有更强的生命力。

5.可以有效地转嫁风险

由于各种外在因素和内部因素的不确定性，企业在进行决策时会面临各种各样的风险，企业必须学会分散或者降低风险，显而易见，如果企业各个经营环节都由企业独自完成，将会承担更多的风险。通过物流外包，可以将一部分环节外包出去，将风险转嫁给第三方物流公司，一定程度上分散了风险，还可以对市场竞争情况做出快速反应，提高了企业的灵活性。

6.可以提高企业的运作柔性

企业通过将大量的非特长业务转包给第三方物流公司，不仅实现了精简企业内部机构的目的，同时也提升了企业自身的运作柔韧性。企业可以更好地控制其经营活动，并在经营活动和物流活动中找到一种平衡，保持两者之间的连续性，提高其柔性，使实行物流外包的委托业务由于业务的精简而具有更大的应变空间，从而为企业经济效益的提高奠定了良好的基础。

当然，与自营物流相比较，物流外包在为企业提供上述便利的同时，也会给企业带来诸多的不利。如果外包以后协调监管不到位，就会产生一些风险：企业不能直接控制物流活动，存在着订单延误或产品损坏的风险；不能保证供货的准确性和及时性；不能保证顾客服务的质量和维护与顾客的长期关系；企业将放弃对物流专业技术的开发等。比如，企业在使用第三方物流时第三方物流公司的员工经常与客户联系，此时，第三方物流公司会通过在运输工具上喷涂自己的标志或让公司员工穿着统一服饰等方式来提升第三方物流公司在顾客心目中的整体形象。

三、物流自营和外包的模式选择

企业的管理者由于对各种管理模式的不熟悉往往选择的物流管理模式并不是最适合企业的，这就很难提高企业的物流效率。在进行物流决策时，企业应根据自己的需要和资源条件，综合考虑以下主要因素，慎重选择物流模式，以提高企业的市场竞争力。

（一）物流对企业成功的影响度和企业对物流的管理能力

物流对企业成功的影响度和企业对物流的管理能力是影响企业物流采取自营模式还是外包模式的最重要因素，决策状态如图5-5所示。

如果物流在企业战略中起关键作用，但自身物流管理水平却较低，对这类企业（处于Ⅱ区间）来说，组建物流联盟将会在物流设施、运输能力、专业管理技能上收益极大；对物流在其战略中不占关键地位，但其物流水平却很高的企业（处于Ⅳ区间）来说，可能寻找伙伴共享物流资源，通过增大物流量获得规模效益，降低成本。处于Ⅱ、Ⅳ区间的企业可以建立物流联盟。

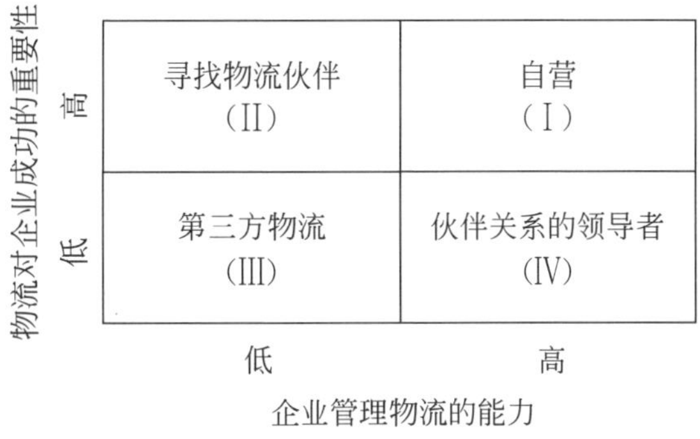

如果企业（处于Ⅰ区间）有很高的顾客服务需求标准，物流成本占总成本的比重极大，自己物流管理能力强，一般不会选择外购物流服务，而采用自营的方式；对那些物流在其战略中地位并不很重要、自身物流管理

物流对企业成功的重要性	企业管理物流的能力	
高	寻找物流伙伴（Ⅱ）	自营（Ⅰ）
低	第三方物流（Ⅲ）	伙伴关系的领导者（Ⅳ）
	低	高

图5-5　决策状态

能力也比较欠缺的企业（Ⅲ）来说，采用第三方物流是最佳选择，因为这样能大幅度降低物流成本、提高服务水平。

（二）企业对物流控制力要求

越是竞争激烈的产业，企业越是要强化对供应和分销渠道的控制，此时企业应该自营物流。一般来说，主机厂或最终产品制造商对渠道或供应链过程的控制力比较强，往往选择自营物流，即作为龙头企业来组织全过程的物流活动和制定物流服务标准。

（三）企业产品自身的物流特点

对于大宗工业品原料的回运或鲜活产品的分销，则应利用相对固定的专业物流服务供应商和短渠道物流；对于全球市场的分销，宜采用地区性的专业物流公司提供支持；对于产品线单一的或为主机厂做配套的企业，则可以在龙头企业统一管理下自营物流，也可以选择外包物流；对于技术性较强的物流服务（如口岸物流服务），企业应采用委托-代理的方式；对于非标准设备的制造商来说，企业自营虽有利可图，但还是应该交给专业物流服务公司去做。

（四）企业规模和实力

一般来说，大中型企业由于实力较雄厚，有能力建自己的物流系统，制订合适的物流需求计划，保证物流服务的质量。另外，还可以利用过剩的物流网络资源拓展外部业务为别的企业提供物流服务。而小企业则受人员、资金和管理等资源的限制，物流管理效率难以提高，此时，企业为把资源用于主要的核心业务上，就适宜把物流管理交给第三方专业物流公司。例如实力雄厚的麦当劳公司，每天必须把汉堡等保鲜食品运往各地，为保证供货的准确及时，就组建了自己的货运公司。

（五）物流系统总成本

在选择是自营还是物流外包时，必须弄清两种模式物流系统总成本的情况。计算公式为：

$$D=T+S+L+F_w+V_w+P+C$$

式中，D是物流系统总成本；T是该系统的总运输成本；S是库存维持费用，包括库存管理费用、包装费用以及返工费；L是批量成本，包括物料加工费和采购费；F_w是该系统的总固定仓储费用；V_w是该系统的总变动仓储费用；P是订单处理和信息费用，指订单处理和物流活动中广泛交流等问题所发生的费用；C是顾客服务费用，包括缺货损失费用、降价损失费用和丧失潜在顾客的机会成本。

这些成本之间存在着二律背反现象：减少仓库数量时，可降低保管费用，但会带来运输距离和次数的增加而导致运输费用增加。如果运输费用的增加部分超过了保管费用的减少部分，总的物流成本反而增大。所以，在选择和设计物流系统时，要对物流系统的总成本加以论证，最后选择成本最小的物流系统。

（六）第三方物流的客户服务能力

在选择物流模式时，考虑成本尽管很重要，但第三方物流为本企业及企业客户提供服务的能力对物流服务而言是至关重要的。也就是说，第三方物流在满足企业对原材料及时需求的能力和可靠性，对企业的零售商和最终客户不断变化的需求的反应能力等方面应该作为首要的因素来考虑。

（七）自拥资产和非自拥资产第三方物流的选择

自拥资产第三方物流，是指有自己的运输工具和仓库，从事实实在在物流操作的专业物流公司。它们拥有较大的规模、雄厚的客户基础、完善的物流系统。物流专业化程度较高，灵活性受到一定限制。非自拥资产第三方，是指不拥有硬件设施或只租赁运输工具等少量资产，它们主要从事物流系统设计、库存管理和物流信息管理等职能，而将货物运输和仓储保管等具体作业活动由别的物流企业承担，但对系统运营承担责任的物流管理公司。这类公司运作灵活，能制定服务内容，可以自由混合、调配供应商，管理费用较低。企业应根据自己的需求对两种模式加以选择和利用。

在企业物流模式选择的具体决策时，应从物流在企业中的战略地位出发，在考虑企业物流能力的基础上，充分比较各方面的约束因素，进行成本评价，决策程序如图5-6所示。

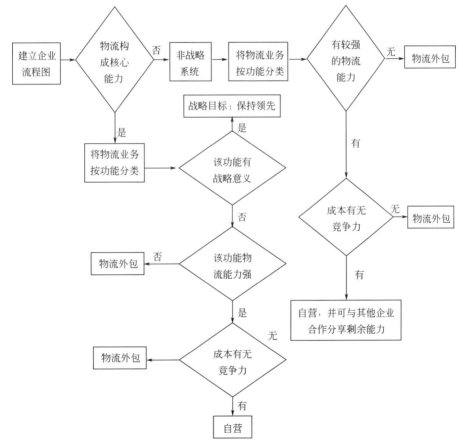

图 5-6 物流模式决策程序

第四节　逆向物流与闭环供应链

一、逆向物流

（一）逆向物流的产生及其概念

严格讲，我们通常所说的物流是正向物流，即制造商经制造程序将产品完成再销售到最终使用者等一连串的过程，而与正向物流正好相反的程序即是逆向物流。逆向物流之所以会产生，一方面离不开资源利用率提高的迫切需求，另一方面也离不开环境法律法规所带来的压力。近些年来，随着时代的不断进步与发展，人们的环境保护意识也在不断增强，很多法律法规要求生产商来负责产品的整个生命周期，各类的商品都采取回收的相应措施，如汽车、各类电子商品等。

逆向物流还有一个重要部分就是退货，当有市场需求时，消费者不仅仅是局限于某一家或是某一类产品，而是可以货比三家，于是顾客在交易中占据了主导地位，有利的交易地位是推动逆向物流发展的重要原因之一。商家竭尽所能满足顾客的要求，而为了弥补网络购物平台物品质量问题引发的纠纷，类似"无条件退货，一年内换新"之类的承诺也促进了逆向物流的产生。通过调查，退货会对零售商的利润产生一定的影响，同时也会降低生产商所获得的利润。许多公司都纷纷建构了逆向物流的管理，回收处理也在进行之中，大多数企业生产的产品都不是一次性的，当货物逆向退回企业的时候，企业可以对不合格的产品进行再加工或重新利用，所以逆向物流的产生在一定程度上可以节约和更好地利用资源。

具体而言，逆向物流是原材料、半成品、产成品、信息等，从消费地或者配送地点等供应链节点向原产地返回的过程，包括产品的回收再利用、再加工和销毁处理等。逆向物流以最终客户和消费者为起点，物流过程与正向物流相反，是供应链下游向供应链上游的一种实体流动过程。

（二）逆向物流的分类

1.按照回收物品的渠道来分

按照回收物品的渠道可分为退货逆向物流和回收逆向物流两种。退货逆向物流是指下游顾客将不符合订单要求的产品退回给上游供应商，其流程与常规产品流向正好相反。回收逆向物流是指将最终顾客所持有的废旧物品回收到供应链上的各节点企业。这两种物流模式因目的与主体的不同而各有不同，图5-7、图5-8说明了二者的各自特征。

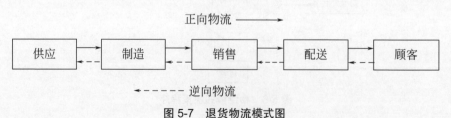

图 5-7　退货物流模式图

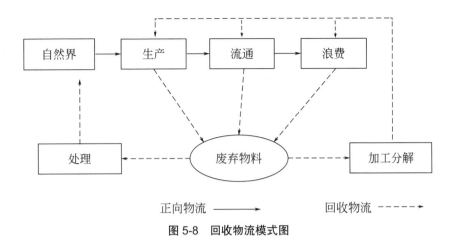

正向物流 ——→   回收物流 - - - - →

图 5-8 回收物流模式图

2.按照回收物品的特征分类

按照逆向物流回收物品的特征，可以把逆向物流分为以下3种。① 低价值产品物料逆向物流，例如金属边角料或者副品，原材料回收等。这类逆向物流的突出特点是其回收市场和再使用市场通常是分离的。② 高价值产品零部件逆向物流，例如电子电路板、手机等，出于减少成本和盈利等经济因素的考虑，这些价值空间有较大增加可能的物品通常是制造商进行回收。③ 可以直接再利用产品逆向物流，比如包装材料，包括玻璃瓶、塑料包装等的回收，这类物品只需经过检测和清洗处理后就可以重新循环使用。

3.按照形成原因的不同分类

依照逆向物流的形成原因的不同把逆向物流分成6个类别。① 投诉退货，一般发生在产品出售短期内，有可能是运输错误、质量问题等所导致其发生。② 终端退回，通常在产品出售之后较长时间内发生，主要是经过完全使用后出现问题需要处理的产品。③ 商业退回，是指将还没有被使用过的商品退回并把顾客购买该商品时所支付的金额全数退还，比如时装、化妆品等。④ 维修退回，一般发生在产品生命周期的中期，是指有缺陷或损坏的产品在销售出去后，依据售后服务承诺条款的约定，返还回制造商。⑤ 生产报废和副品，发生周期较短，一般是由于经济和法律法规的原因，而且不触及其他组织。让在生产过程中产生的废品和副品经过在循环利用，重新进入生产制造环节，得以回收利用。⑥ 包装，在逆向物流物品回收中存在时间长久，把还有利用价值的包装袋，可以重复使用的包装材料和产品的载体通过检验、清洗和修复等活动进行循环再利用，降低制造商的物料费用和制造费用。

（三）逆向物流的特点

1.分散性

逆向物流回收的物品分布广泛而终点相对集中。分散性主要是体现在废旧物资的分布上，因为产品的差异不同而导致废旧物料可能在生产领域也可能是流通领域，也可能是生活消费领域，可以是任何机构、任何部门，甚至任何人，社会的各个地方都会发生，这种分布地域，人群的迥异，也就形成了逆向物流在分布上处于分散的状态。

2.缓慢性

缓慢性主要是指逆向物流要经过从数量少、种类繁多的情况不断汇集成比较大的流动，并且废旧物资的产生也并不可能直接就用来满足人们的某些需要，而是需要经过加工、改制等工序，而要经过这一系列过程的时间是较长的。因此，逆向物流处理程序的复杂性特点决定了逆向物流的缓慢性。

3.复杂性

逆向物流的执行也是一个较复杂的过程。因为在这过程中，对于废旧物资收集以后很难划分为某一产品，这对于之后的工作也会带来一定的难度，逆向物流的恢复过程和方式随着产品的生命周期、产品特点、所需资源、设备等条件不同而复杂多样，而且处理逆向物流的相应技术具有一定的特殊专业性。此外，不同性能、不同状态的产品混杂在一起会导致流程的处理复杂度增加，因此比正向物流中的新产品生产过程存在更多的复杂性。

4.不确定性

回收产品的供应往往与回收厂家的需求不相匹配。回收物品的收集主要受供应的驱动，不受市场需求的驱动，企业无法直接控制回收情况，只能被动接受消费者退回的废旧物品，不能主动去订购回收物品，这就造成各种商品的销售时间不同，折旧年限不同，种类、型号、品牌也不同，因此逆向物流的物品供应不会像正向物流那样稳定，回收厂家要么提高自己库存以免缺货，要么就承担缺货的风险，这无疑会增加回收企业的有形或无形成本，因此其库存具有高度的随机性和不确定性。

（四）逆向物流管理的原则

1."事前防范重于事后处理"原则

逆向物流实施过程中的基本原则，即"预防为主、防治结合"的原则。因为对回收的各种物料进行处理往往给企业带来许多额外的经济损失，这势必增加供应链的总物流成本，与物流管理的总目标相悖。所以，对生产企业来说，要做好逆向物流，一定要注意遵循"事前防范重于事后处理"的基本原则。循环经济、清洁生产都是实践这一原则的重要途径。

2.绿色原则

绿色原则，即将环境保护的思想观念融入企业物流管理过程中。要想使企业的逆向物流体系能够有更为长期的发展，能够符合国家的建设标准，就必须在供应链的各个环节上提高对其环保性、绿色性方面的要求。因此，管理人员应该使参与到逆向供应链各环节中的人员加强自己的环保意识，能够认识到绿色生产带来的长远效益，并最终通过各方的共同努力，使"环保""绿色"能真正融入企业文化当中。

3.效益原则

生态经济学认为，在现代经济和社会条件下，现代企业是一个由生态系统与经济系统复合组成的生态经济系统。物流是社会再生产过程中的重要一环，物流过程中不仅有物质循环利用、能源转化，而且还有价值的转移和价值的实现。所以，现代物流涉及了经济与生态环境两大系统，理所当然地架起了经济效益与生态环境效益之间彼此联系的桥梁。经济效益涉及目前和局部的更密切相关的利益，而环境效益则关系更宏观和长远的利益。经济效益与环境效益是对立统一的，后者是前者的自然基础和物质源泉，而前者是后者的经济表现形式。

4.社会化原则

从本质上讲，社会物流的发展是由社会生产的发展带动的，当企业物流管理达到一定水平时，对社会物流服务就会提出更高的数量和质量要求。企业回收物流的有效实施离不开社会物流的发展，更离不开公众的积极参与。在国外，企业与公众参与回收物流的积极性较高，在许多民间环保组织（如绿色和平组织等）的巨大影响力下，已有不少企业参与了绿色联盟。

5.信息化原则

尽管逆向物流具有极大的不确定性，但是通过信息技术的应用（如使用条形码技术、GPS技术、EDI技术等）可以帮助企业大大提高逆向物流系统的效率和效益。例如，使用条形码可以储存更多的商品信息，有关商品的结构、生产时间、材料组成、销售状况、处理建议等信息可以通过条形码加注在商品上，便于对进入回收流通的商品进行有效及时的追踪。

6.法制化原则

尽管逆向物流作为产业而言还只是一个新兴产业，但是逆向物流活动从其来源可以看出，它就如同环境问题一样并非新生事物，它是伴随着人类的社会实践活动而生，只不过是在工业化迅猛发展的过程中使这一"暗礁"浮出水面而已。然而，正是由于人们以往对这一问题的关注较少，所以市场自发产生的逆向物流活动难免带有盲目性和无序化的特点。如近年来我国废旧家电业异常火爆，调查分析，一些不法分子通过给旧家电"穿"新衣来牟利，这是以侵犯广大农户和城市低收入家庭等低收入消费群体的合法权益为基础的，亟须政府制定相应的法律、法规来引导和约束废旧家电业。而具有暴利的"礼品回收"则会助长腐败，是违法的逆向物流，应坚决予以取缔。还有废旧轮胎的回收利用，我国各大城市街区垃圾箱受损、井盖丢失、盗割电缆的犯罪活动，废旧机电、衣物及车辆的流通，汽车黑市等违法的逆向物流活动都亟须制定相关的法规来约束。

（五）逆向物流的重要性

1.有利于企业质量体系的完善

PADC（计划、实施、检查和处理）循环是企业产品质量管理中的重要工具，其中关键在于检查和处理环节。而良好的逆向物流体系作为企业产品质量管理的重要部分，恰好能够有效实施检查和处理这两个环节。有利于企业及时发现产品服务和质量问题，了解企业产品退货和回收的原因，为企业高层决策提供有用信息，有效改善不合理的产品设计结构，提高产品质量，防止潜在问题出现。

2.降低企业成本

随着市场竞争的日益加剧，企业产品生命周期越来越短，回收和退货产品数量不断增加，企业经营成本高居不下。发展逆向物流能够将回收可利用的产品部分进行重新分拣、加工、组装，再次进入生产或消费领域，减少材料耗费，提高资源利用率，降低企业经营成本。例如，美国宇航局重新利用改制与翻新的零部件，使飞机制造费用节省了40% ~ 60%。

3.增强企业竞争优势，树立良好企业形象

顾客作为企业管理的核心因素，决定着企业的生存与发展。优质的顾客服务，能够为企业在激烈的市场竞争中提供重要保障。发展逆向物流可以将顾客不满意的产品及时退回，减少顾客抱怨，提高顾客对企业产品的信赖感，维持客户忠诚度，增强企业竞争优势，树立企业良好形象。

4.有利于资源回收，促进可持续发展

企业发展逆向物流一方面可以将有价值的废弃物品进行回收处理，减少企业资源耗费，提高资源回收利用率，为可持续发展做出贡献；另一方面对于废弃物中没有使用价值的部分，进行及时销毁处理，能够降低其对自然环境的危害，促进社会可持续发展。

二、闭环供应链

（一）闭环供应链的概念

闭环供应链是指企业从采购到最终销售的完整供应链循环，是由正向供应链和逆向供应链组成的闭合系统，正向供应链和逆向供应链相互影响，是对双方资源的整合，人力、物力的协调，其中正向供应链是传统意义上的供应链，而逆向供应链是一条由用户、回收商、集中退货与回收中心，以及传统供应链上节点企业构成的链状结构，它的目的是对物料的流动进行封闭处理，减少污染排放和剩余废物，同时以较低的成本为顾客提供服务。

闭环供应链的管理基于供应链管理理论，以建立闭环供应链为目的，对整个闭环供应链内的各参与成员之间的物流链、信息链与资金链进行的有效战略整合，提高整个业务流程的效率。它强调系统的概念，将多个企业或部门看成一个整体，连接企业内部和外部的事务，它们服务于同一个战略目标对可持续发展具有重要意义。闭环物流在企业中的应用越来越多，市场需求不断增大，成为物流与供应链管理的一个新的发展趋势。

（二）闭环供应链的特点

（1）高度的不确定性。逆向物流是闭环供应链的主要创新之处，但与此同时也增加了供应链管理的风险和不确定性，废旧产品的回收过程受到消费者回收行为、回收商努力程度等因素影响，而且回收品的回收时间、回收数量和回收质量等与回收对象、产品生命周期、损坏率有关，都具有不确定性。回收品的再处理过程也存在不确定性，在当回收品没有完全拆解完毕，所有的零部件未被清洗和检查之前，哪些零件可以直接再利用，哪些可以修复后再利用，哪些可以直接废弃都是未知的，这就增加了生产计划协调和控制的复杂性。再制造品的需求同样也存在不确定性，加大了成品库存控制的难度。

（2）系统运作复杂。传统正向供应链已经是物流、商流、信息流、资金流交互的网状结构，再添加逆向产品回收利用等环节，会使得网链结构更加错综复杂。逆向供应链

中产品回收地点分布广，频次高而数量不定、质量参差不齐等都区别于正向供应链，还会对正向供应链中生产计划、库存等产生一定影响。

（3）决策目标多样化。闭环供应链存在的目的不仅仅是满足需要、节约成本和实现盈利，同时还要考虑对环境的影响，构建环境友好型供应链，因此综合考虑经济和环境效益，实现多重目标使目标函数更加复杂。另外还要实现正向、逆向供应链融合运作也是基础目标之一。

（4）供需不平衡性。闭环供应链的供需不平衡主要是由于废旧产品供应和再制造品需求的双重不确定性造成的，对回收的产品需要将其回流至正向供应链中或做其他处理周期较长，而市场需求先于回收流程，从而导致需求不稳定，如果库存较多会增加库存成本，造成机会损失。另一方面，废旧产品价值相对来说较低使得对此业务有兴趣的企业客户很少，再制造存在阻碍也是供需不平衡的原因之一。

（5）增值性。传统供应链本身已经是一条增值链了，再加上逆向供应链对废旧产品进行回收再利用，促进了资源再生和成本节约，环保创新也会使得现有生产过程中副产品市场的重组，在这种重组中，原先的废料可能变成有用的产品，进一步增加了供应链的价值，实现了闭环供应链的增值性。

（三）闭环供应链实施存在的障碍

闭环供应链的复杂程度远远高于常规的正向供应链，因此企业在实施闭环供应链的过程中会遇到许多障碍，主要体现在以下几个方面。

1.闭环供应链网络设计问题

从定义中可知闭环供应链并不是正向供应链和逆向供应链的简单结合，传统的供应链企业如果想要打造闭环供应链，那么首先面对的第一个难题就是将逆向供应链融入正向供应链当中，其中正向供应链包括供应商、制造商、分销商、零售商以及顾客，逆向供应链包括最终使用者、回收者、再制造商等，在设计供应链网络时，若不整合正向供应链和逆向供应链则会引起供应链的次优化，适当调整各主体的网络角色相互配合才行，一个强大的闭环供应链能够灵活抵消各种不确定因素带来的影响，因此，闭环供应链的网络设计尤为重要。

2.产品回收渠道选择问题

在回收过程中，废弃产品的可利用性和利用程度要受到技术、经济等条件的限制。许多废弃产品由于技术条件所限而无法回收利用或者无法最大化地回复产品价值，这也是企业回收面临的价值创造难题，那么如何选择回收渠道就很重要。闭环供应链中渠道参与者通常有制造商、零售商、顾客以及专门从事逆向物流的第三方。Savaskan最早提出了三种回收渠道：制造商回收、零售商回收以及第三方回收，其后学者们关于回收渠道的研究大部分都是在这三种回收渠道的基础上进行的。但是随着实际产业运作的过程，企业要面临选择渠道组合优化难题，确保选择合适的回收渠道以得到最优结果促进利益最大化。

3.闭环供应链定价问题

虽然现在绿色环保问题非常重视，但是企业运营依旧是以盈利为目的的，特别是在信息不对称的情况下，许多企业会倾向选择分散决策的定价模式而不是考虑供应链整体最优的集中决策定价模式。这样企业本身所得到的利润就会降低，就会对本来成本价值不是那么高的废旧产品的回收产生阻碍。因此闭环供应链的定价问题也是企业值得深思的问题之一，不仅关系到自身利益和发展，也同样影响整个闭环供应链的实施。

4.闭环供应链协调问题

传统供应链存在核心企业，具有中心化的特点，从供应商到消费者中间存在许多实体企业，相互联系呈网链结构，尽管核心企业在整条供应链中扮演重要节点的角色，但其在实际运营中对其他企业的影响能力和控制能力有限，因为信息不对称且透明度低，使得存在信息作假和被篡改的风险，上下游未形成利益共同体，缺乏相互信任，目前采用最多的协调方法就是通过一系列的契约尽可能地约束交易双方，使得供应链上的信任体系难以构建。协调是合作的前提，闭环供应链有着更加复杂的系统，只有协调各主体才能促进闭环供应链更好地实施。

 案例 1

东风汽车的物流网络信息化

东风汽车公司以汽车产业的核心——"整车与动力"为主业，主要从事东风系列轻型商用车、东风康明斯系列柴油发动机的开发、设计、制造和销售业务。

在日常的生产、经营和管理活动中，东风汽车面临的最大挑战是运营管理，这是因为整个管理过程涉及许多因素，主要包括整车的物流运输生产计划（从生产入库、库存管理、销售出库、运输、经销商到最终客户接车）、生产计划的分解、生产过程中的 JIT 控制、原材料和半成品的准时供应等。顾及上述所有因素以及管理好 5 家子公司的生产运营，东风汽车必须采取科学的解决方案，以使整个公司实现无缝运营。

东风汽车的整车物流管理由于客户服务要求高、周转速度快、流程复杂以及整车管理本身要求单车各种数据完整、及时和准确，因而包含了极其复杂和灵活的管理内容。中软冠群在 ES/1 系统的基础上开发出整车物流管理系统，并采用条形码管理对数据进行实时收集，对东风汽车股份有限公司的汽车生产入库、整车平面仓储、销售流程控制、整车运输、整车各种改装和退换流程提供了有效的实时管理控制，以及内容丰富翔实、形式生动的水晶数据报表，大幅度提高了东风汽车公司的整车管理水平，为客户带来了切实的经济效益和社会效益。

1.整车物流管理

（1）条形码管理。采用 ES/1 Super Logistics 系统，东风汽车能通过条形码扫描管理所有车辆，包括车辆入库、移库和出库。车辆经过入库扫描后，系统依据设定的规则，会自动产生并打印入库建议单，司机依据入库建议单指定的库位即可入库，无须人工干预。

（2）全线追踪功能。采用 ES/1 Super Logistics 系统，东风汽车能够对车辆进行单件管理，并可通过底盘号查询车辆的来源（包括生产批次号码、生产日期、入库日期、发动机号码、发动机厂家、车身型号、车架型号、车厢型号等）和去向（车辆流向的经销商、最终客户姓名、电话等）。

（3）智能的运输分配和运输跟踪管理。采用 ES/1 Super Logistics 系统，东风汽车可通过预先设定的规则，优化运输路径和车辆编组，并根据承运商的运输情况以及对承运商的考核，对承运商的运费进行平衡，实现了以往手工操作无法实现的功能，既提高了效率，又减少了运输费用，同时也提高了运输分票的科学性，固化了运输分票的规则。具体而言，主要包括以下内容。

① 根据运输分票的结果，系统可自动生成运单，避免了重复录入所带来的工作量和可能出现的错误。系统还可根据运输的路线和编组方式自动计算车辆的运输费用，增强了运费计算的准确性和科学性。

② 系统可跟踪每辆车的在途情况，自动计算出车辆运输所限定的到达日期和返回日期，并可对未返回的车辆进行预警，保证在第一时间发现问题并解决问题。

③ 可对承运商的运输情况（按时返回率、经销商验收意见、运输质量等）进行考核，考核结果作为承运商运费平衡的依据。

（4）库存管理。采用 ES/1 Super Logistics 系统，东风汽车实现了仓库的库位管理，不仅使仓库库存一目了然，而且系统还可自动生成车辆的定期养护计划。系统除了能够监控本地仓库的库存外，还能够监控所有经销商仓库中的库存。

（5）营销管理。采用 ES/1 Super Logistics 系统，东风汽车解决了异地销售的问题。销售公司可远程开销售提车票并给予确认，仓库本部可直接打印票据，避免了单据的远程传递，提高了工作效率。

ES/1 Super Logistics 系统使所有经销商和直接客户的销售信息在系统中被管理和统计，使企业对市场信息了如指掌，便于管理者做出正确及时的管理决策。

2.生产物流管理

（1）条形码管理。采用 ES/1 Super Logistics 系统，东风汽车的生产车间通过条形码扫描实现了生产各个环节的条形码管理。通过在生产线上的扣料区粘贴条形码以及条形码扫描，可对半成品、原材料实现自动扣料，自动生成拉料建议；通过在四大总成上粘贴条形码以及条形码扫描，可自动维护车辆的相关信息并自动扣减消耗量；通过对工人的工牌号编制条形码以及条形码扫描，可记录下线车辆涉及的调整司机、终检人员、发交司机的姓名及相应的时间，并可设置允许的滞留时间，对超期的车辆进行预警。

（2）全线追踪功能。采用 ES/1 Super Logistics 系统，东风汽车能够跟踪生产过程中的每一个环节，可对车辆进行单件管理，并可通过底盘号查询车辆的配置信息、装配信息、四大总成的生产信息、原料的供应信息及车辆的去向信息。其中，配置信息包括发动机号码、发动机厂家、车身型号、车架型号、车厢型号等；装配信息包括批次号码、生产日期、调整信息、终检信息、装箱信息及相应的人员信息等；

去向信息包括车辆流向的经销商、最终客户姓名、电话等。

（3）生产计划管理。采用ES/1 Super Logistics系统，东风汽车能够将年度计划分解为月计划、日计划，系统允许随时调整计划，并可进行计划模拟，保证计划的可行性。月计划、日计划可被分解为装配进度计划、产品车入库计划、三大总成等半成品的生产计划、原料供应计划等，系统可根据当前维护的销售订单，自动生成计划，自动安排生产。

（4）采购管理。ES/1 Super Logistics系统可根据已确认的生产计划自动生成采购计划，根据采购计划和原料的供应商情况自动生成采购订单，实现了采购与生产的集成。因此，ES/1 Super Logistics系统使东风汽车既实现了原料供应的准时化，又减少了原料库存的积压，降低了库存成本。

（5）JIT生产模式。东风汽车采用ES/1 Super Logistics中最适合汽车行业的JIT模式来管理生产作业的进度计划，并通过看板管理，以条形码扫描自动扣料的方式确保了生产的准时化。

ES/1 Super Logistics为东风汽车的运营管理提供了科学的解决方案，极大地提高了各部门的工作效率。储运部门通过对车辆入库进行自动化管理，提高了仓库管理的准确性及效率。市场销售部门通过与储运部门的信息集成，可以准确了解车辆的库存情况、近期的生产情况，并按照库存情况协调销售，加大存货量大的车辆的销售力度，最大限度地降低车辆库存，减少库存积压。生产部门形成了以销售制定生产、然后以生产推动销售的大循环，既减少了库存积压，又加快了生产节奏，提高了东风汽车的市场竞争力。

总之，ES/1 Logistics解决方案使东风汽车的整车管理达到国内一流水平，取得了明显的成效，仅仓储费用一项，就使东风汽车每年400万元的临时仓储费至少节约了1/3。

案例讨论

1.物流网络信息化有哪些特点及优势？
2.东风公司采取了哪些方法对整车进行物流管理？

 案例 2

施乐（Xerox）欧洲公司的"无废弃生产"

施乐公司是单色和彩色复印机及打印机设备制造行业的领导者之一。施乐公司的环保战略目标是使施乐成为"无废弃生产"的公司。1997年，施乐欧洲公司开始开展废弃产品回收和重新加工计划，全年回收约16万台机器，通过重新加工从中产出380万件零部件，利用废弃产品的回收和再加工节约8000万美元，成功地将处理废弃产品的潜在成本转化为利润流。在欧洲和北美，施乐回收再利用了60%以上的墨盒，1998—1999年减少了30万吨的垃圾填埋，节约了45%～60%的制造成本。施乐欧洲公司成功地实现了"三赢"的结果：改进环保效果，提高客户满意度，提升公司绩效。

为有效地实施绿色再循环工程，具体实践中，施乐公司还依据对产品生产周期的科学评价与分析，提出并实施了基于产品全生命周期的闭环供应链系统建，如图5-9所示。

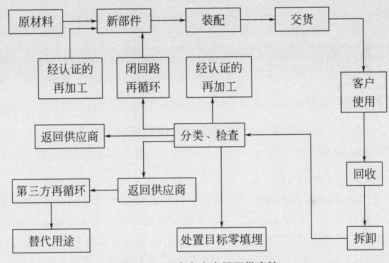

图5-9　无废弃生产闭环供应链

正向供应链从原材料供应商处获得原材料，利用原材料进行零部件制造，装配零部件，制造整机并检测出场，最后通过销售渠道交付消费者使用。逆向供应链流程中，经过消费使用的废弃产品被收回，在经过专业的拆卸、分类、检查后，先将功能完好的部件经再加工后，直接送到装配线上，并与其他新部件一起组装成"新的"复印机；而另一些功能完好的零部件则再循环直接进入部件生产环节，功能受损的零部件返回给零件供应商，并由零件商再加工生成新的零件后，重新进入部件生产环节；至于一部分残余之件也可以较低级的形式进入再循环，并在由专业化的第三方再循环公司加工形成再生原料后，一部分进入本产品的供应链，另一部分则进入其他的产品链。显然，如此循环往复，无形中形成了一个闭循环的物流系统模式。通过这样的闭环供应链系统，施乐公司就可以将生产和使用过程中的废弃产品始终保留在闭环系统内部重复生产和更新，从而实现"无废弃生产"。

第六章
供应链合作关系管理

引导案例

沃尔玛与宝洁经典的供应链合作

1.企业简介

宝洁公司始创于1837年，是世界上最大的日用消费品公司之一，总部位于美国俄亥俄州辛辛那提市。通过坚持用细微但有意义的方式美化消费者每一天的生活，宝洁公司得以180年保持持续增长。宝洁公司在全球大约70个国家和地区开展业务。宝洁公司在全球80多个国家设有工厂或分公司，所经营的65多个品牌的产品畅销180多个国家和地区，其中包括美发、健康和美容、织物和家居护理、婴儿、女性和家庭护理。宝洁大中华区总部位于广州，目前在广州、北京、上海、成都、天津、东莞等地设有多家分公司及工厂。

沃尔玛是一家美国的世界性连锁企业，以营业额计算为全球最大的公司，其控股人为沃尔顿家族。总部位于美国阿肯色州的本顿维尔。沃尔玛主要涉足零售业，是世界上雇员最多的企业，连续5年在美国《财富》杂志世界500强企业中居首位。沃尔玛公司有8500家门店，分布于全球15个国家。沃尔玛主要有沃尔玛购物广场、山姆会员店、沃尔玛商店、沃尔玛社区店等几种营业方式。

2.沃尔玛-宝洁合作模式建立前的合作情况

宝洁是现如今全世界最大的日用品供应商之一，而在零售行业，沃尔玛也是其顶尖的存在，两者之间的合作对于整个市场而言产生了巨大的反响。双方从冷战开始一步一步进行合作，在合作首先开始的阶段，两者之间并不是始终如一的合作状态，期间也存在冲突。

自从1980年以后，美国市场发生了巨大的变化，而零售企业在市场中的主导性越来越强，由于在这种趋势下，供应商试图挽救自己在供应链中的权力，从而导致其与零售商之间发生了巨大的冲突，特别是在1980年以后，这种冲突已经到了一种不可调和的状态。由于在20世纪80年代前期，宝洁不想把自己商品价格定价的权力交给零售商，而沃尔玛也通过胁迫的手段将宝洁产品的商品放在最差的货价位置，从而使得双方之间的对峙不断上升。但是沃尔玛能够与宝洁握手言和，值得我们今天借鉴。

3.沃尔玛-宝洁合作模式的建立

双方在不断对峙的过程中，很快意识到了一个非常现实的问题，那就是通过不断地去打压对方，最终只能给自己带来损失，且不能够解决最终的问题。双方只有进行合作，让消费者购买更多的产品，才能够为双方带来足够的利润，所以在这种情况下，宝洁与沃尔玛很快便达成了共识，那就是一起把市场做大，特别是在20世纪80年代后期，因为婴儿纸尿布的问题，双方创始人开始进行了首次的交流，并且探讨如何去把商品的利益做到最大化。沃尔玛总裁山姆·沃尔顿表示双方之间不应该讨价还价，而是应该共同合作。从此以后，宝洁与沃尔玛之间的合作正式拉开了序幕。

当双方已经有了共同的一套理念以后，宝洁很快便与沃尔玛进行了下一步的合作，首先宝洁公司给沃尔玛超市都安装了持续补货系统，随时了解沃尔玛对其产品的售卖情况，从而对其销售计划进行调整，如此一来，沃尔玛的服务水平也是持续上升，同时沃尔玛的库存成本也是大幅度降低，如此一来，两者很快形成了可靠的伙伴关系。

4.沃尔玛-宝洁合作模式成功的关键因素

（1）地位对等、优势互补。沃尔玛具有一个得天独厚的地方，那就是企业形象非常好，如此一来消费者对其也是足够信任，特别是在沃尔玛强大的实力操控之下，其很快便把影响力推向了全球各地，如此一来，沃尔玛超市的销售情况也是颇为可观，从而吸引到了很多的合作伙伴。

而宝洁公司资金非常雄厚，无论是企业形象还是其创造能力都是数一数二的，而且由于其本身的资历雄厚，其产品在市场的普及也是非常高，在零售行业有很高的品牌知名度。沃尔玛与宝洁公司的合作，这一合作关系的建立是基于双方成熟的依赖度，品牌影响力方面处于均衡状态，沃尔玛需要宝洁品牌，宝洁需要沃尔玛建立顾客通道。优劣互补、强强联手，获取了更大的利益共享，成为零售行业典型的成功案例。

（2）信息共享。销售市场具有一个非常明显的特点，那就是市场和客户的需求会时刻充满变化，如此一来过去的一些数据就已经显得过时，而宝洁和沃尔玛及时进行了沟通，及时掌握了供应链中的各个环节，一旦市场出现变化，宝洁能够通过信息共享快速做出反应，从而在很短的时间里面实现货物的配送，而沃尔玛也可以通过信息来调整销售策略，使成本降到最低。举一个例子，当宝洁的产品出现丢失时，沃尔玛能够快速对宝洁进行反映，而宝洁也能够及时对包装做出相应的改进，从而避免了经济以及企业形象的损失。当沃尔玛的某些产品售卖的进程加快时，宝洁会针对这一现象专门设计产品给沃尔玛，从而获得巨大的利润。

（3）目标协同。零售商要想和供应商共同实现盈利，首先要做的就是确立一个较为明确的目标，并且制订相应的销售计划，如此一来，一个长期有效的伙伴关系才能够逐步确立。沃尔玛之所以能够和宝洁成立了合作关系，其很大的原因正是信息共享，只有在双方能够彼此信任的基础上一个良好的业绩才能够得以实现。要想让两者都获得相互的信任，除了要有书面的材料，还必须要让协议产生实际的作用。除此之外，关于协议两者必须把严密性做好，同时又不断化解彼此之间的纠纷，从而建立一个两者都能够认同的目标。

在此过程中，一定要对效益的标准有一个确切的定量，在首先实现效益目标后，同时再用更大的利益来刺激合作伙伴，如此一来双方之间获得的利益才能够更加庞大，从而使得协议拥有一定的实际价值，根据贝恩公司的一项调查报告可以发现，宝洁公司的产品销售份额有将近十分之一的量是在沃尔玛的超市进行售卖的，而沃尔玛这一方面，销售份额很大一部分是因为宝洁公司的产品影响力。从这一点可以发现，由于宝洁公司与沃尔玛进行合作，双方都获得了巨大的收益，从而使得彼此之间的合作伙伴关系能够持续稳定发展下去。

（4）合作重心的转移。不可否认的是，在双方伙伴关系刚刚建立之时，其都采用了一些消极的方式来压制对方，例如沃尔玛故意拖欠款项，宝洁故意抬高价格。但是在双方有了共同的认识以后，彼此之间的做法有了很大的改观，对峙的情况立马有所收敛。首先，沃尔玛立马付清所有的款项，并且还实行了没有通道费的策略，而宝洁则是为沃尔玛提供广告。在伙伴关系确立以后，两者快速对自己的产品进行升值，并且不断去发掘自身的特点，从而加强自己在市场的竞争力。由于沃尔玛与宝洁之间内部已经实现了对接，一个互利共赢的局面很快便形成了起来。

5.沃尔玛-宝洁合作模式的深化

基于"持续补货系统"的成功实施，让宝洁和沃尔玛瞬间获得了巨大的收益，为了能够让收益持续扩大，宝洁与沃尔玛采取了继续深入的方法，使之合作不断加深。比如宝洁和沃尔玛又共同启动了CPFR（Collaborative Planning, Forecasting and Replenishment，协同计划、预测与补货）流程。这个流程有9个步骤，从双方共同的商业蓝图着手，到市场推广、销售预测、订单预测，到最后对市场活动的评估总结，形成一个循环。流程实施的结果是双方的运营成本和库存水平都大大降低，沃尔玛分店中的宝洁产品的利润增加了48%，存货接近于零。宝洁在沃尔玛的利润也增加了50%左右。基于上述的成功，宝洁和沃尔玛接着在管理信息系统、物流仓储体系、客户关系管理、供应链预测、零售商联系、员工培训等方面进行了全面、持续、深入有效的合作。

灵活高效的物流配送使沃尔玛在残酷的零售行业竞争中脱颖而出，沃尔玛可以保证，商品从配送中心运送到任何一家商店的时间不会超过48小时，沃尔玛分店的货架平均一周可补货两次，而同行其他零售店平均两周才补一次货；通过保持尽可能少的存货，沃尔玛不光节省了存储空间而且降低了库存成本，最终使沃尔玛的销售成本比行业平均水平低了将近三个百分点。

宝洁和沃尔玛的合作不仅停留在物流层面，他们还开始共同分享终端客户的信息和会员卡上的相关资料，宝洁可以更好地了解沃尔玛和终端消费者的产品需求，从而有针对性地研发设计制造产品。

总而言之，宝洁-沃尔玛模式很大程度上降低了整条供应链的运行成本，提高了对客户需求的反应效率，更好地维护了顾客的忠诚度，两家公司的合作已经超越了两家公司的本身，更多的合作是关注双方共同的生意特区，为两巨头都带来了丰厚的利润。

分析与思考

宝洁-沃尔玛模式是如何实现合作共赢的？给两家企业带来了什么好处？

第一节　供应链合作关系管理概述

一、供应链合作伙伴关系的含义

供应链合作伙伴关系（Supply Chain Partnership，SCP）一般是指在供应链内部两个或两个以上独立的成员之间形成的一种协调关系，以保证实现某个特定的目标或效益。建立供应链合作伙伴关系的目的，在于通过提高信息共享水平，减少整个供应链产品的库存总量、降低成本和提高整个供应链的运作绩效。对于某个具体企业而言，它既包括企业与上游供应商的关系，企业与下游客户的关系，同时也包括企业和第三方物流的关系。

从以上定义来看，对于供应链合作伙伴关系的理解要把握以下几点。

首先，供应链合作伙伴之间是长期稳定的合作，强调高度信任和战略合作，而不单是操作层面的合作。因此，相互信任的重要性是不言而喻的。它是构建和维系供应链合作伙伴关系的基础，是伙伴间稳定合作的必要保障。

其次，合作伙伴之间彼此交换的不仅是有形的物质，还包括研发、信息、物流以及技术、生产、管理等方面的相互支持和帮助。供应链合作伙伴之间，不只注重物品的供求及价格问题，更要注重合作后服务水平的提高。因此它意味着合作方要在新产品、新技术的共同研发和数据与信息的共享等做出共同努力。

最后，供应链合作伙伴关系建立的目的是双赢（Win-Win）。企业以追求利润为经营目的，参与到供应链中的根本目的也是提高企业自身利润。因此，建立合作伙伴关系要保证合作双方的利益，甚至是合作各方的共同利益，这样才能激发企业合作的积极性。

供应链合作伙伴关系的建立和管理直接影响着供应链的稳定和整体竞争能力的提高。建立供应链合作伙伴关系可以提高合作双方共享信息水平，减少不确定性，降低整个供应链产品的库存总量，降低成本，提高整个供应链的运作绩效，从而实现"双赢"和"共赢"的目的。因此，供应链合作伙伴关系的建立是供应链管理的基础与核心，没有稳定和坚实的合作关系就无法实现供应链的正常运作，也就谈不上供应链的管理了。

但供应链合作伙伴关系的潜在效益往往不会在建立之初马上显现出来，而是要在建立后三年左右甚至更长时间才能转化成实际利润或效益。因此企业只有着眼于供应链管理的整体竞争优势的提高和长期的市场战略，才能从供应链的合作伙伴关系中获得更大效益。

二、供应链合作伙伴关系的演变过程

在一个企业能从实施供应链战略合作关系获益之前，首先必须认识到这是一个复杂的过程，供应链合作关系的建立不仅是企业结构上的变化，而且在观念上也必须有相应的改变。所以，必须一丝不苟地选择供应商，以确保真正实现供应链合作关系的利益。供应链上的企业关系要经历漫长的演变过程，可以大致将这个过程分为以下三个阶段。

1.传统关系

20世纪70年代前，以传统的产品买卖为特征的短期合同关系。这种关系是基于价格的博弈关系，企业之间基本上是处于讨价还价的竞争状态，因此这一阶段更准确地讲，企业之间是竞争关系。在买方市场下，买方在卖方之间引起价格的竞争并在卖方之间分配采购数量来对卖方加以控制。而在卖方市场下，卖方利用有限的产品来控制买方。

2.物流关系

20世纪七八十年代，随着竞争环境和管理技术的不断变化，供应链上企业关系发生了变化，即由传统关系转变为物流关系。在此阶段，企业之间的关系以加强基于产品质量和服务的物流关系为特征，物料从供应链上游到下游的转换过程进行集成，注重服务的质量和可靠性，供应商在产品质量、柔性、准时等方面对供应商的要求较高。

在此演变过程中，JIT和TQM等管理思想起了催化剂的作用。为了达到准时化生产，要求企业各部门之间、企业之间的沟通与合作更为方便、透明，因此从技术上要求伙伴之间在信息共享、协同作业、并行工程方面相互沟通和协作，这种伙伴关系都是建立在技术层面上的，以物流关系为纽带。

3.合作伙伴关系

随着竞争的日益激烈，竞争日益表现为供应链与供应链之间的竞争，这就产生了基于战略联盟的伙伴关系的企业模型。到了这一阶段，供应链上的企业之间在信息共享、服务支持、并行工程、群体决策等方面合作，强调基于时间（Time-Based）和基于价值（Value-Based）的供应链管理，体现了供应链上各节点企业之间的资源集成与优化。

从产品的研发、生产、配送、交付等整个供应环节实现企业之间的协作，企业之间进行流程优化、业务重组，这是一种最高级别的企业关系模式。随着动态联盟、虚拟制造等思想的应用，企业之间的这种强强联合的伙伴关系更加紧密。

基于这种伙伴关系，市场竞争的策略就是基于时间的竞争和价值链的价值让渡系统管理，或基于价值的供应链管理。

供应链合作伙伴关系演进过程如图6-1所示。

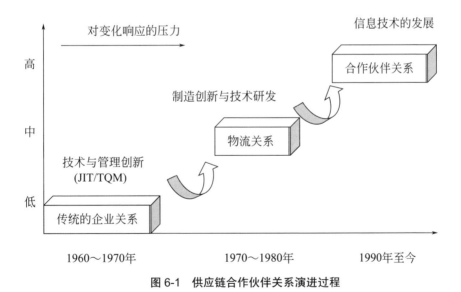

图 6-1　供应链合作伙伴关系演进过程

三、供应链合作伙伴关系与传统供应商关系的区别

在新的竞争环境下，供应链合作伙伴关系研究强调直接的、长期的合作，强调共同努力实现共有的计划、解决共同问题，强调相互之间的信任与合作。这与传统的企业间关系模式有着很大的区别。供应链合作伙伴关系与传统的企业间关系，以供应商关系为

例，其主要区别体现在以下几个方面（表6-1）。

表 6-1　传统供应商关系与供应链合作伙伴关系的区别

比较要素	传统企业关系	供应链合作关系
相互交换的主体	物料	物料、服务、技术等核心资源
供应商选择标准	价格，投标	多标准评估（交货的质量、准时性、可靠性、服务等）
稳定性	变化频繁	长期、稳定、互信
合同性质	单一	开放的长期合同
供应批量	小	大
供应商数量	多	少
供应商规模	小	大
供应商定位	当地	无界限（国内和国外）
信息交流	信息专用、严格保密	信息共享
技术支持	不提供	提供
质量控制	输入检验控制	制造商的标准管理和供应商的全面质量管理
选择范围	投标评估	广泛评估可增值的供应商

除上述区别外，供应链企业在战略上是相互合作关系，因此必须重视各个企业的利益。供应链获得总的利润需求需要在供应链中各个企业间进行合理的分配，这样才能体现出合作的价值和对合作者的激励作用。

四、供应链合作伙伴关系建立的意义

供应链合作伙伴关系的建立，合作各方都将受益，具体表现在良好的供应链合作伙伴关系可以降低供应链成本、降低库存水平、增强信息共享、保持战略伙伴相互之间操作的一致性、改善相互之间的交流状况，最终创造更大的竞争优势。

1.减小供应链上不确定因素，降低库存

（1）需求信息确定。战略伙伴关系意味着一个企业有着多个稳定的合作伙伴，下游企业可以在发出订单之前为上游企业提供其具体的需求计划，这时上游企业所面对的需求信息就由原来的订单和预测转化成为具有战略伙伴关系的企业的需求计划，有了较为明确的需求信息，企业就能够减少为了吸收需求波动而设立的成品库存，制订更精确的生产计划。

（2）供给信息的确定。战略伙伴关系的建立实际上表明企业间的互相信任，从产品设计上的合作开始到产品的质量免检都是这种合作关系的特征，下游企业可以获取供应企业综合的、稳定的生产计划和作业状态，无论企业能否按要求供货，需求企业都能预先得到相关信息以采取相应的对策。因此，外购物料库存将因供应方生产信息透明度的提高而降低。

2.快速响应市场

制造商通过与供应商建立合作伙伴关系，可以充分利用供应商的专长，将大量自己不擅长的零配件等的设计和生产任务通过外包而分给擅长于此的企业来完成，自己则集中力量于自身的核心竞争优势。这样既不必实施昂贵而风险巨大的垂直集成，又能充分发挥各方的优势，并能迅速开展新产品的设计和制造，从而使新产品响应市场的时间明显缩短。

当今消费市场需求瞬息万变，不仅仅是制造商，供应商、分销商、零售商都必须对这些变化做出及时快速反应，才有可能立足市场，获取竞争优势。企业与企业之间的竞争已转向供应链和供应链之间的竞争，而供应链的竞争力来自供应链各节点企业的紧密合作。这种合作拆除了企业的围墙，将各个企业独立的信息化孤岛连接在一起，实现供应链无缝连接，使整条供应链像单个企业一样运作，而又不失去每个企业核心优势。这是传统意义上的供应链所无法相比的，传统意义上的供应链正是因为链上各节点企业间信息不畅通，企业间合作与沟通非常少，信息波动扭曲放大，或者企业为了自身利益而不惜牺牲整个物流的速度，使得整个供应链企业对变化的需求反应迟缓。例如某种商品突然流行起来，并在商店脱销，补货订单到达零售商的配送中心后，配送中心并未采取更多的行动，而是在此商品量降到最低库存水平，才向制造商发出订单。接下来，制造商在其配送中心的库存降到订货点时订货，然后生产计划部门才开始计划新的生产。整个供应链上的企业都将自身库存保持最小作为目标，而不是通过合作，适时地将货物送到顾客手中，此次销售良机必然错过。

3.加强企业的核心竞争力

自从普拉哈拉德和哈默提出核心竞争力一词来，企业核心竞争力的培育和实施日益受到重视。正因为企业日趋注重自身的核心竞争力，强调企业自身的特点，企业的非核心竞争力业务必然要靠其他在此业务上具有核心竞争力的企业来承担。各自具有优势的企业在共同的目标下联合起来，以协作共享信息、降低整个成本并共担风险、分享利益。强调企业的核心竞争力，没有以战略合作关系为基础的供应链管理模式与之呼应，就发挥不了其核心优势，获得竞争地位。所以，供应链管理强调链中企业的战略合作关系，其实质是强调企业发挥各自的核心竞争力。

4.用户满意度增加

（1）产品设计。合作伙伴关系不仅存在于供应商与制造商之间，也存在于制造商与分销商之间。分销商更贴近用户，更容易掌握用户的喜好，从而在新产品的需求定义方面提出更为恰当的建议，使产品的设计做到以用户需求来拉动，而不是传统的以更高的成本将产品推向用户，供应商的合作也能使制造商在产品设计之初就充分考虑用户的需求，生产出更符合用户习惯的产品。

（2）产品制造过程。供应质量的提高使制造商可以在正确的时间、恰当的地点获得正确数量的高质量的零配件，从而使最终产品质量大为提高，同时，供应质量的提高也大幅度缩短了生产期。

（3）售后服务。产品的质量离绝对完美总是有一定差距的，而且用户的喜好也是千差万别的，因而产品的设计不可能完全符合每位用户的胃口，用户的不满意情况总是存在的。解决问题的关键在于，当用户不满意时，分销商、制造商和供应商应齐心协力解决问题，而不是互相推卸责任。

当供应链合作伙伴关系建立后，制造商也许会向供应商进行投资，以帮助其更新生产和配送设备，加大对技术改造的投入，提高物流质量。制造商往往会向供应商提出持续降低其供应价格的要求，虽然这种要求会给供应商带来相当大的压力，但是制造商的投资以及逐渐增大的市场份额和稳定的市场需求使供应商能够改进技术，实现规模效应。另外，一旦合同有了保证，供应商将会把更多的注意力放在企业的长远战略发展上，而不至于仅为了企业的生存做一时的打算。

第二节　供应链合作伙伴的类型及选择

供应链的有效运作，并不是供应链中各节点企业能力的简单的加减便可以实现的，节点企业间需要一种合作机制来维持供应链的运作，以实现利益共享、风险共担，供应链的协调运作需要战略合作伙伴关系做支撑。

一、供应链合作伙伴的类型

由于供应链紧密合作的需要，并且制造商可以在全球范围内寻找最杰出的合作伙伴，为了能使选择合作伙伴的工作更为有效，可以把合作伙伴分为不同的类型。供应链的构建主体即合作伙伴选择的主动方通常是由供应链上的核心企业来扮演，核心企业可能是制造企业或零售企业。

根据合作伙伴在供应链中的增值作用及其竞争实力，可将合作伙伴分成不同的类别，分类矩阵如图6-2所示。图6-2中纵轴代表的是合作伙伴在供应链中增值的作用，对一个合作伙伴来说，如果不能对供应链的增值做出贡献，它对供应链的其他企业就没有吸引力。横轴代表某个合作伙伴与其他合作伙伴之间的区别，主要是设计能力、特殊工艺能力、柔性、项目管理能力等方面竞争力的区别。

图 6-2　供应链合作伙伴类型

在实际运作中，应根据不同的目标选择不同类型的合作伙伴。对长期合作而言，要求合作伙伴能保持较高的竞争力和增值率，因此最好选择战略性合作伙伴；对短期合作或某一短暂市场需求而言，只需选择普通合作伙伴满足需求则可，以保证成本最小化；对中期合作而言，可根据竞争力和增值率对供应链的重要程度的不同，选择不同类型的合作伙伴（有影响力的或竞争性/技术性的合作伙伴）。

二、选择合作伙伴时考虑的主要因素

一个世界级的制造商要参与全球市场竞争，就要通过供应链系统在客户需求、制造成本、主导技术、客户服务等方面形成强大的竞争力。许多企业已经提高了对战略合作伙伴挑选的注意力，以努力减少合作伙伴带来的风险，因此，供应链管理中的重要任务之一就是细查合作伙伴商务活动的所有方面，满足适应全球制造和全球竞争的需要。对供应商的选择问题也就成为今天所有企业不能忽视的战略性决策，供应商选择的影响因素主要有以下几个方面。

1.价格因素

价格因素主要是指供应商所供给的原材料、初级产品或消费品组成部分的价格，供应商的产品价格决定了消费品的价格和整条供应链的投入产出比，对生产商和销售商的利润率会产生一定程度的影响。

2.质量因素

质量因素主要是指供应商所供给的原材料、初级产品或消费品组成部分的质量，原材料、零部件、半成品的质量决定了产品的质量，这是供应链生存之本。产品的使用价值是以产品质量为基础的。如果产品的质量低劣，该产品将会缺乏市场竞争力，并很快被淘汰。而供应商所供产品的质量是消费品质量的关键所在，因此，质量是一个重要因素。

3.交货周期因素

对于企业或供应链来说，市场是外在系统，它的变化或波动都会引起企业或供应链的变化或波动，市场的不稳定性会导致供应链各级库存的波动，由于交货提前期的存在，必然造成供应链各级库存变化的滞后性和库存的逐级放大效应。交货提前期越短，库存量的波动越小，企业对市场的反应速度越快，对市场反应的灵敏度越高。由此可见，交货周期也是重要因素之一。

4.交货可靠性因素

交货可靠性是指按照订货方所要求的时间和地点，供应商将指定产品准时送到指定地点。如果供应商的交货可靠性较低，必定会影响生产商的生产计划和销售商的销售计划与时机。这样一来，就会引起大量的浪费和供应链的解体。因此，交货准时性也是较为重要的因素。

5.品种柔性因素

在全球竞争加剧、产品需求日新月异的环境下，企业生产的产品必须多样化，以适应消费者的需求，达到占有市场和获取利润的目的。因此，多数企业采用JIT生产方式。为了提高企业产品的市场竞争力，就必须发展柔性生产能力。而企业的柔性生产能力是以供应商的品种柔性为基础的，供应商的品种柔性决定了消费品的种类。

6.设计能力因素

集成化供应链是企业的未来发展方向。产品的更新是企业的市场动力。产品的研发和设计不仅仅是生产商分内之事，集成化供应链要求供应商也应承担部分研发和设计工作。因此，供应商的设计能力属于供应商选择机制的考虑范畴。

7.特殊工艺能力因素

每种产品都具有其独特性，没有独特性的产品市场生存力较差。产品的独特性要求特殊的生产工艺，所以，供应商的特殊工艺能力也是影响因素之一。

8.其他影响因素

还有一些其他的因素影响战略合作伙伴的选择，如项目管理能力，供应商的地理位置、供应商的库存水平等。以上所述影响因素在实际的供应链的选择过程中表现出来的重要性是不同的，主要认为产品的质量、成本和交货行为的历史记录是选择机制的三大重要标准。

目前，我国企业评价选择供应链战略合作伙伴时存在较多问题：一是选择方法不科学，企业在选择合作伙伴时主观成分过多，有时往往根据企业的印象来确定合作伙伴的选择，选择时往往还存在一些个人情感的成分；二是选择的标准不全面，目前企业的选择标准多集中在企业的产品质量、价格、柔性、交货准时性、提前期和批量等方面，没有形成一个全面的综合评价指标体系，不能对企业做出全面、具体、客观的评价；三是选择机制不配套，各个部门各行其是，有时使选择流程流于形式，最终根据个人好恶确定合作伙伴；四是对供应链合作伙伴关系的重要性认识不足，对待合作伙伴的态度恶劣。这些问题影响着企业建立合作伙伴关系的基础，从整个供应链来看是不利的。

第三节　供应链合作伙伴评价与选择的步骤和方法

一、合作伙伴综合评价、选择的步骤

合作伙伴的综合评价选择可以归纳为以下几个步骤（图6-3），企业必须确定各个步骤的开始时间，每一个步骤对企业来说都是动态的（企业可自行决定先后和开始时间），并且每一个步骤对企业来说都是一次改善业务的过程。

步骤1：分析市场竞争环境（需求、必要性）

市场需求是企业一切活动的驱动源，因此建立基于信任、合作、开放性交流的供应链长期合作关系，首先要分析当今经济条件下，我们所处的市场环境的竞争状况，了解本条供应链的核心竞争力，从而我们才能知道自己需要什么类型的供应链伙伴，同时我

们必须了解供应链上的合作企业的优势和劣势，只有这样才能建立更加长久、稳定、信任、合作的供应链伙伴关系。

如果已建立供应链合作关系，则根据需求的变化确认供应链合作关系变化的必要性，从而确认合作伙伴评价选择的必要性。同时，分析现有合作伙伴的现状，分析、总结企业存在的问题。

步骤2：建立合作伙伴选择目标

企业必须确定合作伙伴评价程序如何实施、信息流程如何运作、谁负责，而且必须建立实质性的切合实际的目标。其中降低成本是主要目标之一，合作伙伴评价、选择不仅是一个简单的评价、选择过程，它本身也是企业自身和企业与企业之间的一次业务流程重构过程，实施得好，它可以带来一系列的利益。

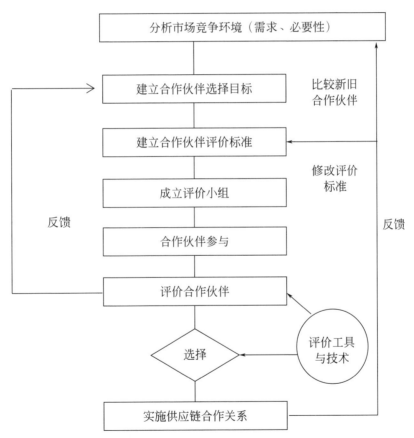

图6-3 合作伙伴评价、选择步骤图

步骤3：建立合作伙伴评价标准

合作伙伴综合评价的指标体系是企业对合作伙伴进行综合评价的依据和标准，是反映企业本身和环境所构成的复杂系统不同属性的指标，是按隶属关系、层次结构有序组成的集合。

根据相应的原则，建立集成化供应链管理环境下合作伙伴的综合评价指标体系，不同行业、企业、产品需求，不同环境下的合作伙伴评价应是不一样的。但不外乎都涉及合作伙伴的业绩、设备管理、人力资源开发、质量控制、成本控制、技术开发、用户满意度、交货协议等可能影响供应链合作关系的方面。

在评价和选择合作伙伴时应建立有效、全面的综合评价指标体系。综合评价指标体系的设置应遵循以下原则。

（1）系统全面性原则。评价指标体应能全面系统地反映出合作伙伴目前的综合水平，还应包括企业发展前景的各方面指标。

（2）简明科学性原则。评价指标体系的大小也必须适宜，即指标体系的设置应有一定的科学性。如果指标体系过大，指标层次过多、指标过细，势必将评价者的注意力吸引到细小的问题上；而指标体系过小，指标层次过少、指标过粗，又不能充分反映供应商水平。一般情况下，相对值指标优于绝对值指标，客观评价指标优于主观评价指标。

（3）稳定可比性原则。评价指标体系的设置应具有一定的稳定性，即不会因评价对象、评价时间等变化而发生较大变动，同时还应考虑到易与国内其他指标体系相比较，且所设计的评价指标必须能够在同一企业的不同组织之间进行比较。

（4）灵活可操作性原则。评价指标体系应具有足够的灵活性，以便企业能根据自己的特点以及实际情况，对指标灵活运用。同时还要具有可操作性，即指标可量化，数据的收集和评价指标的计算方法要有明确规定，便于评价的实施。

结合以上原则，还要考虑评价指标必须与企业目标相适应，且每一个评价指标的目的要明确，被评估的组织单位可以控制评价指标，在设计过程中还应与所涉及的人员共同讨论、共同设计评价指标。

根据企业研究调查，影响合作伙伴选择的主要因素一般可归纳为4类：企业业绩、业务结构与生产能力、质量系统、企业环境。

步骤4：成立评价小组

企业必须建立一个小组以控制和实施合作伙伴评价。组员以来自采购、质量、生产、过程等与供应链合作关系密切的部门为主，组员必须有团队合作精神、具有一定的专业技能。评价小组必须同时得到制造商和合作伙伴企业最高领导层的支持。

步骤5：合作伙伴参与

一旦企业决定进行合作伙伴评价，评价小组必须与初步选定的合作伙伴取得联系，以确认他们是否愿意与企业建立供应链合作关系，是否有获得更高业绩水平的愿望。企业应尽可能早地让合作伙伴参与到评价的设计过程中来。然而因为企业的力量和资源是有限的。企业只能与少数的关键的合作伙伴保持紧密合作，所以参与的合作伙伴不能太多。

步骤6：评价合作伙伴

评价合作伙伴的一个主要工作是调查、收集有关合作伙伴的生产运作等全方位的信息。在收集合作伙伴信息的基础上，就可以利用一定的工具和技术方法进行合作伙伴的评价了。

在评价的过程后，有一个决策点，根据一定的技术方法选择合作伙伴，如果选择成功，则可开始实施供应链合作关系；如果没有合适的合作伙伴可选，就返回步骤2重新开始评价选择。

步骤7：实施供应链合作关系

在实施供应链合作关系的过程中，市场需求将不断变化，可以根据实际情况的需要及时修改合作伙伴评价标准，或重新开始合作伙伴评价选择。在重新选择合作伙伴的时候，应给予原有合作伙伴以足够的时间适应变化。

二、供应链合作伙伴选择的方法

供应链合作伙伴选择方法可以分为定性方法、定量方法、定性与定量相结合三大类。

1.定性方法

定性方法的基本原理是根据以往的经验和与合作伙伴的关系进行主观判断。这类方法简单易行。费用低，但易产生逆向选择，仅适用于备选者不多时对次要合作伙伴的选择。具体方法主要包括以下几种。

（1）直观判断法。直观判断法是根据征询和调查所得的资料并结合人的分析判断，对合作伙伴进行分析、评价的一种方法。这种方法主要是倾听和采纳经验丰富的采购人员的意见，或者直接由采购人员凭借经验做出判断。常用于选择企业非主要原材料的合作伙伴。

（2）招标法。当有大量的订单，激烈的竞争伙伴时，可以采取招投标方式，选择合适的供应链合作伙伴。招标企业提出招标要求，竞标企业进行竞标，最后由招标企业决定选择哪家竞标企业的投标，与该企业签订协议或合同。

招标法可以是公开招标，也可以是指定竞级招标。公开招标对投标者的资格不予限制；指定竞标则由企业预先选择若干个可能的合作伙伴，再进行竞标和决标。招标方法竞争性强，企业能在更广泛的范围内选择适当的合作伙伴，以获得供应条件有利的、便宜而适用的物资。

但招标法手续较繁杂，时间长，不能适用紧急订购的需要，而且招标法订购机动性差，有时订购者对投标者了解不够，双方未能充分协商，造成货不对路或不能按时到货。

（3）协商选择法。协商选择法是企业选择几家比较有利的备选对象，再分别同他们进行协商，最终确定适当的合作伙伴。协商法选择范围相对较小，因此可能选择的合作伙伴不是最优秀的，但与招标法相比，协商选择法由于供需双方可以进行充分协商，在物资质量、交货期、售后服务等方面较有保障。但由于选择范围有限，不一定能得到价格最合理、供应条件最有利的供应来源。因此在采购时间紧迫、物质规格较复杂，技术条件较高，投标企业少造成竞争程度较小的情况下，协商选择法比较合适。

2.定量方法

由于单一的定性方法缺少科学依据因此局限性较大，而定量方法的应用则可以提高合作伙伴的合理性和有效性。定量方法主要包括以下几种。

（1）采购成本比较法。采购成本一般包括售价、采购费用、运输费用等支出。采购成本比较法是通过计算分析与各个备选对象的采购成本，最终选择成本最低的作为合作伙伴。当备选对象的质量、供货期等方面条件基本相当时，比较适合选用这种方法。

（2）ABC成本法。20世纪90年代中期产生了基于活动的成本法（Activity Based Costing，ABC），基本思想是通过计算备选合作伙伴的总成本选择最佳者。

鲁德霍夫（Rood Hooft）和科林斯（Jozef Konings）在1996年提出基于活动的成本分析法，通过计算合作伙伴的总成本来选择合作伙伴，他们提出的总成本模型为：

$$s_i^B = (p_i - p_{\min}) \times q \sum_j C_j^B \times D_{ij}^B$$

式中 s_i^B——第i个合作伙伴的成本值；

p_i——第i个合作伙伴的单位销售价格；

$P_{\min}$——合作伙伴中单位销售价格的最小值；

q——采购量；

C_j^B——因企业采购相关活动导致的成本因子j的单位成本；

D_{ij}^B——因合作伙伴i导致的在采购企业内部的成本因子j的单位成本。

这个成本模型用于分析企业因采购活动而产生的直接和间接的成本的大小，企业将选择成本值最小的合作伙伴。

3.定性与定量结合的方法

面对客观存在的难以定量化的因素，纯粹的定量方法在实际操作中还存在一定的局限性，因此定性与定量结合的方法更为科学、实用。

（1）层次分析法。层次分析法是一种定性与定量相结合的工具，在许多领域都有应用。20世纪70年代由著名运筹学家萨蒂提出。韦伯等提出利用层次分析法选择合作伙伴，其基本原理是通过对目标、子目标、约束条件、部门等的评价方案，采用两两比较的方法确定判断矩阵，然后把判断矩阵的最大特征相对应的特征向量作为相应的系数，最后综合给出各方案的权重（优先程度）。

由于该方法可让评价者对照相对重要性函数表，给出因素两两比较的重要性等级，因而可靠性高、误差小，不足之处是遇到因素众多、规模较大的问题时，该方法容易出现问题，如判断矩阵难以满足一致性要求，往往难于进一步对其分组。

另外，蒂默曼提出的合作伙伴评价分类法（Categorical Method）、温德和罗宾森、格里格利提出的标重法（Weighted Point Plan），这些都可以用于合作伙伴的选择，但它们在供应链环境下的应用都存在一些问题，因为没有考虑具体的环境，所以不能有效地对合作伙伴进行评价和选择。

（2）神经网络算法。神经网络算法是20世纪80年代后期的一种新型学科，可以模拟人脑的某些智能行为，具有自学习、自适应和非线性动态处理等特征。这里将神经网络算法应用于供应链管理环境下合作伙伴的综合评价选择，意在建立更加接近于人类思维模式的定性与定量相结合的综合评价选择模型。

通过对给定样本模式的学习，获取评价专家的知识、经验、主观判断及对目标重要性的倾向，当对合作伙伴做出综合评价时，该方法可再现评价专家的经验、知识和直觉思维，从而实现了定性分析与定量分析的有效结合，也可以较好地保证合作伙伴综合评价结果的客观性。

基于人工神经网络的合作伙伴综合评价选择的总体流程结构模型如图6-4所示。

图 6-4　基于人工神经网络的合作伙伴综合评价选择总体流程结构模型

在选定评价指标组合的基础上，对评价指标做出评价，得到评价值之后，因各指标间没有统一的度量标准，难以进行直接的分析和比较，也不利于输入神经网络计算。因此，在用神经网络进行综合评价之前，应首先将输入的评价值通过隶属函数的作用转换为[0, 1]之间的值，即对评价值进行标准无纲量化，作为神经网络的输入，以使ANN可以处理定量和定性指标。

评价值输入模块处理功能结构如图6-5所示。

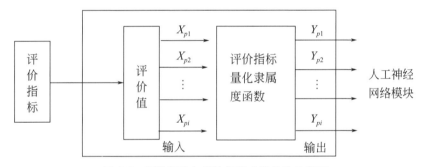

图 6-5　评价值输入模块处理功能结构示意图

其中X_{pi}表示第i个指标的评价值（输入值），Y_{pi}表示第i个指标经量化后的评价值（输出值），它是B-P人工神经网络（以下简称B-P网络）的输入值。

人工神经网络模块是综合评价系统的重要组成部分，由B-P网络组成，主要完成网络结构的定义、样本的学习和通过B-P算法进行合作伙伴的综合评价计算等功能。

用于合作伙伴评价选择的B-P网络可以采用具有一个输入层、一个隐层和一个输出层的网络结构。各层具有多个节点，每相邻两层之间单方向互连。

B-P网络结构参数的选择是一个十分重要的工作，输入层和隐层个数的增加会增强网络的表达能力，但也会影响其收敛速度。B-P网络结构参数可在网络运行前设置定义，相应设置存于网络结构文件。

在通过计算得到网络的权值和阈值后，就可将经过初始化的企业评价值作为网络输入进行计算，得到评价输出。

三、建立供应链合作关系不同阶段的重点事项

良好的供应链合作关系首先必须得到最高管理层的支持，并且企业之间要保持良好

的沟通，建立相互信任的关系。

在战略分析阶段需要了解相互的企业结构和文化，消除社会、文化和态度之间的障碍，并适当地改变企业的结构和文化，同时在企业之间建立统一一致的运作模式或体制，消除业务流程和结构上存在的障碍。

在合作伙伴评价和选择阶段，总成本和利润的分配、企业文化兼容性、财务稳定性、合作伙伴的能力和定位（包括地理位置分布）、管理的融合性等都将影响合作关系的建立，必须增加与主要供应商和用户的联系，增进相互之间的了解（对产品、工艺、组织、企业文化等），相互之间保持一定的一致性。

到了供应链战略合作关系建立的实施阶段，需要进行期望和需求分析，相互之间需要紧密合作，要加强信息共享与相互提供技术交流和设计支持。在实施阶段，相互之间的信任最为重要，良好愿望、柔性、解决矛盾冲突的技能、业绩评价（评估）、有效的技术方法和资源支持等都很重要。

 案例

超契约合作关系——麦当劳和夏晖

夏晖集团（HAVI Group，以下简称夏晖）几乎是麦当劳的"御用的3PL"冷链物流公司，其与麦当劳的合作超过30年之久。麦当劳没有把物流业务分包给不同的供应商，夏晖也从未移情别恋，这种独特的合作关系，不仅建立在忠诚的基础上，麦当劳之所以选择夏晖，在于后者为其提供了优质的服务。

·企业简介

麦当劳（McDonald's）是全球大型跨国连锁餐厅，1955年创立于美国芝加哥，在世界上大约拥有3万间分店。截至2017年底，全球有超过37000家麦当劳餐厅，每天为100多个国家和地区的6900万名顾客提供高品质的食品与服务，主要售卖汉堡包，以及薯条、炸鸡、汽水、冰品、沙拉、水果等快餐食品。

夏晖于1974年成立于美国芝加哥，集团是应麦当劳的需求而产生的公司，是世界上冷链物流以及控温式配送中心的龙头企业。在供应链管理和冷链物流方面拥有领先的地位，借由麦当劳数十年友好合作的伙伴关系，夏晖建立了在食品业提供完整供应链管理的能力。夏晖在44个国家拥有7600名员工，在美国、欧洲、中国及东南亚地区为8000多家麦当劳餐厅提供高质量的供应链管理服务，其中也包括多温层食品物流服务，公司主要客户还有必胜客、星巴克、海底捞等。

·夏晖-麦当劳的"铁血联盟"

麦当劳要求夏晖提供一种网络化的支持，这种网络化能覆盖整个国家和地区，不同环节之间需要高效对接，夏晖则充分发挥流通网络的整合能力，并且它具有其他公司不可匹敌的经验。

为了满足麦当劳冷链物流的要求，30年来，夏晖主要为麦当劳提供一站式综合冷链物流服务，包括运输、仓储、信息处理、存货控制、产品质量安全控制等，并且根据麦当劳的店面网络建立了分拨中心和配送中心。这种为冷链物流需求方提供高效完善的冷链方案，全程监控冷链物流，整合冷链产品供应链的企业就是第三方冷链物流企业。

麦当劳利用夏晖设立的物流中心，为其各个餐厅完成订货、储存、运输及分拨等一系列工作。并通过它的协调与连接，使每一个供应商与每一家餐厅达到畅通与和谐，为麦当劳餐厅的食品供应提供最佳的保证，其合作模式如图6-6所示。设立至今，麦当劳的近60家供应商的商品都是通过夏晖建立的物流体系分发到各个门店。

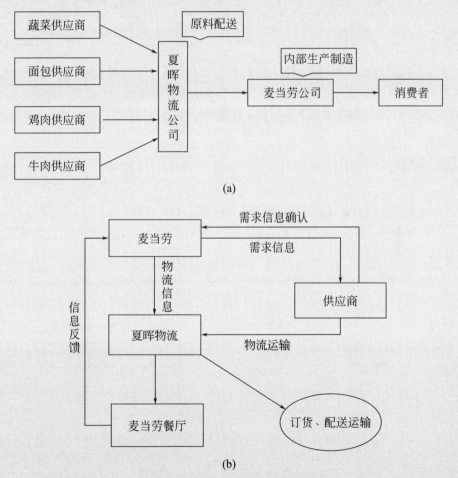

图 6-6　麦当劳和夏晖的合作模式

·夏晖-麦当劳的共赢

（1）夏晖的平均库存远远低于竞争对手。在麦当劳和夏晖的伙伴关系中，夏晖物流不仅扮演了第三方物流公司的角色，而且还承担着供应商的责任。麦当劳完全采用了供应商代理的形式，由夏晖掌握麦当劳的库存与采购，使得夏晖的库存保持在较低水平。

（2）麦当劳产品的物流损耗率仅有万分之一。为了满足麦当劳冷链物流的要求，夏晖在北京地区投资5500多万元人民币，建立了一个占地面积达12000平方米、拥有世界领先的多温度食品分发物流中心，其中干库容量为2000吨，里面存放麦当劳餐厅用的各种纸杯、包装盒和包装袋等不必冷藏冷冻的货物。冻库容量为1100吨，设定温度为零下18摄氏度，存储着派、薯条、肉饼等冷冻食品。冷藏库容量超过300吨，设定温度为1～4摄氏度，用于生菜、鸡蛋等需要冷藏的食品。冷藏和常温仓库设备都是从美国进口的设备，设计细致而精心，最大限度地对麦当劳产品进行保鲜，保持麦当劳产品的物流损耗率在万分之一。

麦当劳与夏晖的合作，一方面，麦当劳可以专心自己的核心产业，不断实现效益最优化，获取经济利益；另一方面，夏晖与麦当劳的合作不仅使其在国际上拥有较高评价，也使其获得了更多企业的订单与青睐。在当下竞争激烈的市场环境下，与自己的大顾客和老顾客建立长期的合作关系不但能节约成本，也是一种可持续发展的选择。麦当劳和夏晖两者的长期合作关系为两家公司带去了双赢的局面，使两家公司共同成长！

案例讨论

1. 案例中供应链的合作伙伴关系是何种类型？
2. 设想麦当劳选择合作伙伴时考虑的主要因素有哪些？
3. 案例中，供应链的主体主要在哪些领域展开合作，从合作中获得哪些收益？

第七章
供应链风险管理

芯片危机，诺基亚与爱立信的胜败抉择

1.背景

世界手机市场三巨头诺基亚、摩托罗拉和爱立信当中有两家处于北欧邻国。手机市场的龙头老大诺基亚诞生于1865年的芬兰，当时是造纸厂，一直到20世纪90年代才集中制造以手机为主的通信设备。在芬兰的邻国瑞典，爱立信先生早在1876年就开了一家修理电话的店铺，然后就开始制造电话。进入20世纪90年代，手机开始普及，诺基亚和爱立信在手机市场展开了激烈的竞争。

2.事故

2000年3月17日星期五，晚上8点，美国新墨西哥州大雨滂沱，电闪雷鸣。雷电引起电压陡然增高，不知从哪里迸出的火花点燃了飞利浦公司第22号芯片厂的车间，工人们虽然奋力扑灭了大火，但火灾仍然带来了巨大的损失：塑料晶体格被扔得满地都是；足够生产数千个手机的8排晶元被烧得黏在电炉上动弹不得，车间里烟雾弥漫；烟尘落到了要求非常严格的净化间，破坏了正在准备生产的数百万个芯片。芯片是移动电话中的核心部件，突然间的一场大火使处理无线电信号的RPC芯片一下子失去了来源。面对如此重大的变故，飞利浦需要花几周才能使工厂恢复到正常生产水平。为了满足供应客户的芯片需要，恢复生产的速度是关键。飞利浦的主管决定最先满足大客户诺基亚和爱立信的需求。诺基亚和爱立信一起购买的芯

片占这家工厂总芯片的40%，此外还有30多家小厂也从这家芯片厂订货。就是这场持续了10分钟的火灾居然影响到了远在万里之外的位于欧洲的世界上两个最大的移动电话生产商。

3.反应

在火灾发生后的几天内，诺基亚的官员在芬兰就发现订货数量上不去，似乎感到事情有一点不对。3月20日诺基亚公司接到来自飞利浦方面的通知，飞利浦方面尽量把事情淡化，只是简单地说火灾引起某些晶元出了问题，只要一个星期就能恢复生产。这个信息传到高亨（负责诺基亚零部件供应的管理者）那里，高亨决定派两位诺基亚工程师到飞利浦的工厂去看看。但是飞利浦公司怕造成误会，婉言拒绝了诺基亚的要求。高亨随即就把飞利浦公司供应的这几种芯片列在了特别需要监控的名单上，这种情况在诺基亚公司每年会出现十几次，当时也没有人太在意。在随后的一个星期里，诺基亚开始每天询问飞利浦公司工厂恢复的情况，而得到的答复都含糊其词。此情况迅速反映到了诺基亚公司高层，诺基亚手机分部总裁马蒂·奥拉库塔（Matti Alahuta）在赫尔辛基会见飞利浦方面有关管理者的时候，把原来的议题抛在一边，专门谈火灾问题。他还特别强调一句话："现在是我们需要下很大的决心来处理这个问题的时候了。"一位曾经在场的飞利浦公司管理者回忆说，可以很明显地看出来，诺基亚方面非常生气，这种感觉就好像是在"生死之间做选择一样"。

3月31日，也就是火灾两个星期以后，飞利浦公司正式通知诺基亚公司，可能需要更多的时间才能恢复生产。高亨听到这个消息后，就不停地用计算器算来算去：他发现这可能影响到诺基亚400万部手机的生产，这个数字足以影响整个诺基亚公司5%的销售额，而且当时手机市场的需求非常旺盛。高亨发现由飞利浦公司生产的5种芯片当中，有一种在世界各地都能找到供应商，但是其他4种芯片只有飞利浦公司和飞利浦的一家承包商生产。在得到这个坏消息几小时之后，高亨召集了中国、芬兰和美国诺基亚分公司负责采购的服务工程师、芯片设计师和高层经理共同商讨怎样处理这个棘手的问题。高亨专门飞到飞利浦公司总部，十分激动地对飞利浦公司的CEO科尔·本斯特（Cor Boonstra）说："诺基亚非常非常需要那些芯片，诺基亚公司不能接受目前的这种状况，即使是掘地三尺也要找出一个方案来。"经过高亨的不懈努力，他们找到了日本和美国的供应商，承担生产几百万个芯片的任务，从接单到生产只有5天准备时间。诺基亚还要求飞利浦公司把工厂的生产计划全部拿出来，尽一切努力寻找可以挖掘的潜力，并要求飞利浦公司改变生产计划。飞利浦公司迅速见缝插针，安排了1000万个Asic芯片，生产芯片的飞利浦工厂一家在荷兰，另一家在上海。为了应急，诺基亚还迅速改变了芯片的设计，以便寻找其他的芯片制造厂生产。

诺基亚公司还专门设计了一个快速生产方案，准备一旦飞利浦新墨西哥州的工厂恢复正常以后，就可快速地生产芯片，把火灾造成的200万个芯片的损失补回来。

与诺基亚形成鲜明对照的是，爱立信反应要迟缓得多，表现出对问题的发生准备不足。爱立信公司几乎是和诺基亚公司同时收到火灾消息，但是爱立信公司投资关系部门的经理说，当时对爱立信来说，火灾就是火灾，没有人想到它会带来这么大的危害。当火灾发生的时候，很多高级经理们刚刚坐上新的位置，还不熟悉火灾会造成多大的影响，也没有什么应急措施。

2000年7月，爱立信第一次公布火灾带来的损失时，股价在几小时内便跌了14%。此后，股价继续下跌不止。这时，爱立信公司才开始全面调整了零部件的采购方式，包括确保关键零部件由多家供应商提供。

爱立信公司突然发现，生产跟不上了，几个非常重要的零件一下子断了来源。火灾后遗症在2001年1月26日达到了高潮，飞利浦公司的官员说：实在没有办法生产爱立信所急需的芯片，"已经尽了最大努力"。而在20世纪90年代中期，爱立信公司为了节省成本简化了供应链，基本上排除了后备供应商。当时，爱立信只有飞利浦一家供应商提供这种无线电频率晶片，没有其他公司生产可替代的芯片。在市场需求最旺盛的时候，爱立信公司由于短缺数百万个芯片，一种非常重要的新型手机无法推出，眼睁睁地失去了市场。面对如此局面，爱立信公司只得宣布退出移动电话生产市场。

诺基亚的努力没有白费，手机生产赶上了市场需求的高潮，生产按期完成。利用火灾给爱立信公司带来的困难，诺基亚公司奠定了在欧洲市场的主导地位，扩大了在全球手机市场的市场份额。当时，诺基亚的市场份额已经达到30%，而一年以前还只是27%，爱立信的市场份额为9%，一年以前则是12%。从一定意义上讲，正是这场危机使诺基亚从爱立信的手中抢夺了3%的市场份额。

2001年4月1日，爱立信公司宣布将停止生产手机，并将手机业务外包给了一家新加坡的制造公司Flextronics的旗下。消息传出，全世界为之震惊。一家生产了100多年电话机的企业，终于不再制造任何手机了。

《华尔街日报》分析，爱立信公司之所以选择退出，原因很多，诸如火灾引起的损失、市场营销不力和产品设计等多方面的问题。其中飞利浦芯片厂遭受火灾之后，企业没有迅速做出反应，引发手机生产上的深层危机，是导致其和诺基亚公司拉开距离的主要原因。

4.统计

爱立信公司在2000年未能生产出700万部手机，爱立信手机在全球的市场占有率从15%降到年末的10%左右，致使其手机部门的经营亏损达到17亿美元。

5.评价

诺基亚公司和爱立信公司都是这家飞利浦公司晶片生产厂的客户，面对移动电话销售火爆的情况，核心元件的缺位无疑是致命的。面对这场危机，诺基亚和爱立信两家公司的反应形成了鲜明的对照，其结果也有天壤之别。火灾成全了诺基亚，害苦了爱立信。这场持续了10分钟的火灾居然改变了这两家知名的移动电话生产公司的实力。

分析与思考

1.芯片危机下，诺基亚与爱立信分别做出了怎样的反应？它们成功和失败的原因是什么？

2.案例带给我们怎样的启示？

第一节　供应链风险管理概述

一、供应链风险

（一）供应链风险的概念

供应链的多参与主体、跨地域、多环节的特征，使供应链容易受到来自外部环境和链上各实体内部不利因素的影响，形成供应链风险。供应链风险是一种潜在威胁，它能够利用供应链系统的脆弱性对供应链系统造成破坏。从目标控制的角度出发，可以说供应链风险是供应链偏离预定目标的可能性。

供应链风险也就是供应链上存在的风险，但是目前对风险的定义还没有统一的看法，风险在现实中有以下几种含义。

（1）风险事件未来可能结果发生的不确定性。March & Shapira认为风险是事物可能结果的不确定性，可由收益分布的方差测度；通过量化风险的概念改变人们对风险的认识。由于方差计算的方便性，风险的这种定义在实际中得到了广泛的应用。

（2）风险是损失发生的不确定性。该观点认为风险意味着未来损失的不确定性。这种观点又分为主管学说和客观学说两类。主观学说认为不确定性是主观的、个人的心理上的一种观念，是个人对客观事物的主观估计，而不能以客观的尺度予以衡量，不确定性的范围包括发生与否的不确定性、发生时间的不确定性、发生状况的不确定性以及发生结果严重程度的不确定性。客观学说则是以风险客观存在为前提，以风险事故观察为基础，以数学和统计学观点加以定义，认为风险可用客观的尺度来度量。

（3）风险是指可能发生损失的损害程度的大小。该观点认为风险可以引申定义为预期损失的不利偏差。Markowitz 在别人质疑的基础上，排除可能收益率高于期望收益率的情况，提出了下方风险（Downside Risk）的概念，即实现的收益率低于期望收益率的风险，并用半方差来计量下方风险。

（4）风险是指损失的大小和发生的可能性。这种观点认为风险是指在一定条件下和一定时期内，由于各种结果发生的不确定性而导致行为主体遭受损失的大小及这种损失发生可能性的大小，风险是一个二维概念，风险以损失发生的大小与损失发生的概率两个指标进行衡量。另外一些学者认为风险不仅包括损失的概率、可能损失的数量，还包括损失的易变性3方面内容，其中可能损失的程度处于最重要的位置。

（5）风险是由风险构成要素相互作用的结果。风险因素、风险事件和风险结果是风险的基本构成要素，风险因素是风险形成的必要条件，是风险产生和存在的前提。风险事件是外界环境变量发生预料未及的变动从而导致风险结果的事件，它是风险存在的充分条件。风险事件是连接风险因素与风险结果的桥梁，是风险由可能性转化为现实性的媒介。根据风险的形成机理将风险定义为：风险是在一定时间内，以相应的风险因素为必要条件，以相应的风险事件为充分条件，有关行为主体承受相应的风险结果的可能性。

（6）利用不确定性的随机性特征来定义风险。风险的不确定性包括模糊性与随机性两类。模糊性的不确定性，主要取决于风险本身所固有的模糊属性，要采用模糊数学的方法来刻画与研究；而随机性的不确定性，主要是由于风险外部的多因性（即各种随机因素的影响）造成的必然反应，要采用概率论与数理统计的方法来刻画与研究。

借鉴以上定义，我们对供应链风险的定义为：供应链风险是指在特定客观条件下，在特定期间内，由风险因素引起的风险事件的发生影响了供应链预期的正常运行，使供应链面临损失的可能性。其中，风险因素是指风险形成的必要条件，是供应链风险产生和存在的前提；风险事件是指供应链内外变量发生变化导致供应链损失的事件，它是供应链风险存在的充分条件，也是连接风险因素与损失的桥梁。

（二）供应链风险的特征

尽管供应链能带来诸多好处，但供应链环节中的企业仍是市场中的独立经济实体，彼此之间仍存有潜在利益冲突和信息不对称。在这种不稳定的系统内，各节点企业是通过不完全契约方式来实现企业之间的协调，因而供应链必然存在风险性，且这种风险与单个企业的风险有很大不同。与一般的企业风险相比，供应链风险有以下特征。

1.客观性

无论是台风、火灾、地震等各种自然灾害，还是人类社会中的冲突、意外事件、战争、经济危机等，都不以人的主观意志为转移而客观存在，它们的存在和发生就整体而言是一种必然的现象。对于供应链而言，其本身结构的复杂性导致了风险的客观性。供应链各节点企业有各自的经营战略、目标市场、技术水平、管理制度以及企业文化等，同一个企业也可能同时属于多个相互竞争的供应链，这些都增加了供应链管理的复杂性和难度，从而导致了风险的产生。供应链所面临的市场竞争环境中的不确定性是必然存在的，而只要存在不确定性就必然存在风险。另外全球化的趋势使得供应链企业分布范围更广，通过远程采购、全球生产和装配，供应链从地球的一端延伸至另一端，则必然增加供应链运作风险。因此，在供应链上、下游企业相互协调的过程中，其风险的发生是一种本质的、必然和客观存在的现象。

2.动态性

供应链管理目标的实现是供应链整合优化的过程。实现供应链目标的过程受到内部和外部各种因素的影响，不同的成员企业和业务面临的风险因素不同。其中有些因素，随着环境和资源的变化及供应链管理目标的调整，可能会转化为供应链风险因素。供应链因外部客观环境或内部结构而产生风险，这些风险随着风险处理的正确性与及时性，使供应链风险降低或升高。因此，供应链风险因素与供应链的运作相伴存在，具有动态性特征。

3.复杂性和层次性

供应链中的企业是相互影响、相互依赖的，尤其是社会分工的专业化导致企业与外部的联系更加紧密，导致供应链风险的来源呈现复杂性的特征。供应链风险相比一般企业的风险，类型多、范围广，也更为复杂，它还要面对由于供应链的特有组织结构所决定的企业之间的合作风险、技术与信息资源传递风险、文化冲突风险及利润分配风险等。另一方面，供应链的结构呈现层次化和网络化，不同层次的供应链成员（核心企业、供应商、经销商、协作层企业）对供应链运作影响程度不同，同样的风险对不同层次的供应链成员的影响和损失程度也不同。

4.传递性

传递性是供应链风险最显著的特征，也是由供应链自身组织结构所决定的。由于供应链从产品开发、原材料采购、生产加工到仓储配送整个过程，都是由多个供应链节点企业共同参与完成，各个节点企业的工作形成了一个交错的混合网络结构。供应链风险在供应链节点企业之间及供应链的各个环节之间都是彼此依赖、互相影响，任何一个节点或环节出现问题，都可能波及其他环节，进而影响整个链条的正常运作。供应链是链式生产结构，源头企业可以通过这种结构把一定风险传递到下游企业，下游企业可以通过信息流与资金流等途径把风险传递给上游企业。一个企业发生风险，造成生产、销售等运营的困难，那么整条供应链都要受到牵连。供应链中非常典型的"牛鞭效应"便是由这种传递性引起的。传递性会利用供应链系统中的依赖性，促使供应链风险对整个系统内的企业造成破坏，并将损失也逐步蔓延到上、下游企业。

5.此消彼长性

各个风险之间往往是相互联系的，采取措施消除一种风险可能会导致另一种风险的加剧，同样，供应链上某个企业采取的措施可能会增加供应链上其他企业的风险。一方面，企业内部一种风险的减少会导致另一种风险的增加，比如为了加强与供应商的长期战略合作，减少交易成本，可能会因选择较少的供应商而增加供应中断风险。另一方面，供应链系统内各节点企业之间风险的此消彼长性，如制造厂商为了减少自身的库存风险，要求上游供应商采用 JIT 方式送货，而这必然导致上游供应商送货成本、库存的增加。因此在研究供应链风险、加强对供应链风险的控制时要充分考虑风险之间的相互影响，对此消彼长的风险进行权衡以确保供应链整体风险最小。

二、供应链风险管理的概念

风险管理起源于美国，小阿瑟威廉斯是风险管理领域的权威，他认为风险管理其实就是一种科学的管理方法，通过这种方法可以对风险进行识别、评估和控制，从而能够用最小的成本将风险可能造成的损失降低到最低限度。

从中可以看出风险管理是企业在一个有风险的环境里把风险减至最低的管理过程，通过付出一定的成本，以取得合理的风险管控，这需要找到成本与风险损失的平衡点，不是投入成本越高，风险越低越好，也不是投入成本越低，风险增高，而是在其中找到一个临界点，以合理的风险预防投入，降低风险的发生，这要取决于企业管理者需要达到哪种合理的风险管控，使实际损失和预防成本最低。

供应链风险管理旨在识别潜在的风险并采取适当的行动以规避或消除风险，可定义为"通过供应链成员之间协作，识别和管理供应链内部风险和外部风险，来降低整体供应链的脆弱性"。供应链风险管理就是对供应链不确定性的管理和控制，通过建立风险识别体系，自诊体系及免疫（自修复）体系等一系列措施，达到降低企业及整个供应链脆弱性的效果。

三、供应链风险管理的内容

供应链风险管理理论和方法是从一般风险管理理论中划分和发展出来的，其内容也和风险管理大体相似。结合供应链管理实际情况，归纳出供应链风险管理体系应包括的内容。

（1）风险意识。在供应链的各种活动中，风险并未受到人们的充分认识，难以置信的结果可能令人手忙脚乱。其实，其中有些后果是可以避免的，这就要求将各种可能出现的风险能被系统地管理起来，能够识别风险并能确定其影响范围，也就是说供应链中的员工特别是管理者必须提高对风险的主动意识，对待风险及其影响要做到有目的、有计划、有预案、有措施。

（2）风险识别。风险识别分为对风险因素的识别与分析两个过程。风险识别是指通过调查与分析来识别供应链面临风险的存在；风险分析就是通过归类，掌握风险产生的原因和条件，以及风险具有的性质。

风险识别的目的是在风险意识的基础上识别存在于供应链内部的危险，以及起因和后果，对风险进行统一的分离，简化风险分析，并促进有效的风险管理。

识别风险的前提是要将风险分类。从不同的角度、按照不同的标准，对供应链风险有不同的分类结果。

供应链风险按照行为主体、管理目标、供应链管理层次、供应链内外系统环境可以划分为不同的风险类型。常见分类如下。

① 按行为主体分。由于供应链是由多个节点企业共同参与的，其行为主体往往包括原材料的供应商、第三方物流、制造生产商、批发商、零售商等，因此，按照供应链行为主体分，可以将供应链风险分为原材料供应商风险、生产商风险、批发零售商风险和物流商风险。

② 按管理目标分。供应链风险按管理目标分，可分为成本风险、质量风险和时间风险。成本风险是指供应链各环节的成本控制，导致成本过高，从而使供应链运作受损的风险。质量风险是指供应链上各主体各环节在质量上没有把控好，从而使供应链运作受损的风险，质量不仅指实际产品的质量，还要包括服务质量。时间风险是指供应链上各主体各环节没有及时地获取所需要的、完整的信息，而产生的使供应链运作受损的风险。

③ 按管理层次分。在企业中，供应链管理的层次分为战略决策层、战术指挥层、实际操作层。因此可以将供应链风险分为战略层风险、战术层风险和操作层风险。由于企业战略处于企业最高层，对企业及整个供应链有着决定性的作用，战略层风险一直以来都是最具危害性的风险，其严重时不仅会破坏整个供应链的正常运作，甚至会导致供应链的解体。

④ 按风险因素分。风险因素包括自然风险和社会风险，因此可以将供应链风险按自然风险和社会风险分类。自然风险是指那些因为不可抗拒的自然灾害的发生而致使供应链无法正常运行的风险，社会风险是有人参与的会直接影响供应链运行的风险。

⑤ 按供应链系统分。供应链的正常运行既包括节点企业自身的正常运行，还包括节点企业外部环境的变化给供应链正常运行带来的影响，因此可以将供应链风险分为供应链内部风险和外部风险。

（3）风险评估。风险评估是指对可能引起风险的因素进行定性分析、定量计算，以测量可能发生风险的概率，为风险处理提供依据。其目的和任务是评价供应链已识别危险对供应链稳定性的影响程度。

（4）风险管理。其目标是通过适当的措施把风险造成的后果控制在可预料或可承受的范围内，通过系统方法，根据风险的起因与后果对其进行连贯一致的处理。

（5）风险检查。风险管理是个定期重复的过程，但随着供应链内外环境的变化，原来的管理方法可能不再适用于新的管理环境。在风险管理决策贯彻和执行过程中，必须对其贯彻和执行情况不断进行检查、评价、指挥和协调。理由是：其一，风险管理的过程是动态的，风险是在不断变化的，新的风险会产生，原有的风险会变大、变小或完全消失；其二，通过检查和评估来发现风险管理决策中可能存在的错误。对每一期的供应链风险管理效果进行评价，并将评价结果反馈到下一期的风险管理中去，以期不断改进和提高供应链的风险管理水平。

（6）风险交流。风险交流是指在风险评估人员、风险管理人员、生产者、消费者和其他有关团体之间就与风险有关的信息和意见进行相互交流，包括对风险评估结果的解释和执行风险管理决定的依据。风险交流是风险信息和分析结果双向多边的交换和传达，以便相互理解和采取有限的管理措施。

风险交流应当与风险管理和控制的目标一致，且贯穿于风险管理的整个过程，它不仅是信息的传播，更重要的作用是把有效进行风险管理的信息纳入政府的决策过程中，同时对公众进行宣传、引导和培训，也包括管理者之间和评估者之间的交流，是具有预见性的工作。

第二节　供应链风险识别

供应链风险识别是有效进行供应链风险管理整个过程的首要阶段，是指对供应链所面临的和潜在的风险加以判断、归类和对风险性质进行鉴定的过程。对风险的识别过程，是对供应链上各节点的构成与分布的全面分析与归类，是对各节点所面临的和潜在的风险，以及发生风险损害的可能性的识别与判断，是对风险可能造成的后果与损失状态的归类和分析。只有这样，才能针对不同的风险采取有效的应对措施。

一、供应链风险识别方法

在风险事件发生之前，风险管理主体需要运用各种方法系统地、不间断地识别供应链的各种风险。风险识别与分析的工作就是通过调查了解识别供应链面临的风险及来源，并对其进行归类，掌握风险产生的原因和条件及其表现形式。对于风险管理主体来说，凭借其经验和一般知识便可识别和分析供应链面临的常见风险。但对于新的、潜在的风险，其识别和分析难度较大，需要按照一定的方法，在必要时还要借助外部力量来进行识别与分析。主要方法包括情景分析法、历史事件分析法、流程分析法、风险问卷法和财务报表法。

（1）情景分析法。情景分析法常常以头脑风暴会议的形式来发现一系列主要的与经济、政治、技术、文化等相关的影响供应链表现的风险因素。这种方式可以识别世界将来发展的一个趋势。一旦某种趋势被识别出来后，跟着就要分析这种趋势对企业、对供应链将会产生怎样的影响，进而发现一系列存在的或潜在的风险因素。从战略层次看，情景分析法对于识别由于新技术的出现、产业结构和动态以及经济状况的变化等宏观环境所导致的风险特别有效。情景分析法也能被用在偏策略的层次来发现一些现存的风险因素，以及这些风险因素产生的影响。

（2）历史事件分析法。历史事件分析法通过分析历史风险事件来总结经验，进而识别将来可能发生的潜在风险。一般情况下，先收集一些产生不良后果的历史事件案例，然后分析总结导致这些事件发生的风险因素。而且这个分析过程也包括对那些在实际中没导致损失但却暗示着潜在危机的事件的分析。例如，零部件出现短缺、客户需求突然发生变化、生产和产品质量发现问题等等。

（3）流程分析法。流程分析法首先绘制出展现不同事业功能的供应链流程图。而且这个流程图必须足够详尽地包括从起点到终点的整个可供分析的供应链流程。这个流程图里的每一步都代表一个独立的事业流程，要弄清楚关于这个流程的细节，包括它的目的、如何进行、由谁来进行以及多有可能导致的失误。供应链流程图完成后，它就可以被用来分析并发现控制缺陷、潜在失效环节以及其他薄弱环节。要特别留意那些不同的部门或组织的交接处可能产生的潜在风险。这个分析可以识别出那些并没有展示在现有流程中的被遗漏的控制程序。另外它还可以识别出那些被错置的任务和职责，而它们可能导致流程错误或失控。

（4）风险问卷法。风险问卷又称为风险因素分析调查表。风险问卷法是以系统论的观点和方法来设计问卷，并给供应链各组成企业内部各类员工填写，由他们回答本单位所面临的风险和风险因素。一般来说，供应链各企业基层员工亲自参与到供应链运作的各环节，他们熟悉业务运作的细节情况，对供应链的影响因素和薄弱环节最了解，可以为风险管理者提供许多有价值的、细节的有关局部的信息，帮助风险管理者来系统地识别风险，准确地分析各类风险。

（5）财务报表法。财务报表法是根据企业的财务资料来识别和分析企业每项财产和经营活动可能遭遇到的风险。财务报表法是企业使用得最普遍也是最为有效的风险识别与分析方法，因为企业的各种业务流程、经营的好坏最终体现在企业资金流上，风险发生的损失以及企业实行风险管理的各种费用都会作为负面结果在财务报表上表现出来。因此企业的资产负债表、损益表、财务状况变动表和各种详细附录就可以成为识别和分析各种风险的工具。供应链是由各企业组成的价值增值链，供应链风险的影响最终还是会落实到各成员企业中，并通过相应的财务报表反映出来。因此可借助财务报表法来识别和分析各企业中存在的风险，并通过归纳总结得到供应链的整体风险。

综上所述，供应链风险的识别与分析是一个综合运用各方法、连续不断的、工作量繁重的过程。

二、供应链风险分析

无论从理论上还是从实践来说，广义而言任何与供应链有关的因素都有可能影响供应链的绩效，进而导致供应链风险的发生。但是，并不是所有因素都会对供应链绩效产生显著影响。因此，风险因素分析的关键是识别那些对供应链持续稳定运作和绩效有显著影响，即可能导致达不到供应链管理目标乃至造成供应链解体的关键风险因素。

按供应链所处的内、外部环境可以将供应链风险分为内生风险和外生风险。外生风险是指和供应链的外部宏观环境有关的风险，包括自然灾害风险、政治法律风险、宏观经济风险和市场环境风险等；内生风险则和供应链内部环境有关，供应链内部环境是指供应链的设计和运行管理，包括计划控制风险、组织合作风险、供应风险和需求风险等。

（一）供应链外生风险分析

（1）自然灾害风险。自然灾害风险包括自然界的水灾、火灾、地震、台风等直接引起非常规性的破坏的风险以及疾病、瘟疫等间接导致供应链经济损失的风险。例如2000年中国台湾发生大地震，造成全球计算机配件价格的上涨；同年，美国新墨西哥飞利浦公司第22号芯片厂发生火灾，爱立信为此损失了4亿美元的销售额，市场份额也由之前的12%降至9%，以至于最后不得不将业务外包。在2003年"非典"危机肆虐时期，供应链上出现了一组灰色数据：交通运输业4～6月损失总额约380亿元；批发及零售业收入损失120亿元；制造业收入增加值减少270亿元。自然灾害作用于供应链中各个节点企业的经营活动，可能导致供应链中企业资金流动受阻或中断，使生产经营过程遭受损失，既定的经营目标、财务目标无法实现等。

（2）政治法律风险。国际政治格局的变化常常因为各种利益的重新布局和各种资源的重新分配而导致相应产业的供应链的经营目标发生变化，那些不适应这种变化的供应链将面临巨大的风险。另外，国内政局不稳定、政府的换届以及战争的爆发也会对供应链产生致命的影响，中东战争和南美部分国家的政局不稳定都使许多供应链面临中断运行的风险。

供应链面临的法律环境的变化也会诱发供应链经营风险。为使市场经济有序进行，国家相继颁布和实施一系列法律法规，如企业组织法、税收法规、金融法规、财务法规和其他法规等，使国家的法制体系日益健全。但是，各种法律都有一个逐渐完善的过程，法律法规的调整、修订等等不确定性对经营者的理财活动有重大影响，形成供应链风险的外在发源地。

（3）宏观经济风险。供应链的宏观经济风险来自包括国际经济环境和国内经济环境两个部分。

国际经济环境、国际金融秩序的变化及汇率的波动给供应链特别是跨国型的供应链带来风险。国际金融秩序的动荡往往会对供应链的资金筹集、投资及其他经营管理活动产生极大影响，使供应链的经营风险增加。而汇率的波动将会影响供应链间节点企业的利润分配，使某些节点企业承受损失，会影响整条供应链的运行。国内经济环境是指如经济体制、经济周期和通货膨胀等给供应链带来的风险。

（4）市场环境风险。整个行业的动荡将对归属该行业的供应链运行带来风险。供应链之间的竞争形势也会对供应链的生存产生极大的影响。核心企业管理供应链的能力也会对供应链的竞争优势产生关键的影响。供应链的管理能力决定着整条供应链运行效率的运行成本，而这决定着整条供应链的竞争能力。当竞争对手的运行效率和成本优于自己时，则经营风险增加。

（二）供应链内生风险分析

（1）制度控制风险。内部控制包括控制设计和控制执行两方面。供应链的有效运行首先要有一个好的结构设计和运行机制，反应在物流、资金流和信息流等各个方面。但有了好的结构和运行机制还不能保证供应链的有效运行，这还取决于那些结构和机制是否得到有效的实施和执行。内部控制就是要尽量保证供应链在有良好的控制政策和程序的情况下，这些政策和程序也得到了良好的执行。内部控制不当产生的风险因素包括库存控制风险、财税财务控制风险、信息控制风险、履行法律义务风险、作业安全控制风险、风险响应和应急控制风险等方面。上述供应链内部控制的不当都将使供应链管理达不到预期目标。

（2）组织合作风险。由于供应链中不同成员都是独立的自主经营的企业，其目标不可能完全相同甚至相互冲突。例如，供应商希望制造商的采购是大量而稳定的，但是制造商为了实现柔性生产，满足顾客的定制化需求，又希望供应商能够保持灵活的供应和高服务水平。供应链是一个非常复杂的供需网络，这个网络往往包含着多条供销渠道，由于各自的目标不同，渠道之间的协调是非常困难的，这需要各环节之间具有极高的诚意和合作信心。核心企业的规模越大，形成的供应网络就越复杂，各个成员之间要想实现无缝隙连接与合作就越困难。供应链管理强调的是系统优化，但是由于目标的冲突，供应链各成员的利益必然出现矛盾。组织合作风险主要包括结构设计风险、成员战略偏差风险、合作关系风险和道德风险。

（3）供应风险。供应风险主要来自供应商的不确定性及物流配送的不确定性，主要包括供应商生产能力风险、供货质量风险、采购成本风险、物流配送风险和关键供应商失败风险。

（4）需求风险。在拉动型的供应链中，需求决定着生产，需求过大和需求过小都将对整条供应链的运行甚至是生存问题产生至关重要的影响，如何解决供应链中需求的不稳定所带来的影响也是供应链管理中的重要议题。需求风险从其产生的性质方面又分为市场预测风险、需求波动风险、销售商选择风险和关键客户失败风险。

第三节　供应链风险评估

一、供应链风险评估的概念

供应链风险评估是对风险重要性进行评估，在风险识别的基础上，通过对收集的大量资料进行分析，利用概率统计理论，对识别的风险所能造成的可能的影响以及这些影响所能造成的可能的损失程度，即对风险的发生概率和损失程度进行预测和评估，使企业管理人员能够按照风险的轻重缓急来对其进行最优的管理。主要有四个步骤。

（1）选定评估因素，构成评估因素集。

（2）根据评估的要求划分等级，确定评估标准。

（3）对各风险要素进行独立评估，得出评估矩阵和权重矩阵。

（4）进行数学运算，计算出评估结果。

二、供应链风险评估的标准

供应链的评估标准也即是供应链风险控制的预期目标，是根据供应链的计划目标和供应链的绩效指标确定的。而相应的，供应链绩效评价体系作为实务界和理论界关注的重要问题还并没有形成合适的、达成共识的评估标准。在这种供应链目标不清楚、绩效指标不完善的情况下，如何科学地选择系统化的、方便实用的供应链风险评估标准就成了一个很值得研究的问题。

在确定供应链风险的评估标准时应当遵循如下基本原则。

（1）结合企业的运营目标、供应的计划目标。

（2）标准水平要同期望的目标客户服务水平相一致。

（3）标准水平要同企业目前的管理水平、设备水平相一致。

（4）符合企业自身供应链活动流程，便于计算。

供应链风险评估标准与供应链绩效评价标准相关，但不完全相同。风险评估标准关心的是把运行结果与管理目标的偏差控制在一定范围内，而绩效评价标准关心的是以最佳表现实现管理目标。供应链风险评估标准可以从质量风险、时间风险和成本风险三大方面进行设置，这同时也符合供应链管理的基本目标。

三、供应链风险评估的方法

（一）定性分析

定性的分析方法是对每一项风险的详细描述，如表7-1所示。

表 7-1　风险描述

风险的性质	定性地描述风险
后果	定性地描述潜在的损失和获利
可能性	主观确定风险是否会现实发生
范围	风险发生影响的对象（供应商、成本、服务等）
责任	风险发生所在的职能部门以及承担控制风险的责任方
利益相关者	受风险影响的人员以及他们的预期
目标	通过风险管理希望达到的目标
相关	与其他风险的相关性
运作活动的改变	缓和风险带来的影响

定性分析可以更细致地描述风险的性质，能够帮助更好地了解风险的影响和所造成的后果，但是较为主观难以给出任何数量值，不能更加精准和客观地评价。

（二）定量分析

定量分析则能够量化分析风险，给出每个风险的数量值，对于风险发生的严重性和后果可以给出较为客观和更加精准的评价。

风险评估中定量分析的方法各不相同，但这些方法都基于两个因素：① 风险事件发生的可能性；② 风险事件发生多造成的影响力。由这两个因素我们可以计算期望值来对风险进行评估。

风险评级（Risk Rating）= 风险发生概率（Probability）× 风险发生影响程度（Impact）

第四节　供应链风险管理措施

随着经济全球化市场环境的不断变化，企业在供应链管理上所面临的环境更加复杂。由于信息不对称、信息缺失或扭曲、市场的不确定性等内生因素的存在以及政治、经济和社会环境等外在因素的影响，使整个供应链系统存在着脆弱性，不可避免地孕育着供应链风险。如何提高供应链抗风险能力，加强供应链弹性，使供应链作为企业未来竞争的主体在激烈的市场竞争中能够脱颖而出，变得十分重要。

一、供应链风险管理措施概念

识别供应链风险是为了有效地处理供应链风险，减少供应链风险发生的概率和造成的损失。对于供应链风险的控制应该是多层次、多渠道的。

1.风险规避

在风险处理方法中，规避风险是理想的处理方法。有效的规避风险措施可以完全规避某一特定风险可能造成的损失，而其他方法仅在于通过减少损失概率与损失程度或减少风险的财务后果等途径来减少企业所面临的各种风险的潜在影响。但是，风险规避方法的实际应用要受到一定的限制，因为它往往涉及放弃经营活动，从而失去与这种活动相伴随的利益。

2.风险控制

风险的控制包括两个方面的内容：一是控制风险因素，控制风险发生的可能性；二是控制风险发生时的损失程度。

（1）控制风险的发生频率。控制风险发生频率，是整个风险管理的重要方法，一般采取下列措施。① 预防性措施，如对管理人员及操作人员进行教育和培训，增强其工作责任心，熟练掌握操作技术；对有危险的机器配备安全保护装置，消除潜在的火灾隐患，加强道路交通管理等等。② 保护性或半预防性措施，如保护在风险中可能受到伤害的人和物。

（2）控制风险发生时的损失程度。在采取上述措施的状况下风险仍难免发生，这是由风险的客观性决定的。当风险发生时应采取一切可能措施减少损失程度，使损失降到最低限度。主要包括：① 抢救措施，尽可能保存受损财产，如从洪水中抢运受灾物资、为减少火灾蔓延而拆除连带部分等。② 消整措施，对损余的物资及时进行整理，如对水渍物资进行晾晒等。

3.风险接受

当某种风险不能避免或因冒风险可获得较大利益时，企业应承担风险。风险的接受有主动与被动之分。不知风险的存在而不加处理，或明知风险存在而疏忽怠慢不予处理，都是被动接受。知道存在风险但因无适当处理方法，或者因自己承担风险比其他处理方法更经济，或者因为风险较小，企业足以接受，都是主动接受风险。

承担风险的风险处理方法通常在下列情况下采用。① 处理风险的成本大于承担危险所需付出的代价。② 预计某一风险发生可能造成的最大损失，企业本身可以安全承担。如在企业经营中某种过小的风险，其发生时造成的损失可以从风险基金中支付。③ 不可能转移出去的风险，或者不可能防止的损失，即面临风险没有适当的处理方法，如战争。④ 缺乏处理风险的技术知识，或疏忽处理，或没有觉察到风险的存在，以至于自己承担风险所造成的损失。⑤ 自保。规模巨大的企业将所有风险性质相同的大量财产按照以往的准确记录或资料，预计发生损失的大小，衡量自己的承担能力，提取基金，在遭遇损失时用该基金进行补偿。自保是接受风险的特殊情况。

4.风险共担

供应链的优势之一是节点企业间可以合作，所以在利益共享的同时也应该共担风险，这也是供应链风险管理的重点：设计合理的风险共担机制。

在供应链网络中，风险会从一个企业向另一个企业进行传递，且具有放大效应，因此供应链企业对风险进行协作管理是非常必要的。有些风险只能控制减少，不能消除，系统内部接受风险是很必要的。处理供应链风险方法的选择是一种科学决策，要对供应链的企业内部情况、外部环境有充分的了解，同时还要注意方法的适用性和效果。

5.风险转移

（1）保险转移。以合同形式将自然灾害、意外事故可能造成的损失、人身伤亡及对他人的经济赔偿责任造成的经济损失转移给保险公司。

（2）非保险转移。转移产生风险的活动，企业采取承包或雇佣形式，将具有特殊危险的工作让具有特殊技能的专业人员来承担。

二、供应链风险的具体管理措施

1.利用先进的供应链技术

科学技术对供应链的发展有着深远的影响，很多供应链风险来自技术的落后，所以要尽量使用各种先进的技术来减少风险。目前供应链技术的落后主要有两个原因。一是落后的观念。在劳动密集型向知识密集型转型的过程中，我们仍旧有低廉的人力资源成本，很多企业决策者不愿意将资金投入耗资巨大的先进技术及设备上。二是资金的约束。每个行业中只有少数几个企业有着雄厚的资金，大多数企业即使已经意识到现代科学技术的重要性，却没有足够的能力采用现代科学技术。解决这个问题要通过学术界、企业界和政府等的多方努力，首先要改变观念，其次要做行业整合。

2.优化供应链结构

不同的产品或服务的供应链结构也会有所不同，主要从以下方面考虑。① 选择合适的供应链长度、宽度和深度。② 确定合作伙伴的数量。③ 考核选择合作伙伴。④ 增大供应链的柔性。⑤ 充分发挥核心企业的作用。主要举两个典型的供应链例子：汽车供应链和生鲜供应链。汽车供应链具有最典型的供应链组织模式，整车制造商为供应链的核心企业，是供应链的物流调度与管理中心，担负着信息集成与交换的作用。汽车供应链系统中涉及的节点企业有原料供应商、多级零部件供应商、整车制造商、分销商、维修服务站、汽车用户、第三方物流公司以及物流分供方等。整车制造商必须确定合作伙伴的数量，在柔性和管理的易操作性之间找到一个平衡，而汽车的特点决定了汽车供应链的长、宽、深。

3.构建健全的供应链风险预警体系

供应链风险预警就是供应链运作过程中识别风险并将风险进行不同程度的量化，采取相应的预防措施，使供应链损失降到最低。供应链风险预警系统具备对供应链风险敏感感知以及对各种风险变化趋势做出预测的能力，通过对一些敏感风险因素的监测，并与设定的供应链风险安全值进行对比，找出供应链可能面临的各种风险和风险来源，发出警情的预报，及时为供应链管理者提供风险防范决策，从而控制供应链风险。供应链所面临的环境复杂而不确定，企业为达到生存、发展和获利的目标，减少决策失误带来的影响，客观上要求企业建立风险预警系统，做到及时有效地预告、防范和控制各种风险，为领导决策提供可靠的信息或依据。

4.增强企业和供应链处理突发事件的能力

对供应链中难以避免的风险，供应链节点企业要对风险事件的发生有充分的准备，提早预测各种风险的损失程度，制定应变措施和应对风险事件的工作流程，运用各种风险控制工具，对损失的后果及时进行补偿，以求尽快恢复。企业应做的准备主要如下。

① 持有安全库存。供应链上各节点企业应该有适当的库存，避免缺货风险。② 保证一定的生产能力冗余。供应链上各企业保持协调一致的生产能力冗余（广义的生产能力，包括运输能力、库存能力等）。③ 设计柔性的多头供应链与多地域的供应渠道。供应链各节点企业参加不止一条供应链，以保证在其中一条出现问题的情况下企业不会陷入危机。④ 与合作伙伴签订柔性的契约。借用金融学中的思想，选择和合作伙伴共担风险，合理的分配风险，使节点企业都会尽力降低供应链风险。

5.搭建安全、有效的信息共享平台

供应链是独立的企业间为了更好地满足市场的需要组成的一个松散的联盟，因此，运作良好的通信系统是保证供应链企业之间运作协调的重要条件。通信系统包括了供应链内部的一套电子商务系统，也就是电子化的采购、电子集市等等。在供应链网络中引入第三方信息企业，架构第三方系统平台。由第三方信息企业建设公共数据库，收集外部信息资料，加工处理与供应链相关的信息，向供应链企业提供额外的信息服务，供应链成员通过信息平台共享信息，如电子公告系统、网上库存查询系统等。政府应制定有关信息安全方面的法律法规，规划信息管理，为信息共享创造一个良好的社会环境，鼓励企业信息化建设，推进供应链信息共享、资源整合。

6.合理的利益共享、风险共担机制

利用供应链中的核心企业激励上下游企业加强信息共享。供应链中的主导企业应积极推进信息共享，提高供应链整体的绩效。例如，对于制造商而言，一方面，可以对上游供应商实行价格激励，鼓励供应商们共享信息，从而获得稳定的原材料来源；另一方面，鼓励零售商共享需求信息和库存信息，缩短零售商的订货提前期，这样使得制造商和零售商的平均库存降低，使零售商订单预测更准确，更有利于制造商生产决策。

传统做法中风险分担和利益共享的主要方法就是转移价格，它在以市场为导向、以交易为核心的商业关系中起着十分重要的作用。但是供应链管理要求的是风险共担和利益共享的高水平的协同合作，这一点看似容易，但在实际操作过程中却是非常困难的。

很显然，没有适当的方法是不可能风险共担、利益共享的。即使有适当的方法，合理的分配也必须经过仔细的规划和评估，从而使其得到真正的实现。

7.促进供应链的标准化

供应链的标准化包括各节点企业生产的标准化，以及节点企业之间物流与信息技术的标准化。企业生产的产品（服务），按照国家标准、行业标准和地方标准制定的企业产品标准；生产、经营活动中的管理标准和工作标准。物流标准化是指以物流为一个大系统，制定系统内部设施、机械装备、专用工具等的技术标准，包装、仓储、装卸、运输等各类作业标准以及作为现代物流突出特征的物流信息标准，并形成与全国以及和国际接轨的标准化体系。信息技术标准化是围绕信息技术开发、信息产品的研制和信息系统建设、运行与管理而开展的一系列标准化工作。

8.减少员工流动率

供应链中，很多企业的员工流动率达到30%，如此高的比例必然带来高风险。要改变这种情况，要从两点入手：① 完全信息规范的人才市场，企业和员工可以容易、低成本地获得对方的真实信息，可以有效地减少因为信息不对称而带来的错误选择。② 有效的员工激励机制。

三、评价实施结果改善管理体系

在供应链风险的识别、度量和控制执行之后就必须对结果进行评价，并改善原来的管理体系。这是一个供应链风险管理周期的结束，也是下一个周期的开始。

1.评价实施结果的必要性

供应链风险管理的目的是要以最小的成本来获取最大的安全保障，而实施结果并不能直观地反映这一点，所以必须做一些后期的工作，评价实施结果，了解过去决策的结果是否与预期的相一致；更重要的是为下一个供应链风险管理周期做准备，这是因为供应链处于动态的社会中，本身也是一个复杂的系统，任何一个系统外或系统内因素的变化都会带来风险的变化。比如，有关法令规定可能已过时；节点企业可用的资源可能已产生变化；风险管理的成本和效益也可能发生变化。由此可见，定期评估风险管理绩效，进而调整既定的方法以适应新的环境，是相当重要且必要的工作。

2.评价实施结果的主要内容

了解过去决策的结果是否与预期目标一致。

（1）建立评估的标准。风险管理评估的标准有两个：① 行动标准，例如每个月规定召开一次汇报会，一年检查一次消防系统等；② 结果标准，例如员工可能遭受伤残的机会应由5%降为2%，火灾损失金额今年应缩小为50万元等。所有的评估标准应明确且具体，避免抽象，这样有助于绩效评估和责任归属，主要考虑以下问题：① 在风险管理工作上，需要外界的支援，例如保险经纪人、保险人、原料供应商和风险管理顾问公司等，对这些外界服务品质应设定年度目标，未达年度目标的服务合约应考虑到期予以更换；② 订立具体标准时还应考虑法律环境、同一产业的环境、公司整体目标、管理人员及员工态度等因素；③ 良好的评估标准，具体的是客观性、弹性、经济效益、能显示异常性、能引导改善行动。

（2）衡量实际绩效与评估标准的差异程度。要完成此步骤应注意以下几点：① 实际绩效本身应能客观地测度；② 测度出来的实际绩效要能被人们所接受；③ 衡量的尺度标准须具代表性；④ 差异程度应具显著性。

（3）调整差异程度。完成了第二步后，接着应设法调整差距，否则即失去控制绩效的目的。一般调整差距的步骤是：① 正确认识发生差距的原因。② 了解差距的根源。③ 与相关人员进行讨论。④ 执行适当的调整计划。⑤ 继续评估恢复标准所采取的调整行动。

3.改善供应链风险管理体系

按照以上的评价结果，回到供应链风险管理周期的起点，对整个供应链风险管理过程进行调整：风险识别、风险度量、风险管理决策，优化管理方法，更好地实施供应链风险管理。调整主要有两种：由于供应链外部或内部环境发生变化，所以要做出相应的调整来适应；纠正原来的错误。

评价工作还要注意：确认所获取信息的精确性；尽量保持风险管理方案设计的简明化；如果工作程序合并简化有积极意义时就该合并。

 案例

从乐视欠货款看供应链风险管理

1.背景

从2016年到2018年上半年，乐视欠供应商货款事件持续发酵，波及众多EMS代工厂、元器件分销代理商，仁宝、大联大、文晔、韦尔半导体相关损失几千万至数亿元不等，有众多未公开的IC分销商遭遇乐视欠款。对于乐视的供货，它们的评估体系其实是高风险类型。互联网带来的行业爆发式增长本身就意味着高风险，再加上近期尤其突出的元器件缺货涨价带来的影响，分销商的供应链管理要面对比过去更多的风险。

乐视欠供应商货款事件引发了全行业的风险意识，乐视欠款反映出运营资金不足导致的财务危机。通常有以下三种情况导致风险发生：一是企业规模扩张过快，以超过其财务资源允许的业务量进行经营，导致过度交易，从而形成营运资金不足；二是由于存货增加、收款延迟、付款提前等原因造成现金周转速度减缓，此时，若企业没有足够的现金储备或借款额度，就缺乏增量资金补充投入，而原有的存量资金却因周转缓慢无法满足企业日常生产经营活动的需要；三是营运资金被长期占用，企业因不能将营运资金在短期内形成收益而使现金流入存在长期滞后效应。

乐视手机销售现金流无法完全弥补其成本，对上游供应链出现欠款也就难以避免。乐视手机业务陷入资金窘境，不只是波及数十家供应商及代理商，也会在一定程度上影响整个手机产业链。手机产业链已相当成熟，乐视对供应商的货款逾期，造成不少供应商的现有业务现金流紧张，进而自身业务发生资金周转困窘。

2.库存风险

库存风险是供应链风险管理中一个非常重要的因素，2018年大范围的缺货，其实是某类IC、被动器件缺货，绝大多数不缺货。是刚好备缺货料还是备了没缺货的呢？这就反映了供应链的平衡点。找准这个点则现金流充足，库存水平低；找不准则库存太多影响正常周转。

怎么能做到平衡点？首先要有强大的管理系统，用科学方法为管理库存提供依据。比如交期进度，库存数量的监控。其次，数据系统只是工具，真正利用这个工具还得依靠管理者的智慧。这个过程不是简单地设置限制，它涉及与原厂、客户的博弈。如果风险意识不强、博弈能力偏差都可能造成库存风险。

如今市场变化快，电子产品更新换代周期短，终端客户对供应链的把控难度加大，也迫使分销商管理库存的难度提高，一旦终端客户出现困难，分销商的库存风险加剧。

这时，分销商备货时对客户越了解，备货就越准确。分销商备货的数量应结合客户其他元器件的采购量，将库存量维持在10%以下较合理。其次，尽量引导客户使用通用料号，这是减少库存的一个非常有效的办法。尽量避免单一客户，单一型号。IC型号差别多，引导几家客户用同一个型号，进行战略备货。再者，多做Design in，不同应用领域可使用同一种通用器件。另外与原厂协商退货机制。最后，引导客户形成良好的拿货习惯。这些方法都能够平衡库存风险。

3.应收款风险

应收款是代理商目前面临的另一较大风险。一是交易环境未成熟，负债经营现象普遍，有钱不付加剧欠债的恶性循环。二是信用评级偏差。三是互联网时代很多产业爆发式增长。爆发式本身意味着高风险，快速发展，风险相伴。这个时候，公司的信贷必须做好，明确的管理思路，信贷政策与公司经营状况相匹配。确立大方向后再去灵活执行。

采取严格的信贷措施有助把控风险，例如超过30天未付款停止发货、货款催收、信贷前期调研等，调研项目包括注册资金，公司合法性、年审情况、历史记录等。信贷政策根据公司财务情况调整，例如月结期限、现金交易等。信贷造成的损失往往在后端体现，前期做不好，后期发生为时已晚。

4.自然灾害与缺货涨价带来的风险

自然灾害、失火、停电等这种不可抗力或意外事件的发生，对供应链也将产生风险。在这种情况下，多数企业可控的是将仓库建立在相对安全的地方，同时建立一套供应链数据机制。比如发生地震时，原厂的生产有波动。预警机制是一旦发生地震，马上分析这些地区的灾情以及工厂分布和产品情况，并立即通知相关人员，预期未来一段时间内某些物料出现缺货或涨价的可能。一方面提前做一些预防，另一方面寻找替代料。让信息快速流通，将风险损失减小。对于一些影响较小的事件，则会等原厂通知，并即时反馈物料的供应情况。

关于缺货涨价的风险，分销行业基本上三到五年会出现一波低谷到高潮的行情，较好的做法是根据涨价行情，进行预判，涨价猛烈的，第一时间建议客户尽快备货。涨价加大了电商平台的难度，对数据更新频率提出更高要求，同时交易难度加大，沟通成本增加。当然，市场越有波动起伏，客户在流动，生意的机会更大。

此外，供应链金融业务是元器件电商平台非常看好的一项业务，其伴随的风险也值得重视。可针对不同的客户类型设计不同的供应链金融产品。例如小型客户，通常通过非资产抵押，风险较大，额度可设定在3万～10万元。中小型的客户通过客户调查设定预账期，并引入第三方金融机构服务中大客户对资金的需求。小型客户则接入第三方的数据，引入供应链金融公司进行资金服务。这其中，也会要求客户在线上进行交易，从而积累交易数据，有助于金融服务的评估。

常见的风险管理方法主要有以下三种。

（1）进行风险转移。通过部分非核心业务外包的方式将风险转移至其他企业，也可以通过和专业风险管理公司合作，及时充分地了解供应链的信息。在供应链中各节点企业之间的信息相对封闭，造成链上企业对需求信息的曲解沿着下游向上游逐级放大。实践中，供应链生产源头和终点需求之间总会存在时间上的延迟，这种延迟导致反馈误解。由于供应链上的企业大多数依据相邻企业的需求进行决策，而并不探求其他成员的信息，造成这种曲解从一点微小差异最终传递到源头时出现不可思议的放大。因此，如何得到准确及时的信息是供应链风险管理的重要因素。

（2）优化合作伙伴选择。供应链合作伙伴选择是供应链风险管理的重要一环，一方面要充分利用各自的互补性以发挥合作竞争优势，另一方面也要考虑伙伴的合作成本与敏捷性，通过加强伙伴间的沟通和理解使链上的伙伴坚持并最终执行对整条供应链的战略决策，供应链才能真正发挥成本优势，占领更多的市场份额。

（3）建立企业成员间的信任和监督机制，增加供应链透明度。企业成员间的信任是供应链赖以生存的基础，但是没有监督的信任却是形成供应链风险的最佳土壤。因此，通过专业风险管理公司的参与，可以建立并完善企业成员间的信任和监督机制，以降低供应链结构成本，减少内部交易成本，促使伙伴成员以诚实、灵活的方式相互协调彼此的合作态度和行为，并使供应链管理层通过不同渠道验证信息的客观性，得到清晰和没有失真的信息，降低成员企业在信息不完全情况下做出错误判断或决策的可能性。随着分销信息的透明化，过去靠关系销售的模式逐渐走向靠服务，行业利润下滑是不争的事实，每个分销商应该从资金投入、人力成本、交易风险等因素多重考虑，从而将利润与风险形成动态平衡。

第八章

供应链金融

海尔集团的银企合作加平台自营的供应链金融

1.公司概况及案例选取原因

（1）公司概况。2014年4月，海尔与中信银行、平安银行签订战略合作协议，将产业与金融整合在一起，以海尔日日顺为基础，搭建海尔供应链在线融资平台，为下游经销商进行融资支持。日日顺网是海尔集团旗下全国最大的在线电器、净水器、家装、家饰、家具网上商城，平台将信息网、营销网、物流网、服务网四网优势整合在一起，通过线上线下相融合，为用户提供一体化服务。合作银行基于经销商利用日日顺平台进行采购的特点，为海尔银企合作式供应链金融设计了较为完善的风险管理模型。融资申请、资金结算、物流管理、自动预警等多种线上服务都可以在平台实现，有效提高了融资效率。该平台于2014年9月上线至今实现融资近20亿元，拉动市场销售近20亿元，有效推动了海尔销售市场的发展。

在与银行保持稳定合作的同时，为满足更多经销商及上游供应商的需求，寻找新的业绩增长点，海尔还凭借自身的资金优势和产业链优势，搭建了自己的金融服务平台。海尔于2014年12月底成功上线"海融易"融资平台，海融易平台的经营数据显示：海融易自2014年上线以来，总交易额达到600亿元，用户规模达到300万人。海融易平台的上线，有力地缓解了供应链上下游中小企业的融资困境，盘活了供应链整体的资金流，促使供应链发挥出了最大效益。

（2）案例选取原因。第一，具备成为核心企业的优势。海尔拥有良好的财务状况以及领先的行业地位。截至2018年末，海尔的总资产已经高达1667亿元，超过行业均值的2倍。此外，海尔的货币资金储备丰富，2018年货币资金占总资产的比重为22.47%，处于15%～25%的合理区间，证明其资金储备率合理，资金断裂的风险小。近六年来，海尔的经营活动产生的现金流量以及归属于上市公司股东的净资产一直处于上升趋势，且在2016年后速度加快，在家电行业遥遥领先。因此，从资产和现金流的情况看来，海尔的财务状况稳定，且有较为丰富的现金供业务拓展。截至2018年，海尔的营业收入达到了1833.17亿元，超行业的3倍，净利润达到了97.71亿元，超行业的5倍，仅次于格力和美的。2013～2018年间，各个指标都实现了2倍左右的增长。这些数据都表明了海尔的盈利能力较强，在行业中处于领先地位。

第二，具有成熟的供应链和金融运营经验。海尔作为国内白色家电第一品牌、家电产业的龙头企业，在其30多年的精耕细作中积累了大量的合作客户，上游供应商有5000余家，下游经销商达4万余家。除此之外，海尔还拥有1.2亿的终端用户，以及三大自有电商平台，拥有完整的产销链条，运营经验丰富。近年来，为了顺应互联网的发展，实现自身的特色化道路发展，正在由传统家电向智能家居产业转型，不断加大电商平台的销售力度，线下的门店、物流与线上的电子商务交易平台完美配合，促进其所在供应链条更为完善地拓展。海尔成熟的供应链运营经验，不断积累的产业生态资源，也是其供应链金融得以实现良好发展的基础。

第三，海尔供应链金融具备自身特色。相比于大多数企业实施的单一战略下的供应链金融模式，海尔实施的是"银企合作+自营平台"战略的供应链金融模式，在供应链金融领域中非常有特色。另外，海尔集团相比于同类制造企业来说，具备较强的供应链数字化基础，拥有完善的产销ERP管理系统和财务公司的信贷系统。在开展供应链金融自营平台业务时，能够联合使用集团的ERP系统、财务公司的信贷管理系统以及线下的分销渠道网络中的交易数据和物流业务数据，实现资源共享，最大限度地加大信息全面沟通，降低信息不对称所导致的风险。在与金融机构合作的过程中，海尔担任的是"系统集成"以及部分"金融科技"的角色，将电商平台内部的订单系统、物流系统、返利系统以及主数据系统等多个系统与金融机构的系统与服务进行对接，在保障客户选择权的前提下，根据不同的金融机构不同的要求，对客户进行筛选与针对性推荐。

2.运作模式

海尔的供应链金融战略可以分为两种，一是银企合作战略，二是自营平台的战略。两者最主要的区别在于资金来源，前者的资金提供者为商业银行，而后者是平台上的自由资金。两种运营模式分别有不同的侧重点，二者相互，共同保证海尔供应链金融体协同系的长远稳定发展。

（1）银企合作。随着互联网时代的发展，海尔积极地开展电商业务。2013年，海尔推出了日日顺电子商务平台，为其下游2万多家的经销商服务。2014年，海尔与中信银行、平安银行签订战略合作协议，实现以海尔日日顺为基础，将银行的资金、业务和技术优势与海尔的交易和物流数据优势相结合，为下游经销商进行资金支持。海尔与银行合作开展的供应链金融服务主要有两种运作模式，一种是基于物权质押的货押模式，另一种是基于经销商信用的信用模式。前者主要为了应对大型消费日，如双十一、春节等，经销商为获得批量采购折扣而进行的大额采购，而后者则是针对采购商为满足日常销售而进行的小额采购。

① 货押模式。货押模式的实质是物权质押，物流企业为海尔自营物流企业日日顺。海尔的货押模式实际上相当于预付账款模式，预付部分货款或者保证金，获得批量采购折扣，以提货权为质押标的，缓解下游中小企业在预定货物到提货这一期间的资金压力。这一模式的具体运作流程如图8-1所示。

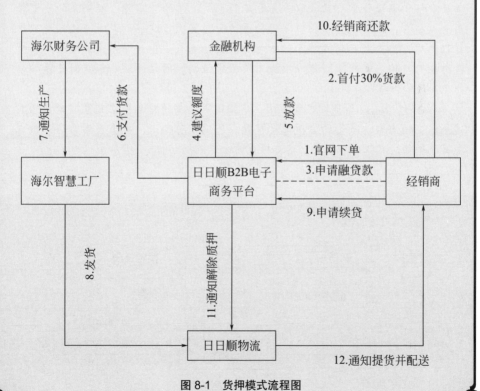

图 8-1　货押模式流程图

海尔货押模式的参与方除了海尔体系、融资企业以外，还有金融机构的参与。日日顺B2B电子商务平台上的经销商在平台下订单，并向金融机构支付订单货款的30%。为应对大型消费日的货量需求以及获得批量采购折扣，经销商可向海尔供应链金融系统提出申请融资，日日顺官网基于平台与该经销商的交易数据，对该融资企业的信用进行评估，给银行提出建议额度，银行进行审批并放款至经销商在平台的监管账户，随后款项转至海尔财务公司，收到货款后，海尔智慧工厂进行货物生产，并将产成品存放至日日顺物流监管仓，货物随即进入质押状态，经销商在收到智慧工厂发来的提货通知后，向平台提出赎货申请，并支付申请提货量相应的货款给银行，平台还款状态更新后，通知仓库解除质押，随后仓库配送货物并发送提货通知。

海尔货押模式的特点是以自身的电商体系为基础，将信息流、商流、资金流和物流合而为一，形成"四流合一"模式。这一模式得益于海尔30多年来生产经营体系中累积的大量客户的信息，经销商的信用大多是基于多年的合作，违约风险相对较低。货押模式的年化利率为5.7%，经销商在支付30%货款给银行后，可以收取存款利息，而海尔只在其中收取1%的服务费，在这当中，银行不收取任何融资费用，只收取千分之五的承兑汇票的开票费，经销商的融资费用大大减少，海尔也可以收取一定的手续费。其次，这一模式下，经销商以提货权为质押，产成品仍然属于核心企业，且物流监管仓为海尔生态体系中的自有企业，货物监管的风险可以被海尔集团所控制。因此，这一模式对于核心企业来说风险较低。

② 信用模式。与货押模式不同，信用模式主要针对的是经销商的日常采购需求，经销商申请融资的金额比货押模式来说相对较小，更重要的是这一模式没有质押物，流程更加简化。这一模式的运作流程如图8-2所示。

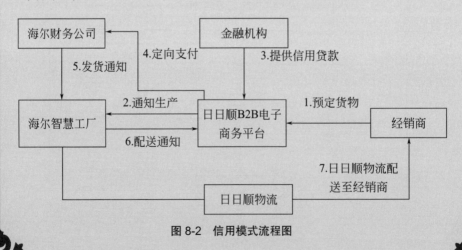

图8-2 信用模式流程图

在信用模式下，经销商向海尔日日顺电子商务平台提供当月的预购订单，海尔智慧工厂根据平台的通知进行生产，金融机构根据日日顺电子商务平台上该经销商的信用记录，提供贷款至平台监管账户，随后该笔贷款资金被转至财务公司，当公司收到货款后，就会给海尔智慧工厂发送发货通知，并在平台更新货物状态，然后货物通过日日顺物流被配送至经销商处，经销商收到货物后将款项付给金融机构完成贷款流程。

在这种模式下，经销商在收到货物前不必将货款提前支付给上游制造商，打破了上游制造商的资金支配主动权，给了下游经销商一定的资金缓冲期，而核心企业又能有效地回收资金。同时，信用模式相较于货押模式，没有抵押物，贷款过程更加简单高效，但是这种模式对于海尔和金融机构来说，风险相对较高。因此，信用模式的贷款利率比货押模式高一点，为8%，金融机构不收取融资费用，只在开具银行承兑汇票时收取千分之五的手续费以及代海尔集团收取1%的手续费，信用模式对于融资企业来说融资费用也比传统银行贷款低，而海尔集团在承担风险的同时也有效收取了一点额外利润，提高了供应链的资金利用效率。

（2）自营平台。海尔在2014年9月与金融机构合作后，打开了供应链金融的大门，其供应链金融模式也愈发成熟。但是与银行的合作只解决了海尔日日顺体系中的经销商的融资需求，对于海尔其他模块的上下游企业的融资需求并没有解决，因此海尔在2014年12月成立了自己的供应链金融借贷平台——海融易，这一平台通过P2P理财的方式将平台投资者的资金集中起来，为海尔供应链体系中的企业提供融资服务。海尔作为母公司，为融资企业提供授信服务，并对平台进行风控管理。截至2019年12月31日，海融易官网上为供应链体系中的企业所提供的融资方式主要有四种，分别是：融易贷、应收贷、货押贷和门店经营贷。这几种模式的主要特点见表8-1。

表8-1 海融易平台融资产品特点

产品	服务对象	借款利息	借款期限	最高额度	申请条件
融易贷	1年以上海尔内部直营经销商	9.5%～13.5%	1～12个月	提货量10%	年提货量≥100万元营业年限≥1年
应收贷	1年以上工程商/广告商/供应商等	9.5%～11.5%	1～12个月	应收账款70%	1.年提货量≥100万元2.营业年限≥1年
货押贷	日日顺内有库存客户	9.5%～11.0%	1～12个月	货押70%	无营业额要求营业年限≥1年
门店经营贷	分店客户、海尔专卖店法人	5.5%～8.5%	1～12个月	50万元	1.无营业额要求2.营业年限≥1年

资料来源：海融易平台官网 http://www.hairongyi.com

由表8-1可知，海尔集团上线的海融易平台给融资企业的利息和借款期限都相对较为宽松，具体的借款利息还可根据借款期限进行调整，额度相比较传统的金融机构的融资方式也较高，同时上、下游企业的融资都在线上完成，时间都在1～2个工作日，效率大大提升。上述四种模式中，融易贷的运行模式与保兑仓模式相同，货押贷则是融通仓模式的运用，门店经营贷针对的是海尔的小规模经销商，这类经销商的业务额度较小，因此本文对这三种模式不做过多的介绍，而应收贷是海融易主要的供应链金融产品，它依托于海尔独特的运营模式——下线货款结算方式，为供应链上游的供应商解决融资问题，它的运行流程如图8-3所示。

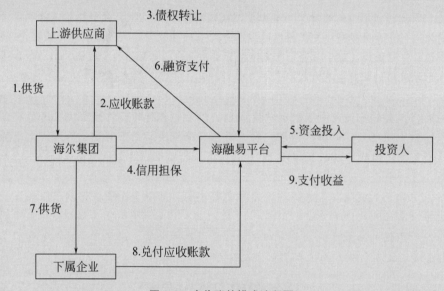

图8-3　应收账款模式流程图

（信息来源：海融易平台官网）

海尔集团从上游供应商采购物资，供货商接到海尔集团的订单，同时将货物销售给海尔集团，上游供应商形成对海尔集团的应收账款。上游供应商将对海尔集团的应收账款转让给海融易平台，并提出贷款申请。海尔集团对这份应付账款以自身信用作为担保做出付款承诺。海融易通过发布金融产品获得外部投资人的投入资金。接着海融易对供应商的融资请求与提供的资料进行审核。审核通过后，将款项支付给上游供应商。海尔集团将采购来的货物提供给下属生产企业。承诺的付款期满后，下属企业将应还款的金额付至海融易平台上。投资人投资的产品到期后，海融易平台将产品本金及收益付给投资人。

供应链管理理论与案例

海尔集团针对上游中小企业提供的是应收账款模式，申请条件需满足年提货量大于或等于100万且营业年限在一年以上。应收账款融资模式融资额可高达70万元，借款期限为1至12个月，借款利息为9.5%左右。艾瑞咨询提供的《2018年中国网络借贷行业研究报告》显示，一般网络贷款平台的年贷款利率大概在12%～15%，而其中还包含高额的手续费、管理费、担保费和砍头费等等，相对来讲，海融易提供的借款利率较低，而借款的时间也相对较长。与别的P2P借贷平台不同的是，对于投资者而言，海融易不是纯粹的风险投资，海融易上的资金大部分是投入到自身的供应链金融体系中，与来源于银行的贷款相互补充。这种资金来源依赖于海尔集团多年来形成的品牌影响力和强大的信用体系，投资者基于资金雄厚的大型制造企业进行的投资，海融易可以保证资金的安全性，这一模式同时也为核心企业海尔集团带来了新的发展机遇。

分析与思考

1.海尔集团为什么要开展供应链金融？

2.试着对比一下海尔集团的几种供应链金融模式各具有哪些特点，有哪些适用性？

第一节　供应链金融的概念和内涵

一、供应链金融的概念

供应链金融是供应链管理的一个分支，传统的供应链管理是指对整个供应链系统进行计划、协调、操作、控制和优化的各种活动和过程，其目标是要将顾客所需的正确的产品能够在正确的时间、按照正确的数量、正确的质量和正确的状态送到正确的地点——即"6R"，从而并使总成本最小。但是，供应链上传递的产品除了涵盖传统的原材料、半成品、产成品之外，还有一项重要的要素，即资金。对供应链上资金流的有效管理就是供应链金融。

"供应链金融"是一种独特的商业融资模式，依托于产业供应链对单个企业或上下游多个企业提供全面金融服务，以促进供应链上核心企业及上下游配套企业"产-供-销"链条的稳固和流转顺畅，降低整个供应链运作成本，并通过金融资本与实业经济的协作，构筑银行、企业和供应链的互利共存、持续发展的产业生态。融资难一直是制约中小企业发展的瓶颈问题，而一条完整的产业链大概80%中小企业，资金紧张是这些中小企业面临的普遍问题，按照传统的企业规模、固定资产价值、财务指标、担保方式等信用标准，中小企业很难进入银行融资的门槛，但是如果将一个独立的中小企业放在供应链中看待，根据其贸易的真实背景和供应链主导企业的信用水平来评估中小企业的信贷资格，将比传统方式评估的要高。中小企业不但是供应链金融主要的支持对象，也是银行融入产业链发展，拓展业务平台的突破。

"供应链金融"也是一种独特的产业组织模式，这一模式的特点体现在企业间的关系以及企业与银行之间的关系发生了变化。一方面由于银行的介入使供应链上的企业合作能够更加紧密，供应链上的中小企业与核心企业之间能够达成长期稳定的关系；另一方面，企业与银行之间突破了单纯的资金借贷行为，而是基于企业真实业务的资金链维护与监控的全程合作，形成了实体经济和金融企业共生发展的新模式。

二、供应链金融的内涵特征

1.还款来源的自偿性

这一特征体现在授信企业还款于授信银行时，通过供应链金融融资模式的操作设计，直接自动将授信企业当月的销售收入发送至授信银行的专属账户中，一方面，企业可以通过这种方式来归还授信，另一方面，虽不能完全偿还债务，但可将此作为拥有归还授信能力的一种体现。典型的应用产品比如保付代理（简称保理），其应收账款的回款将按期回流到银行的保理专户中。

2.操作的封闭性

银行主要还是以盈利为目的的金融机构，不可能为了中小企业的融资发展而牺牲个人利益，所以银行在保障自身权益方面还是比较重视的。在供应链金融中，银行在发放融资前会经过一系列对融资公司和抵押物的专业价值评估，在发放融资后也没有放松警惕，时刻严格监测。监测的对象包括资金的用途、抵押物的去向等。例如动产抵押授信业务，企业通过所持有的动产抵押给银行，银行再发放资金，只有企业交纳一定的保证金才可得到货物的所有权，才能将其投入市场。

3.以贷后操作作为风险控制的核心

供应链金融融资的风险控制管理主要在发放融资后的阶段。供应链金融融资相对传统融资方式，在企业财务数据方面的关注度相对降低，更注重第三方和抵押物所代表的融资企业的担保能力和抗风险能力。

4.授信资金专门化

这一特征的核心在于"专门"二字，意思是指企业在银行授予的融资额度下，每次出账都要与特定的贸易背景相匹配，例如金额、时间、交易对手等信息。最后说明一点，其实供应链金融并没有大家所想象的那么复杂，只要大家多去接触，自然而言就能真正吃透它，然后参与其中，真正成为供应链中的一员。

第二节　供应链金融的业务模式

中小微企业在我国社会经济运行中发挥着独特功能，但资金约束问题一直是制约供应链上下游中小微企业发展的重要瓶颈，特别是近几年全球金融危机爆发以及国际贸易波动使得中小微企业面临的"融资难、融资贵、融资慢"问题更加严峻。供应链金融是以供应链上下游企业真实交易项下的资金流、物流和信息流为依据，为中小微企业提供集物流服务、信息服务、商务服务和资金服务等于一体的综合性金融服务，有助于破解供应链上下游企业融资难题，同时也推动了金融机构和物流企业的创新与发展，提高了整个产业链的竞争力，实现多方共赢。国务院出台的《关于积极推进供应链创新与应用的指导意见》（国办发〔2017〕84号）明确提出，供应链金融对促进实体经济发展起着非常关键的作用，是推进供给侧结构性改革和重构全球新经济格局的重要着力点，应大力推动供应链金融健康发展，进一步发挥供应链金融服务实体经济的促进作用。

许多学者研究了供应链金融业务运作模式，这些研究成果本质上均落脚于供应链"产-供-销"阶段的预付款、存货、应收账款等融资模式，并在此基础上选用不同的分类标准或维度对某一类或某几类融资模式主导下的典型模式进行分析。本文突破这一研究框架，提出应从供应链和产业融合视角，依据供应链内部形成的依存关系和真实的货物交易背景，系统全面地设计供应链金融业务运作模式内容。具体可分为两大业务模式：基于物流企业增值服务的结算类业务和基于上下游企业关联的融资类业务。

一、基于物流企业增值服务的结算类业务

基于物流企业增值服务的结算类业务主要包括代收货款和垫付货款两种模式。该模式有助于商业银行形成资金沉淀，帮助中小微企业解决流动资金短缺难题，拓展第三方物流商业务利润。

（一）代收货款

所谓的代收货款业务是指第三方物流企业在业务运作时，按照合同规定的时间窗口替发货人完成相应的货物的承运或配送业务的时候，同时代发货人向收货人收回货物款项，进而从中赚取一定的佣金的附加增值业务。其业务模式如图8-4所示。该业务的关键点在于：一方面，所有收取的货款统一打入商业银行联名卡，对商业银行来说，形成资金沉淀，另一方面，可以利用返利/折扣等方式，协助物流公司招揽客户，扩展业务。

（二）垫付货款

所谓的垫付货款业务是指第三方物流商在业务运作时根据服务客户所处位置及扮演角色的不同进行不同的垫付款操作。通常可分为两种形式。① 供应商至生产企业之间的采购垫付，如图8-5所示。物流服务商依据供应商的资金需求以及生产企业的持续运作需要，代替生产企业向供应商支付货款，同时获得供应商至生产企业之间的物流服务

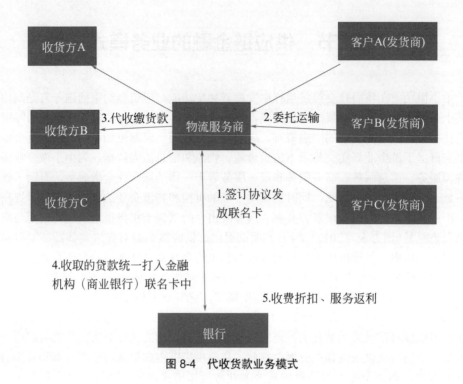

图 8-4　代收货款业务模式

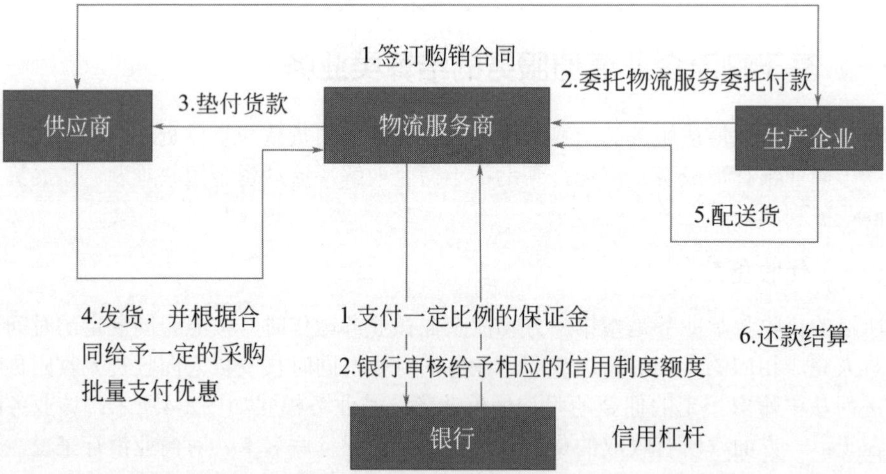

图 8-5　采购垫付业务模式

业务，如运输、仓储、包装加工等。② 生产企业至经销商、代理商等客户之间的分销垫付，如图8-6所示。物流服务商根据生产制造企业库存占用资金严重、流动资金需求迫切的现状，代经销商、代理商等终端分销商向生产制造企业垫付资金，同时获得生产企业至分销商之间的物流配送、仓储等服务。

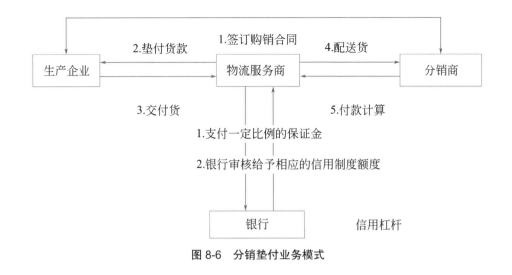

图 8-6　分销垫付业务模式

二、基于上下游企业关联的融资类业务

根据供应链内部形成的依存关系和真实的货物交易背景，可以设计一系列基于上下游企业关联的融资类业务，如图8-7所示。

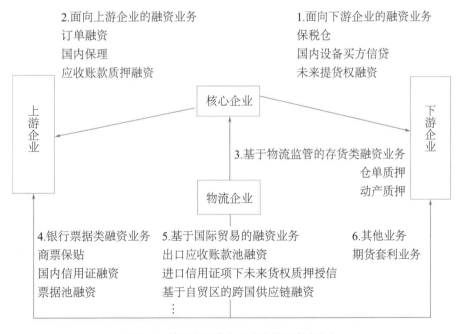

图 8-7　基于上下游企业关联的融资类业务

该类业务的成功运营需要两个前提条件。一是供应链系统完整性。将核心企业的责任绑定于对中小微企业的融资过程中，以核心企业的保证作用来提升中小微企业的商业声誉和信用等级，由核心企业实际承担供应链融资的风险。二是风险承担机制。在同上下游的业务往来中，商业银行无论是为供应商提供融资，还是对经销商融资，一旦借款人出现了违约风险，核心企业都附有连带责任并承受由此造成的损失。

（一）面向下游企业的融资业务

面向下游企业的融资业务的设计思路：通过深入挖掘"1+N"供应链的价值，依托于供应链内部自身所产生的依赖关系和真实的业务交易背景，并以此为前提，供应链上的核心企业（"1"）承担回购责任，由商业银行为其下游具有优良资质的经销商或买家（"N"）提供授信等金融服务，帮助核心企业扩大销售额，减轻买卖双方的现金流压力，推动供应链生态良性循环发展。面向下游企业的融资业务基本模式：由供应链上的核心厂商（"1"）向商业银行提供回购担保，下游具有优良资质的经销商或买家（"N"）从商业银行取得授信额度后先行向核心厂商支付货物款项；核心厂商确认收到货款后依照买卖合同和监管协议约定发送融资项下的等额货物到商业银行指定的第三方监管仓库，协助商业银行控制信贷风险。具体来说，包括保兑仓、国内设备买方信贷与未来提货权融资三种业务模式。

1.保兑仓

保兑仓，又可以称作买方信贷，其典型特点就是先票后货，也就是说，先由下游经销商或买方（客户）向商业银行缴存一定比率的保证金，然后由商业银行向上游供应商开具相应的承兑汇票，供应商在收到商业银行开出的承兑汇票后即向商业银行指定的监管仓库发送货物，待货物运到仓库后则转为仓单质押。

在保兑仓模式下，经销商和供应商在发生买卖关系后，供应商、经销商、第三方仓储企业、商业银行等四个参与方还需要签订"保兑仓"合作协议。经销商依照买卖合同向商业银行缴存一定比率的保证金并申请向供应商开出银行承兑汇票，专项用于货款支付；供应商收到商业银行开出的承兑汇票后，按照协议约定向指定的保兑仓发运货物。第三方仓储企业收到货物后向商业银行提供承兑担保，经销商以货物对第三方仓储企业提供反担保。其后转化为仓单质押。

2.国内设备买方信贷

所谓的国内设备买方信贷是指根据设备生产制造企业和下游终端企业签署购销协议后，商业银行在得到设备供应商（卖方）提供的回购保证承诺后向下游设备购买商（买方）发放专项授信供其向设备供应商购买该设备的一种金融服务。

该模式特点：① 融资主体。主要是使用大型设备的中小生产企业。② 担保方式。一般为设备（固定资产）抵押，在有关部门登记即可，核心企业承担一定的回购责任。③ 融资工具。基本为中长期贷款（期限较长）。

3.未来提货权融资

所谓的未来提货权融资是指买方企业以其与核心客户之间的购销合同和未来提货权利为依据申请融资并用于支付货款，融资成功后，买方可以银行开具的提单为提货凭证在第三方监管仓库提货，以销售回款作为第一次还款的融资业务。未来提货权融资的融资工具多样，最常见的就是银行承兑汇票。

（二）面向上游企业的融资业务

面向上游企业的融资业务的设计思路：通过深入挖掘"M+1"供应链的价值，依托于核心企业（"1"）的商业信用及其对上游中小型供应商（"M"）的高效且强有力的管理，由商业银行为其上游具有优良资质的供应商提供授信，稳定买卖双方供销关系，促进供应链生态良性循环发展。

面向上游企业的融资业务基本模式：当上游供应商或卖方（"M"）为核心企业（"1"）提供产品或服务后，可将赊销产生的未到期应收账款（或应收票据）有条件地转让或质押给商业银行，由商业银行为卖方（"M"）提供应收账款融资和应收账款催收、管理等服务。该模式在不扩大核心企业任何成本和风险的前提下，使得它的上游企业可以预先得到销售现金。具体来说，包括应收账款质押融资、订单融资与国内保理等三种业务模式。

1.应收账款质押融资

所谓的应收账款质押融资是指上游生产企业将赊销产生的未到期应收账款向商业银行有条件地进行转让或质押，由商业银行为其提供资金融通、应收账款催收、坏账担保等金融服务。

应收账款质押融资业务特点：① 还款方式灵活，融资企业可以用自有资金直接进行偿付，也可以用客户（买方）到期支付的货款进行还款；② 融资期限有一定的弹性，当原办理的应收账款融资将要到期时，融资企业可以办理新的应收账款质押作为融资担保进行替代，不需要另外再办理融资手续。其优势在于：① 应收账款可以提前变现，有效地加快和提高了中小微企业运营资金的周转速度与周转效率；② 可以在应收账款的基础上进一步获取"资金池"服务；③ 应收账款质押既可以用于融资业务，也可以用于承兑、保证、信用证等其他授信业务，企业可根据实际情形灵活地进行决策。

2.订单融资

所谓的订单融资是指买卖双方签订购销合同后，订单接收方以商业银行承认的真实有效的订单合同为依据，并以订单项下预期的销售货款作为主要还款来源，向商业银行申请资金融通的短期融资业务。

订单融资业务特点：手续简单、易操作，只需要提供真实且有效的购销合同和购货订单就可以申请融资。其优势在于：① 融资可以用来进行合同订单项下原材料采购和加工、生产组织及货物运输，减轻订单接收方自有资金占用压力；② 帮助破解先期资金短缺问题，使得订单接收方可以提前获得资金，圆满完成订单交易；③ 可以帮助中小微企业拓展市场，增加交易机会，提升接收和完成订单的能力。

3.国内保理

所谓的国内保理是指在国内贸易过程中，国内供应商或卖方为解决赊销产生的应收账款问题，将其有条件地转让给商业银行而产生的一项综合性金融服务方案，它的基本功能包括贸易融资、应收账款管理、买方信用担保等。

国内保理业务特点：① 通过应收账款债权转让的方式，商业银行变成保理项下应收账款新的债权人；② 支持多种融资方式，方便融资企业依据内在需要灵活采用不同的产品组合；③ 在相应额度范围内，随时允许融资企业向商业银行转让应收账款以获取流动资金，融资手续十分简便。其优势在于：① 对于卖方，可以解决企业抵押担保不足、融资困难问题，为现有或潜在客户提供更有竞争力的付款条件，增加交易机会，节约管理成本，得到收款风险保障，改善企业财务报表，节约企业财务成本。② 对于买方，得到更优惠的付款条件，间接获得商业银行信用支持、财务管理等增值服务。③ 对于商业银行，可以拓展服务领域，巩固现有的优质客户，获得各类费用收入，改变传统信贷投放方式，增加资金投放渠道，监管企业应收、应付账款。

（三）基于物流监管的存货类融资业务

基于物流监管的存货类融资业务主要包括动产质押融资和仓单质押融资两种业务模式。

1. 动产质押融资

所谓的动产质押融资是指借款人以自有或第三方主体拥有的动产作为质（抵）押的短期融资业务，分为静态动产质押融资和动态动产质押融资两种。

（1）静态动产质押融资。它是指借款方以自有或第三方主体合法拥有的动产作为质押向商业银行申请融资授信，商业银行委托第三方物流服务商代其占有借款方质押的动产，第三方物流服务商为商业银行提供自有库监管、在途监管和输出监管等服务，商业银行对借款方提供授信服务。由于第三方物流服务商对货物具有绝对的控制权，所以除为商业银行提供货物监管服务以外，在一定条件下它可以为客户提供担保或回购等附加增值服务。静态动产质押融资模式的核心在于第三方物流服务商代理商业银行占有借款方质押的动产，帮助商业银行防范和控制信贷风险，同时从中获得业务收入。在该业务模式下，抵质押物不允许以货易货，申请人必须打款赎货。

（2）动态动产质押融资。这是一种建立在"多节点在库+在途"抵押监管基础上的存货融资模式，具体是指借款人以自身合法拥有的存储在多处仓库和/或在途运输中的动产作为质押向商业银行申请融资授信时，第三方物流服务商代理商业银行对这些动产进行24小时全流程封闭式监管，并实时地保证这些动产的总体市场价值高于商业银行设定的最低限额。在该业务模式下，限额以上的抵质押货物可以出库，可以以货易货。由于动态动产质押融资模式的授信额度是基于分散在多处仓库和在途运输中的质押物，所以该业务风险防控的关键点在于第三方物流服务商是否能够实时核定库存现货市场价值并提供"全程物流"抵押监管服务。

2. 仓单质押融资

所谓的仓单质押融资是指借款方将自有或第三方主体合法拥有的货物存储于商业银行规定的第三方仓储公司，并以第三方仓储公司开立的仓单向商业银行进行质押申请融资的短期融资业务，分为标准仓单质押融资和非标准仓单质押融资。

（1）标准仓单质押融资。它是指商业银行与第三方物流仓储公司、交易所三方合作，通过交易所严格的交易规则和第三方仓储公司中立的动产监管职能，交易所内成员以自有或第三方主体合法拥有的标准仓单为质押获得融资的一种金融服务。其实质是一种权利的质押，包括先贷后质和先质后贷两种形式。这里的交易所包括两种：一种是上海期货交易所、郑州商品交易所、大连商品交易所等三大期货交易所；另一种是一些地方性的大型专业交易市场。

（2）非标准仓单质押融资。它是指借款方将自有或第三方主体合法拥有的货物存储于商业银行规定的第三方仓储公司，并将第三方仓储公司开立的非期货交割用仓单质押给商业银行作为融资担保，商业银行审核通过后根据质押仓单为借款方提供授信的一种短期融资业务。在该模式下，最为重要的就是对质押货物的实时管理与控制，考虑到商业银行普遍不具备实物商品管理的专业知识和技术能力，建议其与专业实力强、行业口碑好的第三方仓储企业进行合作。此外，商业银行还应该认真审核质押仓单是不是完全的货权凭证、自身在仓单处置中的地位是不是合法的、质押物市场价值的评估是不是真实的等问题。

（四）银行票据类融资业务

银行票据类融资业务主要包括商票保贴、国内信用证融资与票据池融资等三种业务模式。

1.商票保贴

所谓的商业承兑汇票保贴（简称"商票保贴"）是指在核定的授信额度和期限内，商业银行承诺对特定承兑人承兑的商业汇票或特定持有人持有的商业汇票以事先约定的利率给予贴现的一种票据行为。换句话说，该业务赋予了承兑人或持票人一定的保贴额度。商票保贴融资业务包括两种情形：一是上游核心厂商是收款人/持票人，商业银行将贴现额度授予下游经销商/终端用户；二是下游核心厂商是付款人/承兑人，它将商票支付给上游供应商，商业银行将贴现额度授予上游供应商。

2.国内信用证融资

所谓的国内信用证融资是一种集资金结算、信用保证、贸易融资多种功能，替代高风险流动资金贷款的金融服务业务，它有利于解决申请人流动贷款需求。该业务模式的适用范围：需要美化财务报表的企业，如上市公司、存在大量预收货款或应付账款导致负债率较高的企业；大宗商品交易，涉及交易金额大，存在固定交易模式，需要现金交易的商品；交易主体间存在信任问题，要依托银行信用实现交易；买方比较强势，能够利用信用证条款控制货物的数量、质量、交付日期等；企业对信用证接受程度较高。

国内信用证融资业务的优势在于：① 对于申请人（买方），开立阶段属于或有负债，表内融资变为表外融资，改善上市公司财务报表；买方利用银行信用提取货物，规避交易风险，严格控制交货期、产品质量，提早获得发票等，有助于促进公平交易；灵活实现流动资金安排，占用申请人的贸易融资额度，扩大中小微企业融资能力。② 对于受益人（卖方），便利的再融资和灵活的付息、计息方式（如议付、代付、卖方押汇、买方付息、福庭费），便于财务成本的控制；收到信用证，获得银行信誉的收款保障，保证了高质量的应收账款，有利于规避一定的商业风险；更低的管理成本，议付无须额度支持，随时提用，适用性广泛。③ 对于商业银行，国内信用证必须单证一致才能付款，所以商业银行能够凭借相应单证来保障交易背景的真实性；不存在银行承兑汇票的规模约束；可以与第三方物流服务商合作，将信用证项下的货物进行抵/质押来防范融资风险；赚取一定的中间业务收入和存款沉淀。

3.票据池融资

所谓的票据池融资是指商业银行基于票据池为客户提供票据保管、信息查询、到期托收等服务，并根据客户的指令办理票据的入池、出池及融资等服务。票据池业务基本功能包括票据托管池、票据质押池授信两种。

票据池融资业务优势在于：① 不新增财务费用负担，财务成本低；② 真实反映财务状况实质（真实现金流）；③ 蓄水为池，融资期限、金额突破了单笔应收款限制，使用方便；④ 优化财务指标。

（五）基于国际贸易的融资业务

基于国际贸易的融资业务主要包括进口信用证项下未来货权质押授信、出口应收账款池融资、出口信用保险项下授信与基于自贸区的跨国供应链融资等四种业务模式。

1.进口信用证项下未来货权质押授信

所谓的进口信用证项下未来货权质押授信是指商业银行应进口商的要求，在进口商缴存一定比率的保证金之后，为进口商开立信用证，通过控制信用证项下的货权来监控进口商的贸易行为，并采取必要风险控制手段而开展的一种封闭式的短期融资授信业务。该业务模式的适用范围：有融资需求的进口企业，该企业以信用证方式结算，拟进口的货物必须符合商业银行货押商品目录制度。

进口信用证项下未来货权质押授信业务的优势在于：① 对于融资需求企业，在没有其他抵/质押物品或担保的情形下，也可以从商业银行处得到授信；通过少数保证金就能够扩大采购规模，在商品价格上涨时可以提前锁定价格，获取杠杆收益，防控涨价风险；采用信用证方式一次性大量采购有可能从商品卖方处获得较高折扣。② 对于关联企业（商品卖方），可以帮助实现大额销售；利用信用证方式结算，有助于规避企业的信用风险；通过将收到的信用证在国外银行申请融资，可以减轻自身资金压力。

2.出口应收账款池融资

所谓的出口应收账款池融资是指商业银行受让国内出口商向国外进口商销售商品或者提供劳务等国际贸易活动中产生的分散的、小额的、稳定的应收账款，并结合出口商的主体资质、经营情况、抗风险能力和应收账款质量等因素，以应收账款的回款作为风险保障，按照应收账款余额的一定比率向出口商提供的一种短期融资服务。

出口应收账款池融资业务适用范围：长期从事出口贸易，且与国外进口商保持着稳定的合作关系，交易频次高、单笔交易金额小、历史交易记录良好的中小微型出口企业，并且在贸易往来中绝大多数情况是采用赊销（O/A）、付款交单（D/P）、承兑交单（D/A）和信用证（L/C）等国际结算方式。

3.出口信用保险项下授信

所谓的出口信用保险项下授信是指商业银行对已在认定的信用保险机构投保出口信用险并将赔款权益转让给商业银行的出口企业提供融资授信额度，并在额度内办理信用贷款的贸易融资业务。

该业务模式的适用范围：各类出口业务，特别是那些对国内出口企业来说风险很大且很难获得商业银行授信的出口业务领域。其业务流程为：出口企业向信用保险机构缴纳保险费，投保短期出口信用保险；出口企业向出口地商业银行提出出口信用保险项下授信申请，并将赔款权益让渡给出口地商业银行；货物出运后，信用保险机构向商业银行出具《承保情况通知书》；商业银行为出口企业提供出口贸易融资；在发生保险责任范围内的事故时，信用保险机构先依据保险单相应条款核定应赔付给出口企业的理赔金额，而后按照赔款转让协议将理赔款直接全额支付给融资银行。

4.基于自贸区的跨国供应链融资

自贸区是以优惠税收政策和海关特殊监管政策为手段，以贸易自由化、便利化为目的的区域功能型经济特区。以中国（上海）自由贸易试验区为例，自贸区的"生产＋贸易＋金融＋物流"新业态以及各类服务创新与制度创新，尤其是供应链金融服务、人民币跨境双向资金池等，为利用自贸区政策实施供应链融资业务提供了天然的优势。按照《中国人民银行上海总部关于支持中国（上海）自由贸易试验区扩大人民币跨境使用的通知》政策相关规定，依托上海自贸区可开展跨境人民币使用和自由贸易账户（即FT账户）等供应链融资业务。

（六）其他业务

根据钟摆理论，将期货现货相结合，进行基于供应链的跨期套利和期现套利两个低风险的期货套利业务，"贸易＋金融＋物流"的结合将产生新的利润增长点。

1.基于供应链的跨期套利

所谓的跨期套利是指在同一市场同时买入、卖出同一期货品种的不同交割月份合约，并在合适的时间节点以对冲或交割的方式进行平仓、获取收益的行为。产生跨期套利的时机主要是较近交割月份合约与较远交割月份合约产生不合理价差，利用相同品种的不同交割月份合约之间差价变动来进行的。

2.基于供应链的期现套利

所谓的期现套利是指在某种期货合约的期货价格与现货价格存在差距并超出正常水平时，利用价差变化进行低买高卖的反向交易而获取收益的行为。当市场上商品的期货价格与现货价格之间出现差距（也就是"基差"），且与该商品的持有成本存在较大的偏差时，就会产生期现套利的可能。换句话说，当期货价格大于现货价格且这个差距高于正常持有成本时，可以在现货市场买入符合交易所交割标准的现货，同时在期货市场上卖出同等数量的期货合约，并将现货制成标准仓单到期进行卖出交割赚取利润。

第三节　互联网背景下的供应链金融

一、传统的供应链金融模式

（一）传统的供应链金融模式

传统的供应链金融模式供应链金融是指以核心企业为依托，以真实贸易为基础，运用自偿性贸易融资的方式，通过应收账款质押、货权质押等手段封闭资金流或者控制物权，对供应链上下游企业提供的综合性金融产品和服务。传统的供应链金融的参与主体包括核心企业、银行、核心企业上下游企业及物流企业，其通过协调物流、资金流和信息流，将整条链条整合在一起，起到提升效率、降低风险实现共赢的作用。现有研究普遍认为供应链金融对于链条上中小企业的融资难问题有一定程度的缓解，能够较好地缓解信息不对称和降低中小企业的融资成本。

在我国，这一概念最早由平安银行开始实践，银行等金融机构依托供应链中的核心企业的信用，为核心企业上下游企业进行增信，并提供融资支持，一方面缓解企业融资问题，另一方面拓宽银行等金融机构的业务范围，实现共赢，其本质上体现的是核心企业的信用外溢。

目前，我国的供应链金融主要的模式包括三类：基于交易往来的预付款融资、应收账款融资和基于物权的存货融资。现在主流融资模式是应收账款融资。

（二）传统供应链金融模式的弊端

虽然供应链金融的出现，对于链条上中小企业的融资起到了巨大的作用，但历经多年的发展出现了诸多问题。

（1）过度依赖核心企业信用。在传统的供应链金融模式中，虽然中小企业也被纳入链条融资范围内，但其信用的提升往往来自与核心企业间的信用，整个链条的基础仍为核心企业。而在实践中，由于银行对于核心企业的标准要求往往较高，具有政府背景的国有企业可能会最终获得银行的青睐等。这在一定程度上导致了授信基础由交易转为核心企业资质的偏离。

（2）传统金融机构行运行效率有待提升。银行等金融机构的多级管理和审贷分离制度，导致支行业务操作与总行的政策制定存在偏差，流程时间花费较长，与供应链对资金的高频、快速的特点存在差异，不能满足需求。另外随着商贸范围的扩大，在以交易为基础的供应链融资中，核心企业的上下游订单不再局限于一个区域，而银行却还是区域经营，难以满足跨地域的需求，导致运行效率低下。

（3）信息不对称。虽然相比传统融资方式，供应链金融的信息不对称状况有所缓解，并且已逐步实现线上化，但供应链中的信息流、资金流、物流等信息仍掌握在不同主体手中，难以对整个链条进行综合的分析，导致银行等资金提供方与供应链条上的中小企业融资需求方仍存在较为严重的信息不对称问题。

（4）忽视终端用户。在传统供应链金融中，核心企业的地位决定了其直接上下游企业更容易享受到一定供应链金融带来的效率提升，但供应链的扩展不仅应局限于其直接上下游企业，还应考虑终端用户。这令整个供应链被压缩的较短，无法有效地满足更长或潜在链条上企业的需求。

二、互联网背景下供应链金融模式的变化

（一）互联网对于传统供应链金融模式弊端的改善

随着互联网的发展，与供应链金融的融合进一步加深，模式上，随着供应链开始由

原来的链条式管理向网状模式发展，新的供应链金融模式出现，"N+1+N"成为供应链金融新模式。新模式下核心企业能够与更多上下游企业直接交易，延长链条，结合第三方支付、电商和网贷等互联网手段，资金来源也更加多元和灵活。技术上，大数据下的信息积累和处理对中小企业的信用起到支撑，并且更加的高效精准，这有利于融资回归到供应链整体的运行，而不仅是过度依赖核心企业的资质。这些新的变化对于传统供应链的弊端起到一定程度的解决作用。例如第三方支付平台能够积累大量的资金流数据，能实现供应链交易电子化，对应收账款和预付账款融资做到跨地域的服务，打破了银行属地化色彩，减少信息流转不透明的影响，大大便捷了流通环节中的资金结算。同时作为具有开放性特征的接口平台，第三方支付一方面承担为企业提供支付通道的角色，另一方面还可以对接金融机构，一定程度上能缓解信息不对称。

电商平台能够迅速获取交易信息，及时进行风险评估和控制，积累大量的用户行为数据，可以延长供应链条，照顾到终端用户。同时电商平台可以对系统内的供应链条上的企业进行较为综合的分析评估，通过辅助银行借贷，后者自建借贷平台的方式满足链上企业的资金需求。

网贷平台对于传统供应链缺陷的解决主要通过资金提供方的转变，依托网贷平台融资门槛低，资金来源多元化，机制灵活等特点，核心企业可以和网贷平台合作，进行基于行业或者项目的融资方式创新，提高金融服务的专业性，提高信息整合能力和供应链运行效率。

（二）第三方支付对于供应链金融的转变

第三方支付平台最大的优势是丰富的客户数据。其通过积累的客户交易习惯、记录、资金状况等，结合互联网技术，可以实现标准化处理，进行大数据分析，得出的结果可以为供应链上企业进行征信，也可以自建信贷平台，代替银行等金融机构提供资金。另外第三方支付平台作为一个开放性的接口平台，一方面可以对接企业，提供支付通道，另一方面可以与金融机构对接，减少因资金结算方不一致带来的交易成本上升。

第三方支付平台参与下的供应链金融模式：在这一方式下并不改变传统供应链已有的链条模式，但会采取核心企业或者银行合作，对于信息的质量有所保障。例如第三方支付机构与核心企业进行战略合作，通过挖掘积累的大数据，平衡资金提供方与供应链上企业的需求，帮助辅助授信决策，代表案例是快钱和联想的合作模式。另外第三方支付公司依托于长期支付交易建立起的客户关系，开始转型并提供信贷融资服务，在一定程度上取代了传统供应链金融模式中的金融机构，例如蚂蚁金服推出的阿里小贷业务等。

（三）电商平台对于供应链金融的转变

电商平台掌握了物流、资金流、信息流等优势资源，并且越来越多的电商正积极开拓电商金融相关业务，对于传统供应链金融的影响主要体现在两个方面。一是电商平台通过运用云数据缩减繁多的夹层渠道，并整合物流端，产生规模效应。电商平台可以在利用大数据提高存货周转速度的同时压缩运输成本，提高效率。二是电商平台可以利用历史交易信息和其他外部数据形成大数据，并且利用云计算等先进技术，在控制风险的前提下，当终端客户、供应商存在融资需求时，电商平台可以通过自建信贷平台或进行担保，由银行提供资金的方式解决融资问题。这一方式不仅将供应链上的企业纳入，也将终端的消费者作为供应链的一部分，拉长了整个链条，照顾到终端的客户。

电商参与的供应链融资模式：其参与供应链的方式主要有银行借贷和电商借贷，银行借贷模式下，核心企业的角色由电商平台来担任，为供应链上下游与银行之间进行授信。上下游企业凭借电商的订单向银行进行借贷。电商借贷模式下，电商依托自身掌握的供应商的资金流、物流等信息，参考平台上过往的真实交易及其评价，作为对链上企业借贷的依据。电商平台可以作为借贷平台，将不可控的金融产品风险转化为供应链业务上的可控风险。

（四）网贷平台对于传统供应链金融的转变

在互联网时代下，数据和资金的作用凸显，网贷行业作为互联网金融中重要的组成部分，市场规模呈现不断扩大趋势，并且相比传统金融机构，网贷平台的融资门槛更低，资金的来源和风险偏好更加多元，可以满足不同企业的融资需求。另外针对供应链金融交易周期短、频率高、客户规模小、需求金额大等特点，互联网金融更加灵活，其丰富资金端可以和供应链金融的资产端有效匹配。

网贷平台参与下的供应链模式：其关键在于与核心企业达成合作，选择一个或几个产业领域纵深发展，比如中瑞财富集中在钢铁煤炭等领域。目前主要的运行模式有核心企业自建网贷平台、网贷平台与核心企业合作、网贷平台与保理公司合作。其中上市公司与网贷的结合是最主流的模式。对于上市公司而言，其一般处于供应链上的核心地位，具有独特的行业优势与规模优势，转而做线上供应链的成本较小，并且资金一般充足，能够自建或参股网贷平台。在这一模式下，资金的提供方由银行等金融机构转变为网贷平台，运行模式主要还是应收账款融资、预付账款融资、存货融资，但可以根据行业特点和需求进行创新。例如A股首家煤炭供应链上市公司瑞茂通入股中瑞财富，建立起覆盖全球的煤炭供应链，并成为中瑞财富的重要资产端来源。

 案例

国药控股股份有限公司供应链金融案例研究

国药控股股份有限公司由中国医药集团有限公司和上海复星医药（集团）股份有限公司于2003年出资设立，并于2009年在我国香港上市。国药控股是目前中国药品分销市场和医疗健康产品市场上最大的企业，同时也是供应链的服务企业。它的药品销售业务立足于国内市场，面向全球，形成了从化学试剂、医药工业、医疗器械到医药健康产品分销配送、医药健康产品零售连锁等一体化协同发展的产业链。国药控股（中国）融资租赁有限公司（以下简称国控融资租赁）于2015年由国药控股出资5亿元在上海自贸区发起设立。国控融资租赁不仅产品服务覆盖医疗健康产业链的生产、流通、零售、医疗终端等各环节，而且还拓展在城市公用、文体旅游、交通物流、机械装备等产业领域，现已形成医疗和非医两大基础产业板块。依托突出的产业资源优势和强大的投融资能力，在医疗和非医两大产业服务领域，国控租赁持续推动"科技金融+产业运营"双轮驱动战略。

1.国药控股供应链金融基本情况

在实体经济中，医药流通企业供应链上下游的中小企业存在着大量的融资需求，但由于资产规模有限，抵押物匮乏，向银行等金融机构借款的门槛高，所能获得的资金量很小。于是国药控股集团依托"健康之星"现代医药流通供应链服务平台所提供的大量交易数据可以分析上下游企业的信用情况和偿债能力，与产业链各方合作寻找解决的方案。在国家大力推行供应链金融实践下，医药流通企业供应链金融得到迅速发展，其中国药控股也积极地进行了供应链金融的部署，主要体现在两个方面：一是国药控股股份有限公司联合旗下全资子公司上海统御信息科技有限公司推出的国药控股电子供应链金融平台，为上下游客户提供融资服务；二是国药控股单独成立子公司国药控股（中国）融资租赁公司，专门提供医药供应链的综合产业服务包括融资租赁、商业保理、股权投资等服务。

（1）国药控股电子供应链金融平台。为解决上下游中小企业融资难的问题，国药控股股份有限公司于2015年开始打造国药控股电子供应链金融平台，2019年在原有的平台基础上对其进行重新构建，现在的国药控股电子供应链金融平台是一个以互联网、云技术为手段，以平台为载体，构建连接银行、上游供应商、下游客户的完整的供应链金融服务平台。

通过国药控股电子供应链金融平台，国药控股供应链上供应商通过该电子供应链金融平台向下游客户销售货物之后，平台可以将供销合同以及销售单据等质押给银行，从而提高上游供应商的资信水平。上游供应商将能够获得低利率、额度大且期限较短的贷款。该平台不仅可以盘活供应链上的资金，提高运作效率，也可以扩大各参与主体的市场份额，从而达到共赢。

（2）国控融资租赁供应链金融综合产业服务。与电子供应链金融平台针对国药控股所在的供应链上下游中小企业提供融资不同，国控融资租赁提供的综合服务覆盖医疗健康服务、健康制造、公用民生、科教文旅和交通物流等领域。国控融资租赁以融资租赁为切入点，在对自身规模能力和中国医疗健康业特点具有充分的认知基础上，稳步推进产业运营服务，构建多元化的综合金融服务，以"金融+科技"和产业运营形成双轮驱动，推动国内医疗健康业发展。医疗健康服务领域包括医疗服务行业、健康管理行业和医疗消费领域等。

2.国药控股供应链金融业务模式及其运行机制

（1）国药控股电子供应链金融平台。国药控股电子供应链金融平台针对上游医药供应商和下游医院等终端企业分别制定了上游供应链金融融资模式和下游供应链金融融资模式。

上游供应链金融融资流程如图8-8所示。

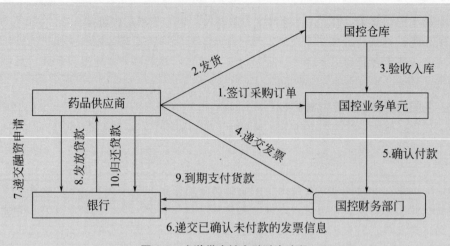

图 8-8　上游供应链金融融资流程

　　上游供应链融资模式运作流程分为以下几步：① 国药控股与上游供应商签订采购合同，在电子供应链金融平台上上传合同、发票等贸易信息。② 供应商向其发货。③ 国药控股仓库在电子平台上进行验收入库确认。④ 供应商向国控财务部门递交发票。⑤ 电子平台向国控财务部门发出确认付款指令。⑥ 国控财务部门向银行递交已确认但未付款的发票信息。⑦ 供应商向银行递交融资申请。⑧ 银行审批，向供应商发放贷款。⑨ 到期后国控财务部门向银行支付货款。⑩ 供应商向银行归还贷款。

　　下游供应链金融融资业务流程如图 8-9 所示。

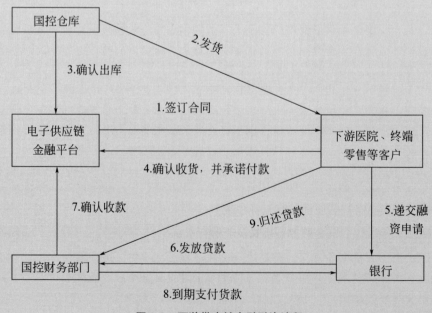

图 8-9　下游供应链金融融资流程

下游供应链融资模式运作流程分为以下几步：①医药流通企业与下游客户签订合同。②国控仓库向下游客户发货。③国控仓库向平台确认出库。④下游客户在平台确认收货。⑤下游客户向银行提交融资申请。⑥银行向国药控股财务部门发放贷款。⑦向电子平台确认收款。⑧国控财务部门在到期后向银行支付货款。⑨下游客户向国控财务部门归还借款。

（2）供应链金融综合产业服务。国控融资租赁所提出的供应链金融综合产业服务主要体现在四个方面：融资租赁、商业保理、股权投资和贸易分期。下面将分别介绍四个服务的业务模式及其运行。

①融资租赁：满足中长期融资需求。根据承租人的要求，国控融资租赁向特定的供应商购买指定设备，然后作为出租人将该设备的占有权、使用权和收益转让给承租人，承租人需要向出租人先期支付租金。该融资租赁服务包含直接租赁、售后回租、厂商租赁和转租赁等产品，可以为上游制药企业提供3～5期的长期建设资金，用于上游供应商的项目建设，包括设备、基建等诸多领域。相对于向银行贷款手续复杂，要求高，向上游客户提供的融资租赁服务具有融资手段灵活度高、门槛低等特征。同时该服务可以满足公立或民营医院、连锁药店、各类生产厂商、物流等下游客户企业的设备采购、基建等资金需求。向下游客户提供的融资租赁服务具有融资手续便利，还款灵活度高，期限可选择等特征。

②商业保理：满足中短期融资需求，调节现金流（图8-10）。从上面业务流程图可以了解到，商业保理包括反向保理和正向出表保理。反向保理是国控融资租赁针对上游客户提供的以应收账款为标的的反向保理服务。其流程包括：①制药公司和核心企业签订购买协议，形成上游应收账款。②上游制药企业与保理商签订保理协议，转让应收账款。③保理商向上游制药企业支付款项。④核心企业向保理商支付货款。正向出表保理服务是国控融资租赁针对下游客户提供的以应收账款为标的的正向出表保理服务。其流程包括：①下游客户与核心企业签订购买协议，形成下游应收账款。②核心企业与保理商签订保理协议，转让应收账款。③保理商向核心企业支付款项。④下游企业向保理商支付货款。

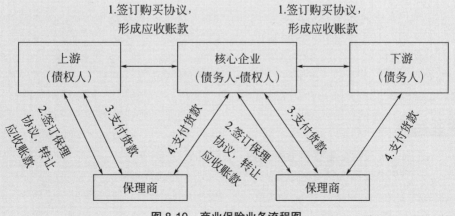

图8-10 商业保险业务流程图

③ 股权投资：深化产业，增强客户黏性。对于具有良好发展前景的公司，国控融资租赁会通过各种渠道为其提供股权投资，如直接使用自有资金投资，或通过产业投资基金、私募股权投资基金等方式。股权融资协同债券融资和财务顾问服务，帮助供应链上有潜力的或能够进行业务协同的机构引入长期股权资金，使其得到加速发展。将股权融资纳入供应链金融业务服务，可以进一步扩大客户的覆盖范围，加强核心企业与客户的深入了解，增强客户黏性，同时使得双方信息更加透明，降低风险。

④ 贸易分期：拓展业务范围、提供采购代理服务（图8-11）。

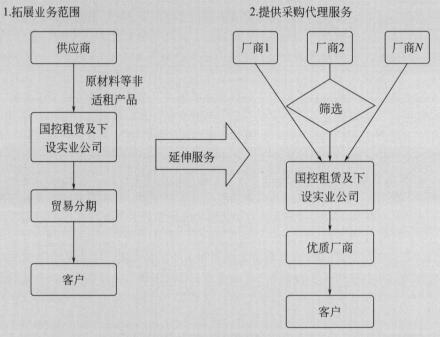

图 8-11　贸易分期业务流程图

在客户企业缺乏适租资产情况下，可以利用原材料等非适租产品，通过国控租赁及下设的实业公司进行贸易分期，让原材料等非适租产品进入到贸易流通过程中为客户提供相应资金，从而拓展业务范围。根据供应链平台提供的大量厂家信息，控租赁及下设的实业公司对其进行筛选，为客户推荐优质的厂商，从而为客户提供采购代理服务。

案例讨论

1. 国药控股供应链金融业务是如何开展的？
2. 国药控股供应链金融是否存在潜在风险，如何规避？

第九章

区块链技术及在供应链中的应用

第一节　区块链的基本概念

一、什么是区块链

可以从狭义和广义两个方面去理解区块链的概念。狭义的区块链是一种按照时间顺序将数据区块以链条的方式组合成特定数据结构，并以密码学方式保证的不可篡改和不可伪造的去中心化共享总账，能够安全存储简单的、有先后关系的、可在系统内验证的数据；广义的区块链技术是利用块链式数据结构来验证与存储数据，利用分布式节点共识算法来生成和更新数据，利用密码学的方式保证数据传输和访问的安全，利用由自动化脚本代码组成的智能合约来编程和操作数据的一种全新的分布式基础架构与计算方式。

还有一些对于区块链的解释是从技术和数据等方面介绍的。从技术的角度来看，区块链不是某个单一的技术，而是一项集成了计算机科学、数学、经济学等多学科领域研究成果的组合式创新技术，是有效地实现安全、可信、容错的去中心化分布式的记账系统。从数据的角度来看，区块链是一组带时间戳的数据不可变记录，网络上任何节点的权力和功能都是对等的，新产生的区块信息会迅速被备份到所有网络节点上，并连接在之前链上最新的区块之后，最终完成整个区块链网络数据的一致化，由不属于任何单个实体的计算机集群管理，形成了一种新的数据分布式记录、分布式存储和表达的方式。

总之，区块链是一场伟大的技术革命，它综合了密码学、分布式存储、共识机制、智能合约等技术，改变了数据管理方式，建立了一种新型的信任与激励体系，大大提升了透明度，减少了信用风险，降低了成本，提升了效率。

二、区块链的发展过程

2008年10月中本聪发表的文章《Bitcoin: A Peer-to Peer Electronic Cach System》中提出了一种完全通过点对点技术实现的电子现金系统即比特币系统，接着2009年1月比特币开始发行交易，账户管理系统开始运行后，区块链作为比特币的底层实现被提出，其技术架构随着比特币的成功而引起关注。从2008至今区块链的发展经历了三个阶段：区块链1.0、区块链2.0、区块链3.0（图9-1）。最初以比特币为代表，以支付为单一目的；在实现可编程属性后，区块链技术极大扩展了应用范围，支持更多复杂的经济类型；现在，如何让区块链技术赋能实体产业，已成为越来越

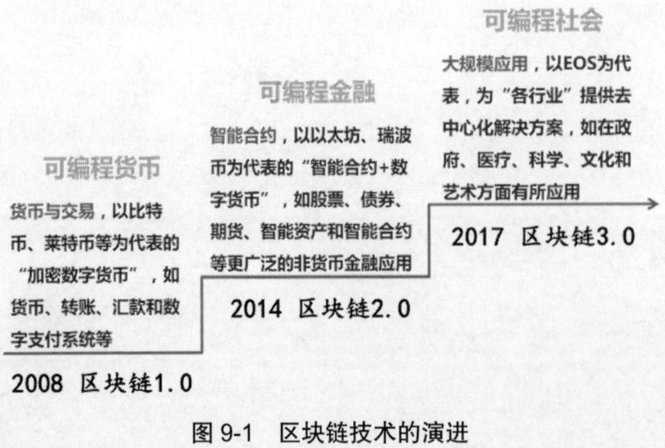

可编程社会
大规模应用，以EOS为代表，为"各行业"提供去中心化解决方案，如在政府、医疗、科学、文化和艺术方面有所应用

2017　区块链3.0

可编程金融
智能合约，以以太坊、瑞波币为代表的"智能合约+数字货币"，如股票、债券、期货、智能资产和智能合约等更广泛的非货币金融应用

2014　区块链2.0

可编程货币
货币与交易，以比特币、莱特币等为代表的"加密数字货币"，如货币、转账、汇款和数字支付系统等

2008　区块链1.0

图9-1　区块链技术的演进

多从业者的探索方向。

1.区块链1.0：比特币

在1.0时代，区块链主要是一款支撑虚拟货币交易的应用，技术起源于P2P网络、加密算法、数据库技术电子现金等，它包括了转账、汇款、加密货币与数字化支付等内容，比特币则是1.0时代最具有代表性的数字货币。2008年中本聪提出比特币和区块链，到2009年比特币的交易运行，成为区块链技术应用的成熟典范。

2.区块链2.0：以太坊

在2.0时代，区块链技术主要以智能合约为依托，以完成股权登记，转让等功能，将区块链的应用从支付、货币领域开始辐射到整个金融领域。2013年，俄罗斯少年维塔利克·布特林（Vitalik Buterin）公布了《以太坊白皮书》初版开始开发以太坊概念，2014年，在以太坊的预售中售出大约6000万的以太币，2015年，以太坊区块链正式上线。

3.区块链3.0：各个行业

随着区块链技术的不断发展，其不仅仅能够解决金融市场的安全问题，还可以解决社会各行各业之间的信任问题。3.0时代正在路上，各行各业的专家学者企业家等都非常重视区块链技术给社会发展带来的契机，在不久的将来它会和互联网一样成为必不可少的基础设施，成为万物互联的最底层协议，应用到我们生活中的方方面面。

三、区块链的类型

现阶段对于区块链的类型主要是从应用场景和开放程度方面划分的，有些也叫作参与者程度划分，一般分为三种类型：公有链、私有链、联盟链。

1.公有链

顾名思义，任何节点都可以自由地加入网络并参与链上数据的读取和写入，在任何地理位置都能参与共识，依靠激励机制和密码学技术来维护数据安全，网络中不存在任何中心化的服务端节点，是真正地去中心化、分布式的结构，信息是完全公开的，比特币是公有链的典型代表。公有链是最早出现也是目前使用最多的区块链类型，但由于公有链的完全中心化、完全匿名参与，导致参与节点比较多，备份账本所需的存储容量和能耗消耗都比较大，确认交易的时间相对也最长。

2018年5月，国家公布了工信部赛迪全球公有链技术评估结果，并确定了公有链评估对象的认定标准，公有区块链的项目标准主要有：拥有自己的独立主链；公有链节点可自由创建；具有公开的区块浏览器，区块信息可查阅；拥有项目主页，项目团队可联系；代码开源。

2.私有链

与公有链相反，私有链是中心化，不公开的，所以也称专有链，指区块链的写入权限仅掌握在某个人或某个组织手中，数据的访问以及编写等有着十分严格的权限，需要通过组织者授权才能加入的链，读取信息的权限可能被限制，具有分布式的结构，但具有中心化的特征，也正是因为参与节点是有限的并且可控的，因此私有链交易速度非常快，为隐私提供了保障，大幅度降低了交易成本，保护了使用者的既得利益，能够提供安全、可溯源、不可篡改、自动执行等价值，蚂蚁金服就是私有链的典型代表。

3.联盟链

公有链定义范围太大，私有链只能在组织内部展开，而组织与组织之间的区块链合作就需要联盟链的实施。因此联盟链介于公有链和私有链之间，由具有共同目标组成的联盟维护，联盟成员节点通常有相对应的实体机构或组织，它们通过验证后进行公示，参与节点受联盟准入限制，每个成员对联盟链上账本的读写权限以及参与区块生成的权限均由联盟设定规则进行分配，可实名参与过程，可满足监管 AML/KYC。联盟链是分布式、部分中心化的结构，通常不采用工作量证明机制，而是采用权益证明、PASOX或其他算法达成共识，超级账本（Hyperledger）是联盟链的典型代表。联盟链成立的前提是资源必须共享，资源必须互补。

三种区块链对比见表9-1。

表 9-1　公有链、联盟链、私有链对比

	公有链	联盟链	私有链
参与者	任何人	特定的组织	单独的个人或实体
节点写入	自由加入	需要协商授权	内部控制
中心化程度	去中心化	多中心化	中心化
信任机制	工作量证明	共识机制	自行背书
交易速度	3～20笔/秒	1000～10000笔/秒	1000～100000笔/秒
访问门槛	低	较高	非常高
激励机制	需要	可选	不需要
优点	去中心、去信任；任何用户均可访问，应用程序容易部署	容易进行控制权限定，可插拔框架，具有很要高的可扩展性	网络能耗较低，规则容易修改，交易量和交易速度无限制
不足	交易最受限，挖矿能耗高	未完全解决信任问题	接入节点受限，读取信息的权限可能被限制
典型代表	比特币区块链，以太坊智能合约	超级账本	蚂蚁金服
适用领域	数字货币交易、金融资产交易、存在性证明等	组织内的交易、银行或国家清算，结算	公司、政府、医院等实体组织，作为内部信息系统使用

四、区块链的特点

1.去中心化

区块链技术不依赖于第三方管理机构或硬件设施，没有中心管制，通过分布式核算和存储，各个节点实现了信息自我验证、传递和管理，节点之间相互监督并实时对账，避免了集中式记账的造假行为，这是区块链技术最突出和本质的特征。

2.安全可靠，不可篡改性

只有区块链中的所有节点对所要记录的数据达成共识后，数据才会被记录。区块链采用密码学原理对数据进行签名，保证数据不可伪造；每个区块都包含之前区块的哈希值，可以快速验证区块数据的完整性，共识算法抵御外部攻击。只要不能掌握全部数据节点的51%，就无法肆意操控修改网络数据，区块链技术因而具有较高的安全性和可信性。

3.开放透明性

区块链技术基础是开源的，每一笔交易都会通过广播的方式让所有节点可见，除了交易各方的私有信息被加密外，区块链的数据对所有人开放，任何人都可以通过公开的接口查询区块链数据和开发相关应用，整个系统信息高度透明。

4.可追溯性

时间戳是一份能够证明数据在对应的时间点已经存在的可验证的数据，区块链基于时间戳形成不可篡改、不可伪造的数据库。区块（完整历史）与链（完整验证）相加便形成了时间戳（可追溯完整历史），最终完成整个区块链网络数据的一致化。时间戳存储了网络中所执行的所有交易历史，可为每一笔数据提供检索和查找功能，并可借助区块链结构实现追溯功能。

5.去信任化

去信任化通俗解释即区块链节点通过算法建立的信用体系，在该体系内可以实现自由灵活的价值传输活动，而无需其他信用机构提供信用。区块链理论最大的颠覆性在于新的信用形成机制，节点通过非对称加密算法和可靠的数据库完成了信用背书。通过该机制，各交易方只要信任共同的算法即可创建信用，产生信任并达成共识。

第二节　区块链的技术原理

一、区块链的主要核心技术

（一）P2P网络技术

P2P（Peer-to-Peer）网络技术是区块链技术的重要组成部分，学术界将其译为对等网络技术，是一种在对等节点之间分配任务和工作负载的分布式应用架构，不同于中心化的网络模式，对等网络中各个节点的地位对等，不存在任何中心化的节点和层次结构，所有节点拥有相同的网络权力，且共享计算资源、软件和信息内容。在此网络中的参与者既是资源、服务和内容的提供者又是资源、服务和内容的获取者。P2P网络没有中心服务器，具有分散化、可扩展、耐攻击、高容错的特点，P2P网络拓扑结构如图9-2所示。

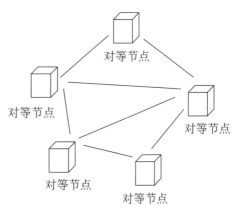

图9-2　P2P网络拓扑结构

作为区块链底层技术之一的P2P技术，是一种与客户端/服务器（CS）模式相对应的信息交换方式，其分布特性通过在多节点上复制数据，增加了防故障的健壮性。它一方面能够缓解传统客户端/服务器（CS）模式中服务器压力过大，以及单个节点故障易牵连系统的问题，另一方面，它实现了对网络上闲散计算资源和储存资源的充分利用。整体来看，区块链实际上就是依靠P2P网络搭建的一种去中心化的数据存储结构。区块链的每一个节点都有该系统所有数据的拷贝，一旦有数据更新，信息会迅速复制至每一区块，进而保证数据信息的完整性、真实性。

（二）非对称加密技术

非对称加密技术使用非对称加密的密钥对数据存储和传输进行加密和解密，用于身份验证和数据校验以构建节点间的信任。密钥对由一个公钥和一个私钥构成，公钥可以向其他人公开，私钥则保密，通常发送方利用接收方的公钥对明文数据进行加密，然后将加密后的数据发送给接收方，接收方利用自己的私钥解密密文，其他人无法通过公钥推算出相应的私钥，这样使得信息在网络中传播不被窃取，但是一旦私钥丢失，其拥有者可能会丢失所有资源，进而造成巨大的损失。在非对称加密技术下，加密是一回事，解密是另一回事，因此非对称加密技术的安全度更高，更适用于价值传输过程。

（三）共识机制

区块链共识机制是区块链安全的又一技术保障，用来维护区块链日常运作，促进其交易的正常进行。共识就是 P2P 系统中互不信任的节点通过机制使数据达成一致性，对提案达成一致的过程即为共识算法。区块链作为一种分布式网络，任何改变区块链的操作都应是区块链中的所有节点在有限的时间内达成的一致性结果。

共识机制的目标就是实现节点间的"一致性"与数据记录的"有效性"。在评价一个共识机制能否达到该目标时可以依据以下四个标准：资源消耗，性能效率，扩展性以及安全性。

在区块链技术中常用的共识机制有四种，分别是：工作量证明（Proof of Work，PoW）、权益证明（Proof of Stake，PoS）、委任权益证明（Delegated Proof of Stake，DPoS）、拜占庭容错算法（Delegated BFT，DBFT）。

（1）工作量证明：通过大量消耗算力来实现共识，消耗算力的主要方法是进行复杂数学问题的计算，从而获得新区块的记账权并取得激励收益。例如比特币的挖矿过程，是比特币系统达成网络共识的制度。PoW机制的优势是算法简洁且易实现，节点间不用交换额外信息就能达成共识，除非有51%以上的算力进行攻击，否则不会影响现有区块链的有效性。然而，此机制也存在明显的弊端，即浪费能源，网络处理效率低，区块的确认时间难以缩短，没有最终性。

（2）权益证明：通过结合节点所拥有的加密数字货币的数量和时间来确定其权益大小，影响节点获得记账权的概率，进而决定其能否取得激励收益。与PoW共识相比，PoS共识的优势是从根本上解决了大量的数学运算带来的资源耗费问题，并且缩短了达成共识需要的时间，性能得到了提升。但实质仍是计算共识，其他性能与工作量证明相差不大。

（3）委任权益证明：委任权益证明和权益证明的主要区别在于节点并不直接根据持有权益多少来争夺记账权，而是通过投票选举的方式，推选出代理人进行验证和记账，并根据投入权益的数量获得奖励。委任权益证明的优势在于块生成的速度很快，且资源消耗较少。

（4）拜占庭容错算法：该算法基于特有权益的比例来选出专门的记账人，然后，记账人之间通过拜占庭容错算法（即少数服从多数的投票机制）来达成共识。这一共识机制不是固定的而是动态化的，每一次行动都会有不同的参与节点，产生不同的记账人，这就使DBFT能容忍任何类型的错误，只要超过2/3的节点是正常的，整个系统就能正常运作。不过该协议的效率取决于节点的数量，一旦节点数量过大，便会效率极差；而且，其对主节点有明显依赖性，这导致其安全性也有所降低。

（四）智能合约

智能合约是指一种计算机协议，这类协议一旦制定和部署就能实现自我执行和自我验证，而且不再需要人为干预。从技术角度来说，智能合约可以被看作一种计算机程序，该程序自主执行部分甚至全部和合约相关操作，通过产生可验证的证据来说明执行合约操作是有效的。智能合约还提供用户接口，以便外部应用调用，并按照合约制定的逻辑来执行交易或访问数据。通过合理的设计智能合约，可以将其应用到需记录信息状态的场合，比如数据记录系统等。

智能合约的优点主要有：① 高效的实时更新：不需要人为的第三方权威或中心化代理服务的参与，其能够在任何时候响应应用户的请求，大大提升了交易进行的效率；② 准确执行：智能合约的所有条款和执行过程是提前制定好的，并在计算机的绝对控制下进行；③ 较低人为干预风险：在智能合约部署之后，合约的所有内容都将无法修改，合约中的任何一方都不能干预合约的执行；④ 去中心化权威：智能合约不需要中心化的权威来仲裁合约是否按规定执行，合约的监督和仲裁都由计算机来完成；⑤ 较低成本：去人为干预的特点，其能够大大减少合约履行、裁决和强制执行所产生的人力成本。

（五）哈希函数

哈希函数是一类数学函数，可以在有限合理的时间内，将任意长度的消息压缩为固定长度的二进制串，其输出值称为哈希值，也称为散列值。区块链通常并不直接保存原始数据或交易记录，而是保存其哈希函数值，即将原始数据编码为特定长度的由数字和字母组成的字符串后记入区块链，以哈希函数为基础构造的哈希算法常用于实现数据完整性和实体认证，同时也构成多种密码体制和协议的安全保障。

二、区块链的技术架构

我们已经了解了区块链的核心技术，那么这些核心技术如何运用到区块链的呢？经过十几年的探索研究，区块链技术的基础架构逐渐达成共识，一般可以分成六层，分别是数据层、网络层、共识层、激励层、合约层、应用层。如图9-3所示。

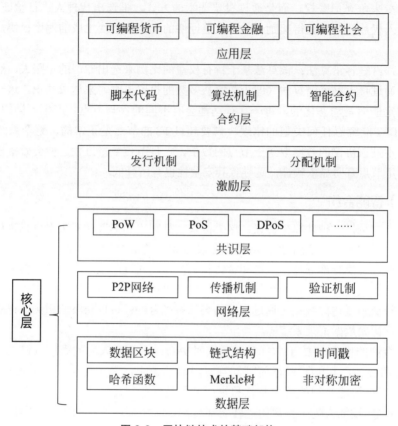

图 9-3　区块链技术的基础架构

（一）数据层

数据层是整个区块链技术的最底层，负责区块链的运作和安全，通过数字化方式采集到的数据进行分布式存储，每个分布式节点将特定时间内接收且验证过的交易数据加密后添加到盖有时间戳的数据区块中，经全网节点认可后通过特定的哈希算法和Merkle树数据结构加入具有链式结构的主区块链中。数据层中使用的关键技术包括：数据区块、链式结构、时间戳、哈希函数、Merkle树、非对称加密算法等。

每个数据区块一般包含区块头和区块体两部分。区块头封装了当前版本号、前一区块地址、当前区块的目标哈希值、当前区块 PoW 共识过程的随机数、Merkle 根以及时间戳等信息。区块体以 Merkle 树的形式将一个区块的完整交易信息组织在一起，通过Merkle 树的哈希过程生成唯一的 Merkle 根并记入区块头。

数据层中交易数据是通过如图9-4、图9-5所示的数据区块及其连接起来的链式结构进行记录并实现可追溯、不可篡改的需求，区块链系统中的任何数据都可以通过这个链式账本来进行追踪。

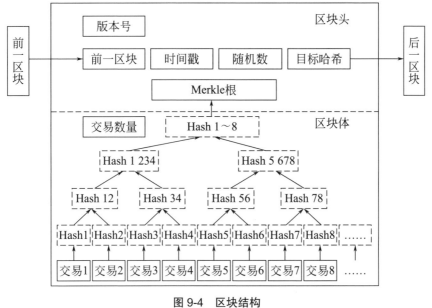

图 9-4　区块结构

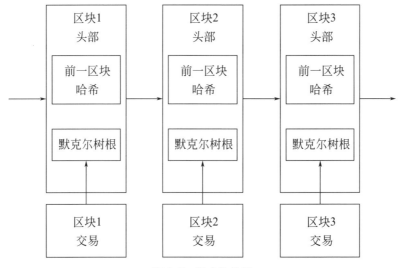

图 9-5　链式结构图

（二）网络层

网络层负责各节点之间数据的传播和验证，主要包括 P2P 的组网机制、数据传播和数据验证机制。

P2P 网络中的每个节点均地位对等且以扁平式拓扑结构相互连通和交互，不存在任何中心化的特殊节点和层级结构，每个节点均会承担网络路由、验证区块数据、传播区块数据、发现新节点等功能。任一区块数据生成后，将由生成该数据的节点广播到全网其他所有的节点来加以验证。节点接收到邻近节点发来的数据后，将首先验证该数据的有效性。如果数据有效，则按照接收顺序为新数据建立存储池以暂存尚未记入区块的有效数据，同时继续向邻近节点转发；如果数据无效，则立即废弃该数据，从而保证无效数据不会在区块链网络继续传播。

网络层设计机理可见，区块链是典型的分布式大数据技术。全网数据同时存储于去中心化系统的所有节点上，即使部分节点失效，只要仍存在一个正常运行的节点，区块链主链数据就可完全恢复而不会影响后续区块数据的记录与更新。

（三）共识层

共识层负责区块链点对点模式的有效识别认证，因为区块链中每个节点都可以生成新的区块完成记账，若果所有节点同时记账，整个网络就会乱套，共识层使得分布式节点针对区块链的有效性达成共识，并决定谁有权力将新的区块添加到主链中去，保证数据不被篡改以及整个系统的安全运行。

现有的区块链在共识层有超过十种共识机制，比较常见的有工作量证明、权益证明、委任权益证明、拜占庭容错等共识机制。

（四）激励层

激励层主要负责鼓励各节点记录信息，包括利用经济手段进行激励的发行机制和分配机制。由于去中心化网络结构，节点成为数据维护和管理的重点，而节点本身是自利的，最大化自身收益是其参与数据验证和记账的根本目标，因此，必须使得共识节点最大化自身收益的个体理性行为与保障去中心化区块链系统的安全和有效性的整体目标相吻合。激励层主要出现在公有链当中，而在联盟链和私有链中，则不一定需要进行激励，因为参与记账的节点往往是通过自愿或强制因素参与记账。

以典型的公有链运用代表比特币为例，发行机制有两种：一种是算出难题，获得记账权进行记账、新区块产生时系统奖励产生的比特币，另一种是每一笔交易的手续费，随着比特币发行数量的减少，手续费将逐渐成为驱动节点共识和记账的主要动力。分配机制主要是在比特币系统中，区块的比特币和手续费汇集在一起，矿工根据计算区块哈希值时所占的股份数量分配奖励。如何设计合理的分配机制引导各节点合理地合作、避免出现因算力过度集中而导致的安全性问题是亟待解决的研究问题。

（五）合约层

合约层负责规定交易方式的流程细节，封装区块链系统的各类脚本代码、算法以及由此生成的更为复杂的智能合约。如果说数据层、网络层和共识层三个层次作为区块链底层"虚拟机"，分别承担数据表示、数据传播和数据验证功能的话，合约层则是建立在区块链虚拟机之上的商业逻辑和算法，是实现区块链系统灵活编程和操作数据的基础。无需人工干预就可以在约束条件下自动触发，执行事先约定好的一切条款。这也是区块链能够解决去信任的关键技术之一，通过智能合约履行的协议能节省时间、降低成本，但也具有缺乏法律监管、完全实施较困难等缺点。

（六）应用层

应用层主要负责实现生活的各类与区块链相关应用场景。未来对于区块链技术的发展都是基于数据层、网络层、共识层、激励层、合约层等的架构基础上，在应用层展开创新应用，将不同经济体交易的横向和纵向推向新的水平，为未知的领域和行业创造可能。

三、区块链的工作原理

从区块链的基础架构出发可以将区块链技术的工作流程归纳为：基础数据传输到数据层，在区块主体中组成数据列表，用区块主体中的Merkle树记录，区块主体与存储Merkle根、散列值、时间戳等数据的区块头共同形成区块，多个区块通过区块头的数据形成链式效果；网络中的节点收到上传数据后，通过P2P网络向全网广播，各节点自动对其验证；为了使全网达成共识，区块链提供了多达十余种的共识机制，使得整个网络在基于算法的基础上稳定运行，同时在公有链中还会通过激励层中的分配机制和发行机制，奖罚分明，使各节点更加积极参与其中；合约层中封装了具有可编辑特性的各类脚本代码和机制算法，为应用层中的不同应用场景服务。

总之从生成交易到在网络中传播，验证收集，再到通过共识机制生成区块、整个网络节点区块验证，最终记录到区块链，就是区块链交易的整个生命周期。

以比特币为例，区块链工作原理具体如下。

（1）节点构造新的交易，并将新的交易向全网进行广播。

（2）接收节点对收到的交易进行检验，判断交易是否合法，若合法，则将交易纳入一个新区块中。

（3）全网所有矿工节点（网络中具有对交易打包和验证能力的节点）对上述区块执行共识算法，选取打包节点。

（4）该节点通过共识算法将其打包的新区块进行全网广播。

（5）其他节点通过校验打包节点的区块，经过数次确认后，将该区块追加到区块链中。

比特币系统的数据结构如图9-6所示，工作流程如图9-7所示。

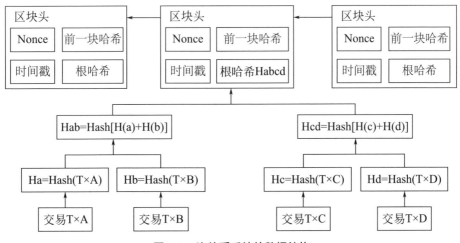

图9-6　比特币系统的数据结构

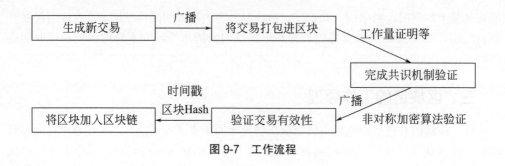

图 9-7　工作流程

第三节　区块链技术在供应链管理中的应用及案例

随着市场的发展以及企业经营环境的复杂化，供应链的发展，已经到达瓶颈期。在供应链上，物流、商流、信息流、资金流相互交错，单纯依靠传统供应链企业进行协同规划，难度极高。在当前供应链运行中，信息孤岛现象普遍存在，信息匮乏和信息失真问题成为许多企业的顽疾。区块链技术的横空出世，为供应链提供了全新的发展机遇。

一、区块链 + 供应链的优势

1.区块链去中心化提高了协作效率

区块链是一种"分布式账本"，即区块链上的信息由各个参与者同时记录、共享。在"共识机制"下，企业和企业之间的运营遵循的是一套协商确定的流程，而非依靠核心企业的调度协调，需求变动等信息可实时反映给供给链上的各个主体，各企业可以及时了解物流的最新进展，以采取相应的措施。利用智能合约能够高效实时更新和较少人为干预的特点，我们可以把企业间的协议内容以代码的形式记录在账本上。一旦协议条件生效，就自动执行代码。

2.信息安全，透明可信

区块链技术的链上数据不可篡改和加盖时间戳的特性，能够保证包括成品生产、储存、运输、销售及后续事宜在内的所有数据都不被篡改。数据不可篡改使信息的不对称性大大降低，征信以及企业间的沟通成本均随之降低，这一应用帮助企业间快速建立信任，同时分化了核心企业所承担的风险。区块链技术保证了供应链上下游之间数据的无损流动，有效避免了信息的失真和扭曲。

3.提高市场监管能力，优化行业信用环境

多主体参与监控可以有效防止交易不公、交易欺诈等问题，供应链上下游企业共同建立一个"联盟链"，仅限供应链内企业主体参与，由联盟链共同确认成员管理、认证、授权等行为。供应链上的各参与方均存有链上的全部信息，如果某一个交易主体单独或者联合其他交易主体试图篡改交易记录，其他交易主体可以根据自己记录的交易证明其

不法行为，并将其清理出供应链。另外，区块链技术不可篡改且可追溯的特点确保了数据的真实和可靠，能够实现产品精准溯源。当出现问题后能够找到问题所在，划清责任解决交易纠纷。这样同时也增加了行业间的信任，促进了经济活跃。

二、区块链技术在供应链中的应用领域

（一）供应链金融领域

供应链金融是将供应链上的核心企业及其相关的上下游企业视为整体，以核心企业为依托，以真实贸易为前提，通过自偿性贸易融资的方式，为上下游企业提供的综合性金融产品和服务。金融科技作为金融与科技深度融合创新的产物，是以科技进步进行驱动的金融创新。金融科技时代的到来，为传统供应链金融注入了全新的活力。区块链作为金融科技时代的核心技术之一，能够改善传统供应链金融的融资劣势，推动我国中小企业融入"一带一路"建设。

作为金融科技时代的核心技术之一，区块链与大数据、人工智能等新兴技术的结合，能够重构供应链金融框架，解决传统供应链金融的难题，驱动其金融、产业活动创新。目前创新方案已经应用到航空供应链金融和农产品供应链金融，未来可能拓展到食品供应链金融、医药供应链金融等领域。

（二）供应链溯源领域

早在2003年，原国家质量监督检验检疫总局启动了"中国条码推进工程"。2015年，国务院办公厅印发了《国务院办公厅关于加快推进重要产品追溯体系建设的意见》，部署加快推进全国重要产品追溯体系建设。近年来，RFID技术的引入为全程追溯体系的建设提供了无限可能。但溯源体系的建设并没有因RFID技术而实现质的突破，相关溯源机制发展缓慢，市场秩序混乱。与此同时，由于相关数据存储在信息系统数据库中，始终存在丢失、被篡改的可能性。目前，供应链溯源体系仍然存在溯源成本高、溯源效率低、数据不安全、监管不健全等问题。而区块链的可追溯性和不可篡改性决定了其在溯源领域的应用优势。

区块链的不可篡改性能够保证数据溯源过程的安全，提高数据的可信度，并通过与存储系统的结合完成数据的高效存储与实时查询。虽然区块链技术本身存在着准入门槛高、应用场景少等缺陷，但其发展态势良好，已经通过了仿真实验的验证。

"加快建设重要产品追溯体系，提升产品质量安全与公共安全水平"一直是国家重要政策之一。区块链技术推动下的供应链溯源体系建设已经应用到包括食品、农产品等领域。通过将区块链、物联网等技术应用于安全追溯系统架构中，能够提升平台的开放透明度，有效提升供应链溯源效率。如今，区块链技术在PC端和移动端的追溯系统中都有所应用。

（三）供应链安全领域

随着供应链行业的蓬勃发展，供应链本身逐渐成为网络攻击的重点目标。全球最大航运公司马士基集团曾被Petya恶意软件攻击，损失惨重。安全问题已然成为供应链管

理的重中之重。现如今，供应链中相关企业信息总量剧增，企业无法实现信息安全的自我保护，政府监管困难。供应链安全业务存在着信息不对称、隐私易泄露、监管机构监管困难等问题。

而事实上，供应链监管是供应链安全领域不可或缺的一部分，有效的监督机制能够完善供应链监管体系，提高供应链安全性。区块链技术能够从多角度出发，完善供应链监督机制。此外，区块链技术不但能够保护用户信息安全，还能够对交易者信用进行评估，为监管机构提供便利，降低了供应链整体风险，完善了供应链监督机制。

三、供应链场景下的区块链应用发展前景

区块链技术去中心化、不可篡改、可追溯的特点使其在供应链场景下具有广阔的应用前景。在供应链金融领域，区块链与大数据、人工智能等新兴技术的结合，能够重构供应链金融框架，解决传统供应链金融的难题，驱动其金融、产业活动创新，推动供应链金融体系优化。在供应链溯源领域，区块链技术能够推动供应链溯源体系建设，提升平台的开放度和透明度，有效提升供应链溯源效率。该技术目前已经应用于食品、农产品等多个领域。在供应链安全领域，区块链技术能够保护用户信息安全，对交易者信用进行评估，降低供应链整体风险，完善供应链监督机制，提高平台的可信度和供应链的整体安全性。

尽管如此，绝大多数研究都仍然处于理论设计阶段，区块链技术在供应链场景下的应用仍然有很长的一段路要走。因此未来的区块链应用可以从以下几个方向突破：

一是推动供应链场景下区块链与各项新技术的融合。区块链技术与物联网技术融合，通过物联网设备实时记录关键信息，再利用区块链的不可篡改性进行储存，形成供应链领域所需的信任闭环。区块链技术与大数据技术融合，能够遏制数据过度集中的现象，提高供应链上各个企业的透明度，减少甚至消灭信息孤岛。

二是着力解决区块链技术下供应链金融服务中核心企业收益低的问题，使供应链中所有企业都能获取利益。

三是扩展区块链技术下溯源体系应用场景。现有区块链技术研究多应用于食品、农产品供应链领域，还可以将其应用于更多场景下的供应链溯源体系，如钢材溯源、农副产品溯源等大宗商品溯源系统。

四是利用区块链技术重塑供应链监管机构。区块链技术可以促使相关机构以供应链中的企业为节点来建立一套新的监管体系，在此系统中，监管机构可以更为系统、全面地对供应链加以监控。

五是利用区块链技术促进供应链管理优化，提高供应链管理的效率与透明度，建立更加完善的供应链管理体系。

六是根据区块链特性，在供应链物流交易机制上采用链式账本技术，实现物流交易的精确性、不可篡改性和可追溯性，提高供应链物流效率。

在目前区块链技术的应用和实践过程当中，我们可以发现其具有明显的安全风险失去控制的隐患。严格来讲，进行安全风险以及一定范围的严格管控，使其能够在区块链可控范围之内进行安全环境的营造，就能够实现区块链技术的高效应用发展。从技术角

度来讲，将区块链技术控制在一定范围内并实现安全运转，给予应用程序有限的代码访问权限，就能够实现激励金融创新在可控范围内和风险之内的快速突破，并做到严格的控制和预防金融市场与社会福利方面的价值体现，进而达到将区块链技术安全风险降至最低的目的。

任何新生事物和技术的应用都需要通过不断的实践与磨炼才能够最终消除不利因素的影响以及缺陷。但在实际的应用和实践当中也需要通过对各方资源的整合与作用发挥。无论是经济市场企业还是金融市场的银行等金融机构，都必须要通过多家企业共同开发区块链技术和相关测试的开展才能够实现区块链技术功能和作用的充分发挥，也只有取得各行业、各企业共同支持和达成共识才能够增强区块链技术的凝聚力，确保产业链条的逐步形成。此外，在区块链技术的产业链条形成基础之上，仍需要通过相关基础技术和网络平台以及多方面、多层面的飞速发展来实现区块链技术未来大范围和多功能的具备和广泛应用。而且区块链技术的发展也需要借助不同应用场景的实际验证才能够拥有更广阔的发展空间和更好的发展前景。

案例

区块链+供应链的应用案例

随着知名度的提升，区块链技术可以成为很多行业的解决方案。供应链是其中很重要的领域，也有很多的区块链应用实例，下面将从区块链在供应链金融、供应链溯源这两个重点应用方面列举案例。

（一）区块链+供应链金融的典型案例

区块链技术在壹诺供应链中的应用案例

1.壹诺供应链平台简介

壹诺供应链平台是布诺科技有限公司自主研发的供应链金融服务平台，是国内首个由多家银行、国企等十余家机构共同组成的可信区块链网络。该平台借助公司开发的布比区块链技术与供应链金融业务结合，依托产业链条中的真实贸易背景及核心企业付款承诺，创造性地将区块链不可篡改、多方共享、智能合约等技术特性与供应链金融场景深度结合，将传统贸易过程中的赊购赊销行为转换为一种可拆分、可流转、可持有到期、可融资的线上电子凭证。壹诺供应链平台在传递核心企业信用的同时，缓解了传统业务场景下信息不对称、信任成本高及资金跨级流转风险大等问题。壹诺供应链平台打造的"供应链+区块链＝产业链"生态网络，促进了实体经济快速、健康发展。

目前平台登记的资产已经接近200亿元。壹诺供应链平台的注册用户已超过3000家，参与主体主要包括银行等金融机构、核心企业、上下游中小企业等。与其建立合作关系的主体不仅包含国投集团、攀枝花钢铁、富士康等近百家核心企业，以及近千余家中小企业供应商，民生银行、华夏银行、贵阳银行等金融机构作为资金提供方参与其中。作为"2019中国物流金融50佳企业"之一，壹诺供应链平台作为优秀企业案例被收录于《中国物流金融创新实践白皮书（2019）》。目前，壹诺供应链平台已经成为"区块链+供应链金融"应用的典范，将该平台作为区块链+供应链金融的案例进行分析具有一定的代表性。

2.壹诺供应链平台运营模式分析

（1）服务对象。作为一个多方参与、共建共享的业务撮合平台，壹诺供应链平台不仅可以辅助核心企业提升产业链条的综合竞争力，降低整体成本；也可以为多层级供应商带来融资的可行性与便利性，缓解融资难题；还可以为金融机构提供更多的优质业务场景，实现其在供应链金融业务领域的降本增效。总体来说，该平台的服务对象主要有三类：核心企业、供应商和金融机构。

核心企业在产业链中发挥着重要作用，其资产规模一般较大，在供应链金融中往往通过其自身的良好信用为上下游企业提供融资担保，从而提高整条产业链的竞争优势。首先，壹诺供应链平台支持核心企业对其各种资产进行互联网化登记和确权，快速对接企业信息管理等系统，对用户企业的资产设立独立引擎；其次，为用户企业提供资金支付与结算等功能，通过银行资金存管账户对资金进行保管。最后，核心企业不仅可以从平台获取实时的动态数据，还可以利用平台提供的多维数据统计分析模型，随时了解风险的变化。

供应商在产业链中处于较弱势的地位，一般为规模较小的中小企业，有融资需求和资金管理需求，但由于缺乏有效的信任背书而较难获得低成本资金。首先，壹诺供应链平台设有拆分、流转收益机制，该机制能够有效促进资产按要求逐级流转，从而提高各级供应商与其他参与方的黏性，盘活资产；其次，区块链的结算体系与银行账户连接，保证资产在银行存管系统内逐级流转，可观测，可追踪，保障了资金账户的安全性；最后，借助区块链技术去中心化、共识机制，为跨域服务场景提供技术基础，整合资源，为供应商提供多种在线融资渠道。

金融机构是为中小企业提供服务的主体，包括银行以及信托、保理、资产管理公司等机构，主要利用自身优势为各参与方提供资金融通、管理等服务。首先，壹诺供应链平台为银行等金融机构提供了在线授信及融资管理服务，银行等金融机构可在线接受链上企业的融资申请，并做出审批，银行可以在平台随时查看资金流向；其次，通过智能合约技术，在系统内输入满足合约执行的条件，实现自动清算，不仅避免了人为干预，还能够杜绝款项被挪作他用等道德风险；最后，银行等金融机构可通过平台进行数据查验，包括融资资产信息、底层资产结构、确权信息等，从而降低金融欺诈风险。

（2）核心功能。壹诺供应链平台的核心功能主要包括实名认证、凭证管理、融资管理、资金管控四部分。

① 实名认证。壹诺供应链平台对企业设置只有通过实名认证才能获得注册资

格，除此之外，用户企业在每次登录平台时也需要进行实名认证，并进行在线确权、签章等行为。平台主要通过中国金融认证中心的U-KEY和数字证书两种方式验证用户企业的身份。其工作原理为平台通过公钥算法信息与用户私钥及数字证书进行匹配，保证了交易对手身份的真实性、信息的完整性与保密性、交易的不可否认性。通过实名认证，壹诺供应链平台首先在源头上保证了平台操作的真实性，能适当避免道德风险的发生，并且能够保证在发生意外情况时及时追责。

② 凭证管理。壹诺供应链平台将核心企业的记账凭证进行登记，其中明确记录了付款方、收款方、付款金额及日期等相关交易信息，经核心企业及其相关交易对手确认后记录在区块链平台上，保证了信息在后续传递过程中的真实性。供应商在平台上收到核心企业的记账凭证之后，可根据自身对资金的需求程度决定是否需要将记账凭证分拆。如需分拆，则拆分后的凭证仍然记录着原始记账凭证的所有相关信息，平台同时会进行相应记录，从而保证了凭证的价值在流转过程中不会因真实性问题而出现贬值。

③ 融资管理。壹诺供应链平台为供应商提供了T+0在线融资服务，当链上供应商有融资需求时，可凭借其收到的凭证，向入驻壹诺供应链平台的各个资金方提交融资申请。资金方在收到其融资申请之后，首先通过平台对凭证进行相关数据信息的查验。如果符合条件就可以为供应商线上直接提供资金。整个操作处理过程简单高效，而且准确便捷。

④ 资金管控。壹诺供应链平台建立了与银行账户系统的对接，入驻银行可以通过对相关企业客户的账户及其资金管理，实现资金的自动流转和过程监管，通过资金的封闭运行，保障了资金的安全。区块链账户结合银行托管的模式，允许记账凭证的签发、流转、融资，并通过智能合约技术，到期自动结算。

3. 模式优势分析

（1）盘活企业资产，拓展客户资源。入驻壹诺供应链平台的银行可借助平台的优势，将企业的应收账款等资产用于区块链技术下的电子结算，由此可转化为融资工具，不仅可以用于融资，还可以用于拆分、流转至二级乃至多级供应商，银行对供应商的服务范围也因此由一级供应商转变为多级供应商，从而获得了更多的客户资源。由于各级供应商之间存在业务往来关系，可将各个客户的单独风险内部化，进而做到风险可控。

（2）改善融资环境，降低融资成本。壹诺供应链平台通过电子凭证的拆分及流转，实现了将核心企业的信用多级传递，对于二级乃至多级供应商来说，获得了融资机会，而且相较于普通贷款，成本更低，更易于获得银行的贷款资金。另外，平台提供的凭证可被追溯操作避免了凭证造假问题，可有效防范操作道德风险。线上随时查阅功能缩短了银行的审核时间，也降低了中小企业融资的时间成本与机会成本，进而提高了整个产业链的运行效率，融资过程便捷高效。

（3）监管底层资产，降低管理成本。壹诺供应链平台中区块链技术的去中心化结构使得各参与方的资产在登记时通过多方认证，保障了资产原始信息的真实性，同时每个节点都由所有参与者共同维护，一旦有新的信息需要记录，只有在链上各方达成共识时才会上链，同时每笔交易都有详细的记录，保证了历史数据的真实性和可追溯性，也杜绝了数据资产被篡改的可能，因为数据一旦上链则不可被修改。因此数据一旦上链，则不再需要专门的工作人员进行后续的追踪与监控，降低了人力和物力成本。

（4）利用智能合约，杜绝违约风险。壹诺供应链平台为入驻银行和企业提供了多种业务场景下的合约模板，通过将合同条款转化为程序，固化执行路径。一旦预设的前提条件满足，就会触发合约的相关交易自动执行，减少了人为干预，不仅保证了合约的完整实行，也能够保证在出现违约情况时迅速采取措施，从而有效杜绝了业务流程中的违约风险。

（二）区块链＋供应链溯源中的典型案例

案例一：京东区块链防伪追溯开放平台

2017年6月8日，国内电商平台京东宣布成立"京东品质溯源防伪联盟"，将运用区块链技术搭建"京东区块链防伪追溯开放平台"，逐步通过联盟链的方式，实现线上线下零售的商品追溯与防伪，更有效地保护品牌和消费者的权益，帮助消费者持续提升在京东的品质购物体验。

据京东方面介绍，区块链所具有的数据不可篡改和时间戳的存在性证明等特质可以很好地支持商品的溯源防伪。以生鲜食品为例，未来，用户在京东购物后，只需打开京东App，找到订单，点击"一键溯源"或直接扫描产品上的溯源码，就可以溯源信息。拿牛肉举例来说，通过所购买牛肉的唯一溯源编码，可以看到所购买的牛肉来自哪个养殖场，这头牛的品种、口龄、喂养的饲料、产地检疫证号、加工厂的企业信息、屠宰日期、出厂检测报告信息、仓储的到库时间和温度及抽检报告等，直至最后送达的配送信息也可以一一追溯展示，让非法交易和欺诈造假无处遁形，用户可以吃到放心的食品。"京东商城作为自营B2C电商的领头羊，坚持品质购物生态的打造责无旁贷，而技术将成为京东品质购物的重要支撑。"

京东表示希望将线上区块链防伪追溯平台的应用经验逐步导入线下零售，在借助私有云、非对称加密等技术手段保证品牌商自有数据私密性的同时，帮助品牌商实现全渠道的防伪追溯整合与智能化，结合大数据分析和人工智能自动化，引领科技零售、可信购物的新风尚。

案例二：沃尔玛运用区块链在食品供应链管理中的试点项目

2016年10月，零售业巨头沃尔玛联合清华大学和IBM将超级账本区块链系统应用于食品供应链管理。由于中国市场的猪肉和美国超市中的�果是大型市场中的两个大批量的商品，也是沃尔玛区块链试点项目的核心，因此，可以从项目试行中了解区块链的原理和应用方法。该试点项目开始时间是2017年第一季度，为期4个月，之后由零售商和合作伙伴IBM以及清华大学联合评估试点结果。

根据沃尔玛公布的信息，到2017年6月为止，该试点项目的运行结果不错。中美两国的早期试验表明，区块链技术可以成功地对食品从供应商到零售商再到最终消费者之间的流通过程进行追溯；而且，产品的产地、批号、生产厂家、加工、保质期和运输等"从农场到餐桌"整个流程中每个环节的详细信息都被记录在区块链网络中，并可以进行查询。

区块链中的每一台计算机就是一个节点，每个节点都保存着一份有关交易分类账本的副本。当进行交易时，至少有2个节点对该项交易进行批准才能记入分类账本，而且交易记录不可更改。区块链为用户提供了可审核、不可篡改、安全的数据库。

试点项目之后，沃尔玛继续测试区块链技术，包括更多的数据属性。而且，将继续通过与供应链中的其他主体合作，包括农户、供应商和其他零售商等，继续测试利用区块链技术来提高食品的可追溯性和透明度的潜力。

2018年4月，美国多个州均有人因为吃了亚利桑那州尤马的生菜感染大肠杆菌病毒，美国疾病控制与预防中心（CDC）建议，消费者在以后购买生菜时，也应该确认其种植地点，或者要求店员或经理确定来源。如果不能确定来源，就不建议购买。美国之前已经爆发了多次类似的食品安全问题，如麦片中出现沙门氏菌的情况。沃尔玛为了避免此类食品安全问题再次发生，将利用IBM区块链技术对绿叶蔬菜进行溯源。要求蔬菜供应商在2019年9月之前，实现蔬菜供应的全过程可溯源，并把溯源数据上传到区块链，利用基于IBM区块链技术的全球食品供应链，对蔬菜进行实时追溯，来保证蔬菜的质量安全。利用区块链技术溯源，如果蔬菜有任何不安全因素，蔬菜供应商即可通过基于区块链的供应链查询问题蔬菜来自哪个农场，立刻停止该农场对外输出问题蔬菜，并迅速对已销售的问题蔬菜进行召回，避免发生重大的安全事故。沃尔玛表示，现在通过区块链溯源系统可以立刻追溯问题蔬菜的来源，而不像以前需要几天或者更久的时间去调查。

第十章

供应链管理发展的新趋势——
多功能开放型企业供需网

第一节　多功能开放型企业供需网的概念

多功能开放型企业供需网（Supply and Demand Network with Multi-functional and Opening Characteristics for Enterprise，SDN）是指在全球范围内，以全球资源获取、全球制造、全球销售为目标，相关企业之间由于"供需流"交互作用而形成的多功能开放型的供需网络结构。

可以从三个方面来理解SDN的内涵。第一，SDN具有网络结构性。网络节点可以以组织、个人、组织的动态联盟等多种形式存在，任何节点之间都有可能存在供需关系。第二，SDN具有多功能性。其主要体现在"供需流"的多样性上，而"供需流"是流动于SDN网络节点之间的供应和需求介质，它们可以包括物料、产品、知识、人才、管理理念、技术、资金，乃至企业文化等的显性和隐性供需。多功能性有利于资源的合理配置，从而提高系统的营运绩效。第三，SDN具有充分的开放性。与供应链的"链内合作、链外竞争"不同，SDN的企业在注重内部"竞争力"的同时，更强调对外的"合作力"。因此，它的开放性突破了局限于动态联盟内部的有限开放性，其开放的范围已扩展到全球，增强了企业在经济全球化环境下的合作能力。

第二节　SDN 的结构模型

SDN的结构模型如图10-1所示。从图10-1可以看出，SDN是由多种供需关系的遍

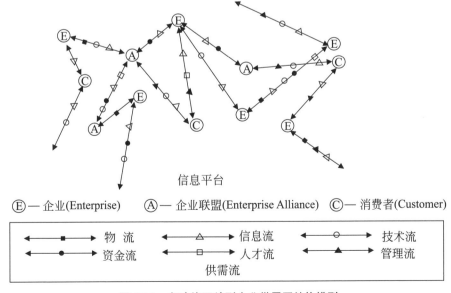

信息平台

Ⓔ— 企业(Enterprise)　　Ⓐ— 企业联盟(Enterprise Alliance)　Ⓒ— 消费者(Customer)

←■→ 物　流	←△→ 信息流	←○→ 技术流
←●→ 资金流	←□→ 人才流	←▲→ 管理流
供需流		

图 10-1　多功能开放型企业供需网结构模型

布全球的企业、企业联盟及最终消费者的联系组成，它们构成了网络的"节点"（这里的节点同供应链中的节点是有区别的），各节点间的信息交互建立在统一的信息平台之上，供需流在供应和需求信息的驱动下，在网路网际之间交互流动，在更广阔的范围满足每一个节点的供需要求，从而创造出更多全球价值。

一、SDN 网络节点的内涵

无论从内涵上还是从外延上，SDN 中的节点和供应链中的节点都有很大的不同。供应链中所提及的节点一般是指企业节点，而 SDN 中则包含企业、企业联盟、消费者三大类，它们在 SDN 中也都被赋予了新的经济学和社会学含义。

（1）企业节点。SDN 中企业节点的内涵将得到大大的拓宽，除了包括迈克尔·波特在其《竞争优势》中所述的同一行业价值链上的供应商、制造商、分销商、零售商（这也是传统供应链管理研究的对象）以外，还包括：① 同行业的竞争对手。在 SDN 中，以往的你死我活的敌对竞争正朝着合作基础上的竞争以至充分合作共赢的方向转化。② 其他相关或者无关行业的各类企业。他们主要通过资金信贷、相互持股、相互借鉴学习管理方法和企业文化等方式发生供需流的交互作用。③ 科研机构、咨询公司、大学、金融机构和非营利机构等。这是一类广义的企业节点，它们有些从严格意义上虽然不能算作企业，但它们作为一种支撑机构或辅助机构和企业之间有着千丝万缕的联系，并且它们本身也是有供需要求的组织实体。

（2）企业联盟节点。在现阶段，不可否认以供应链为代表的一些传统的企业联盟形式仍然存在。但是"供应链与供应链之间的竞争"不应是 SDN 倡导的思想，供应链等企业联盟应以一种节点的身份出现，并要逐渐地将链内的企业融入 SDN 中，从而使整个网络真正地体现出 SDN 的理念。因此无论是企业联盟与企业联盟之间，还是企业联盟与企业之间，抑或是企业与企业之间的关系都将逐步地转化为"供其吾余，求其吾需"的充分合作共赢关系。

（3）消费者节点。将消费者也纳入 SDN 是出于以下两点考虑：① 消费者的需求是企业生存和发展的关键因素。自从经济社会进入买方市场以来，管理理论的每一步发展都更多地着眼于对市场的研究，也就是对消费者需求的研究，及时跟进消费者的需求是 SDN 成功运作的根本要求。② 消费者从经济学的意义上也是各种生产要素的供应者。因此，消费者也是具备供应和需求双重属性的经济单位。

二、SDN 中主要供需流的含义

从图 10-1 中我们还可以看出 SDN 中各类节点是通过将多种多样的供需联系作为纽带而彼此连接在一起的。图 10-1 中给出了几种较为主要的供需流，即物流、信息流、技术流、资金流、人才流、企业文化流等。但是无论节点之间发生何种方式的合作关系，信息流是它们之间必不可少的联系媒介，而全球范围内无缝连接的信息平台则是实现 SDN 理念的必备条件。SDN 中供需流的内涵比传统供应链中的"流"有了较大的扩展，每种供需流的功能也都有了新的突破。

1.物流

传统供应链中将物流描述为原材料、半成品、产成品等物质流经供应商、制造商、分销商、零售商到消费者手中的一个过程。SDN中的物流不仅包含这一功能，还包含两层含义：① 废旧物品的回购过程，主要是对存在质量问题产品的召回和废旧物品的回收再利用；② 污染物的处理过程，一个成员节点所排放的污染物有可能成为其他成员企业的生产必需投入品，这一供需流功能可从整体上抑制SDN的外部不经济，从而提高SDN的外部正效应。

2.信息流

除了产品和服务的供求信息以外，SDN还会在全球范围内及时发布技术、人才、管理方法、企业文化等的最新供需信息，以便于各企业节点及时、快捷地发现和自身匹配的资源，实现充分全球资源共享的整体目标。第三方集成化供需信息管理平台（3PSDI）是信息流的主要载体。信息流功能对SDN的合作运转起到了非常关键的支撑作用。

3.资金流

传统供应链中的资金流往往是以产品或服务的支付形式存在的，由用户的用户向供应商的供应商从下游企业到上游企业逐级进行传递的，SDN中的资金流则不仅包括这种形式的资金流动，还包括企业与企业之间、企业与金融机构之间的信贷、债权发行、相互持股、企业和政府的转移支付等形式。

4.技术流

这是传统供应链中看不到的一种供需联系，它主要包括企业之间的制造生产方面的技术（如专利技术）交流、企业和企业之间研发方面的合作、企业和科研机构以及高校之间的科研成果的转化等。

5.人才流

这也是供应链所没有涉及的内容，一方面，企业内部人才的冗余会给企业带来资源的浪费，比如企业的研究人员，如果其数量超过了目前的需要，但企业又不想把多余的人解雇，企业就很可能会在外部寻求解决方式，例如，企业派出研究人员，而让其他企业提供资金和生产设施，来最大化利用这些闲置的研究力量。另一方面，有些企业的人才匮乏会大大制约它们的长远发展。因此通过人才在企业间的流动可以平衡企业间在人才方面的供需要求。

6.企业文化流

像信息流和技术流一样，企业文化流也是一种可在SDN中流动的无形资源，例如一个企业在管理与经营理念、管理方法，乃至体制与机制上的创新均可以传递到其他企业。这样，企业之间通过相互学习、相互借鉴，进而将SDN发展成为成员企业具有共同愿景、协作精神和自组织管理能力的学习型组织。

以上介绍的各种供需流在SDN的各网络节点之间的交互都离不开强大的信息平台的支撑，即笔者将要在本章具体介绍的第三方集成化供需信息管理平台（3PSDI）。借助3PSDI和Internet的支撑作用，保证了SDN的实时、柔性和协调运作。例如，为了实施美国 NCIC 大学的敏捷制造研究所的 TEAM（Technologies Enabling Agile Manufacturing）项目，由 SDN 中的几个大学和二十多家公司通过 3PSDI 联合成一个合作群体。大学负责提供各自的关键制造技术，公司则负责提供相关制造工艺，并共享研究信息成果。所有的工艺和数据都直接提供到网上，对于一个用户而言，可以不关心具体实现方式，而将其看作一个基于网络的生产和工艺数据库。这种方式减少了企业用于产品设计和开发的时间，同时降低了开发费用。利用 3PSDI 上的服务工具，企业免去了相应软件的购置和开发费用，硬件的消耗也可以减少。同时，也使管理工作得以简化，从而达到所有 SDN 成员企业合作共赢的目标。

第三节 SDN 的特征

通过对 SDN 概念和内涵的理解和对结构模型的分析，可把 SDN 的基本特征归结为以下几点。

（一）网络性

SDN 是一种网状结构。在这一结构中，可以没有一个企业是核心企业，各企业以"来者均是客"的观念来处理相互间的既竞争又联合的关系，促使"多边关系"替代链结构模式可能误导的"单边"关系。节点的内涵趋于多样化，它可以是企业，也可以是由几个企业共同组成的动态联盟，还可以是同样有着供应和需求双重性质的经济人（智力、体力的供应者，产品、服务的需求者）。它们彼此之间有着错综复杂的供需关系，充分实现了资源的共享。立体网络结构还可以使节点之间直接进行沟通，有效地避免了供应链信息在传递过程中的扭曲以及需求信息放大效应的产生，大大降低了信息不对称性。

（二）多功能性

与供应链相比，SDN 的多功能性体现在宏观和微观两个层面：宏观上，它强调供给和需求两个方面，供需流的功能体现了供给和需求的双重功能；微观上，除了实现供应链中基本的物流功能以外，还强调了其他供需流功能（技术、资金、管理理念、信息、人才等）的存在，并且供需流之间还相互作用，真正实现了 1+1＞2 的集成功能。其中，信息流作为供需流中最活跃的因素，体现出对整个供需流（包括信息流本身）最强大的渗透力，并成为各节点交互作用的平台。多功能性是 SDN 中节点之间相互联系的强大纽带，而且对全球资源有效而合理地配置有重要的意义，一个最简单的例子，某企业的生产废弃物如果排放到大自然中会造成环境污染，另一企业正好可将这一废弃物作为生产公益产品的重要原料。在 SDN 环境下，两企业可以方便地通过 Internet 实现双方的供需要求。体现在人力资源、知识、管理理念上的 SDN 的多功能性在以信息技术为主导的知识经济时代尤其显得重要，全球著名的计算机经销商 Dell 公司早已敏锐地觉察到建立多功能供需关系的重要性，与传统的计算机公司不同，Dell 公司没有一个完整的生产体系要去管理；相反，它利用与其他公司的合作，大大减少了公司管理的强度和成本。比如，Dell公司一共有约10000名服务技师为其产品做售后服务，然而这些服务技师中的绝大部分都不是来自Dell公司，而是充分利用了其他公司的人力资源。这就使得Dell公司的整个机构比较精简。而在顾客看来，这些人员却代表了Dell公司。同时，SDN的多功能性还表现在其节点间供需流交互的层次性，如原材料与产品等物资（企业表层文化）、制度与技术等（企业中层文化）以及管理理念等（企业深层文化）的交互。

（三）开放性

SDN的开放性体现在广度和深度两个方面。从广度上讲，SDN突破了传统的企业联盟的界限，使其真正具有全球性的特点，使资源的获取、制造过程和营销途径都向全球范围扩展，世界许多知名企业，如通用、沃玛特、可口可乐、耐克等公司均已将自己纳入全球供需网络中，在用它们的名优产品、完善服务满足世界需求的同时，充分利用各地区的资源优势，达到了供与需的完美平衡。另外，遍布世界各地的SDN成员还可以利用政治、社会、文化、生态等各种因素的交互作用，实现资源共享、消除浪费、减轻污染、全球经济共同发展的目标。从深度上讲，SDN具有层次性。系统内部的子系统与子系统之间、子系统与要素之间、要素与要素之间，以及由它们组成的不同层次的子系统之间都存在着交换。SDN的管理边界变得更加富有柔性和模糊性，因此与外界环境的物资与能量的渗透也更加顺畅。从企业节点的层次看，供应商、制造商、分销商、零售商的界限正在日益变得模糊，SDN使得它们任意两者之间都可以达成交易。

（四）动态稳定性

SDN是一种稳定的网络结构，不会像供应链那样由于某个节点的断裂就导致整条链的瘫痪。因为，这一结构突出的优点在于克服了线性串联链状结构的不足。当某个供需环节出现问题时，"多边关系"可使企业立刻转向其他目标，不致影响整个SDN的正常运行，并且更重要的是为各种供需流的交互作用提供了多个更加强大的平台。平台之间进行无缝连接，直至到达全球范围。又因为SDN具有多功能的特性，即节点之间的多种供需关系，一种供需关系消失，另几种供需关系仍然存在或可能会随之产生。只要有供需关系存在，网络就不会解体。同时，SDN的全球多层次开放性也使得SDN不会因为局部问题而导致整体的破裂。随着外部环境的变化，供需流的类型、方向、速率又会处于动态变化之中，驱动整个SDN敏捷、准时而又高效地运行。相对于供应链而言，SDN中的成员企业之间将保持更为长久的合作关系，它们之间的博弈也将由有限次博弈向无限次博弈转化。考虑到未来惩罚威胁可信性（长远利益的损失），企业最佳的策略选择是进一步地合作，从而产生理想的纳什均衡。

第四节　SDN 与供应链的对比分析

通过前文的分析可知，多功能开放型企业供需网和供应链之间最突出的差别主要体现在组织结构、功能实现和开放程度三个方面。对两种合作模式进行细致的比较，我们发现它们在合作目标、稳定性、支持系统等方面也还仍存在很大区别，表10-1详细列出了SDN和供应链的不同之处。

表 10-1　SDN 与供应链的对比分析

项目	多功能开放型企业供需网（SDN）	供应链（SC）
合作目标	在全球范围内，通过相关企业的外部资源集成实现全球资源配置的最优化	供应链内部成员企业通过相互合作，实现整个供应链生产成本最小化
组织结构	以"多边关系"替代"单边关系"的一体化网络结构模式	以线性为主体的链状结构模式
功能实现	提供包括物流、技术、人才、资金、信息、管理理念等多种供需的集成供需功能	提供以"产品"为中心、物流功能为纽带，附加提供信息流与资金流的功能
开放程度	全球性的充分开放系统	以供应链为主体的半开放系统，强调供应链内部合作与供应链之间的竞争
应用领域	作为普适的逻辑思想，可以应用于各类企业	主要应用于生产快速流转产品的企业和面向库存生产的企业
成员企业合作方式	网络结构的供需模式中，所有企业均处于平等地位，可以不存在核心企业	供应链是以核心企业为中心的网链结构，核心企业在供应链中处于盟主地位
稳定性	网络结构带来动态稳定性	线性链状结构存在着断链的不稳定因素
反应速度	基于"核心能力"的企业外部资源整合，在短时间内实现对市场需求的敏捷响应	通过供应链企业之间的合作可以提高对市场快速反应的能力
合作理念及合作伙伴类型	"来者皆是客"的合作理念，同时以供需的战略重要性为基准划分合作伙伴类型，共有多功能战略型、单功能战略型、多功能战术型、单功能战术型、机会型五种合作伙伴关系类型	在战略联盟内部建立合作伙伴关系，且以尽量减少合作伙伴数量为合作原则，合作伙伴类型单一（以物流合作为主）
支持系统	以互联网（Internet）为全球网络媒介，通过第三方集成化供需信息管理平台将所有相关企业融合起来，实现全球资源共享	利用 EDI 及 Internet / Intranet 为网络媒介，将供应链内部各节点企业连接起来，实现供应链内部资源共享
节点组织与最终消费者的沟通程度	通过功能强大的信息平台与最终消费者建立最大限度地直接沟通	信息经企业联盟之间传递存在不可避免的扰动，使最终消费者对上游企业的直接参与受到限制

第五节　SDN 管理思想的意义

多功能开放型企业供需网可适应经济全球化和客户需求多样化的管理理念，强调供需网中各实体及其活动的整体集成，以协调供需网上各实体的关系，有效地控制网络节点之间的物流、信息流、资金流、管理流、技术流、人才流等供需流的流动，从而实现灵活、稳定的供需关系。研究多功能开放型企业供需网的理论对于促进我国企业更好地利用先进的经营管理方式与信息技术，迎接21世纪全球性竞争具有十分重大的意义。多功能开放型企业供需网管理思想的意义具体体现在以下几方面：

1.解决目前供需不足的矛盾，帮助企业走出困境

目前我国企业，特别是国有企业在供需环节上面临诸多困难。例如其产品销售困难。原因可以是产品本身质量欠佳，也可以是产品知名度低而造成市场占有率低下（尽管不少产品质量合格）。因此，为了改变质量欠佳状况，企业往往需要外界对其在人才、技术、管理、原材料和资金上进行输入。但是，这种需求常因较少有人知晓而很难得到满足。为了改变合格产品的市场知名度不高的状况，企业可以依靠销售人员和广告手段促销，但这些影响和作用时效常受到限制。因而扩大市场占有率（扩大企业对外界的供给量）仍然举步维艰。不少企业不但生产社会所需的产品，而且产生排放物。这种排放物若直接输入环境，则会造成危害。但对于其他一些企业系统来说可能是有效的需求（经加工后将成为有用的产品）。处理好这种供需关系对企业的清洁生产和保护环境意义极大。然而这种供需对企业和环境来说也非易事。基于供需多样性的多功能开放型企业供需网使企业可以通过信息平台之间的无缝连接互通有无，从宏观上协调各节点企业之间的物流、信息流、资金流、管理流、技术流、人才流等多种供需流的互动，较为彻底地解决企业在供需环节上存在的问题，从而更有利于企业应对全球化的竞争环境。

2.有效利用和合理配置全球资源，优化产业结构

以全球资源获取、全球制造、全球销售为前提的多功能开放型企业供需网不仅消除了企业之间各自为战、相互残杀的恶性竞争局面，而且同时也克服了传统供应链企业联盟之间重复投资、敌对竞争的状况，有效利用与合理配置全球有限的资源。在合作竞争的市场环境中优化产品和产业结构，避免了浪费现象，提高了企业的综合竞争力，从而创造出更大的全球价值。

3.创建企业之间形成战略伙伴关系的动力机制

多功能开放型企业供需网的内在特征为成员企业之间的无限次重复博弈创造了条件，即使在缺少了面面俱到的协议条款约束的情况下，也不会出现一次博弈和有限次重复博弈中低效的纳什均衡解。因为在此种情况下，合作本身符合当事人的长远的根本利益。

4.为各种先进管理技术的实施提供平台

近年来兴起的以精益生产、敏捷制造、大规模定制为代表的先进管理技术在时间、成本、服务质量方面都对企业提出了更高的要求。这些管理技术的成功实施离不开相应的技术、管理、组织、市场等方面的支持。多功能开放型企业供需网以其网络性、多功能性、开放性、动态稳定性的特征成为保证各种先进制造技术有效运转的关键因素。

5.促进我国知识经济的发展

在计划经济体制下，我国的企业大而全、小而全的模式，面对变化莫测的市场和激烈的市场竞争，响应速度慢，敏捷性差。多功能开放型企业供需网不仅为企业提供基于

现代信息技术的生产经营的方式与手段，而且有助于促进企业的后勤服务、物料供应与产品销售社会化，使得我国企业或企业联盟有可能与发达国家的企业站在同一起跑线上，着重于依靠创新的知识，研发高技术产品，参与市场竞争。

在经济全球化的市场环境下，无国界化企业经营的趋势越来越明显，在理念和实践上真正地及早地体现"全球资源获取、全球制造、全球销售"的战略是极其迫切和重要的。多功能开放型企业供需网正是顺应这一变化的新型企业管理模式。对多功能开放型企业供需网理念做进一步研究将对我国企业在全球化的国际大环境下，迅速迈向国际市场，提高在国际市场上的生存和竞争能力有着十分重要的意义。